Der unbekannte Erbe

Europäische Hochschulschriften

European University Studies

Publications Universitaires Européennes

Reihe II **Rechtswissenschaft**

Series II Law

Série II Droit

Band/Volume **5862**

Anastasia Schreiber

Der unbekannte Erbe

Professionelle Erbenermittlung in Deutschland und grenzüberschreitend am Beispiel der Russischen Föderation

PL ACADEMIC RESEARCH

Bibliografische Information der Deutschen Nationalbibliothek
Die Deutsche Nationalbibliothek verzeichnet diese Publikation in der Deutschen Nationalbibliografie; detaillierte bibliografische Daten sind im Internet über http://dnb.d-nb.de abrufbar.

Zugl.: Kiel, Univ., Diss., 2016

D 8
ISSN 0531-7312
ISBN 978-3-631-67627-1 (Print)
E-ISBN 978-3-653-06989-1 (E-Book)
E-ISBN 978-3-631-69806-8 (EPUB)
E-ISBN 978-3-631-69807-5 (MOBI)
DOI 10.3726/978-3-653-06989-1

PL Academic Research ist ein Imprint der Peter Lang GmbH.
Peter Lang – Frankfurt am Main · Bern · Bruxelles · New York · Oxford · Warszawa · Wien

Diese Publikation wurde begutachtet.

www.peterlang.com

Anastasia Schreiber

Der unbekannte Erbe

Professionelle Erbenermittlung in Deutschland und grenzüberschreitend am Beispiel der Russischen Föderation

PL ACADEMIC RESEARCH

Bibliografische Information der Deutschen Nationalbibliothek
Die Deutsche Nationalbibliothek verzeichnet diese Publikation in der Deutschen Nationalbibliografie; detaillierte bibliografische Daten sind im Internet über http://dnb.d-nb.de abrufbar.

Zugl.: Kiel, Univ., Diss., 2016

D 8
ISSN 0531-7312
ISBN 978-3-631-67627-1 (Print)
E-ISBN 978-3-653-06989-1 (E-Book)
E-ISBN 978-3-631-69806-8 (EPUB)
E-ISBN 978-3-631-69807-5 (MOBI)
DOI 10.3726/978-3-653-06989-1

PL Academic Research ist ein Imprint der Peter Lang GmbH.
Peter Lang – Frankfurt am Main · Bern · Bruxelles · New York · Oxford · Warszawa · Wien

Diese Publikation wurde begutachtet.

www.peterlang.com

Vorwort

Die vorliegende Untersuchung wurde im Wintersemester 2015/2016 von der Rechtswissenschaftlichen Fakultät der Christian-Albrechts-Universität zu Kiel als Dissertation angenommen. Mein besonderer Dank gilt Herrn Prof. Dr. Joachim Jickeli für sein Interesse an dieser Arbeit und ihre Betreuung sowie für die lehrreiche Zeit, die ich während des Studiums als wissenschaftliche Hilfskraft an seinem Lehrstuhl verbringen durfte. Herrn Prof. Dr. Alexander Trunk danke ich für die Erstattung des Zweitgutachtens.

Ohne die Unterstützung durch meine Familie wäre die Arbeit nicht entstanden. Ihr ist dieses Buch gewidmet.

München, im April 2016 *Anastasia Schreiber*

Inhaltsübersicht

§ 1 Einleitung 23

I. Anlass und Gegenstand der Untersuchung 23

II. Historische Hintergründe im Überblick 24

III. Berufsbild der professionellen Erbenermittlung in Deutschland 26

IV. Gang der Untersuchung 27

§ 2 Erbrechtliche Hintergründe für die professionelle Erbenermittlung 29

I. Erbfall und zivilrechtliche Folgen 29

II. Gerichtliche Nachlasssicherung 31

§ 3 Anlass für die professionelle Erbenermittlung 41

I. Einschaltung des professionellen Erbenermittlers als Hilfe bei der Erfüllung von Erbenermittlungspflichten 41

II. Einschaltung des professionellen Erbenermittlers durch die Miterben des unbekannten Erben 46

III. Tätigwerden des professionellen Erbenermittlers auf Eigeninitiative 49

§ 4 Der professionelle Erbenermittler und das Nachlassgericht 51

I. Rechtsverhältnis zwischen dem Erbenermittler als Nachlasspfleger und dem Nachlassgericht 51

II. Vergütung des Erbenermittlers als Nachlasspfleger 53

III. Aufwandsentschädigung des Erbenermittlers als Nachlasspfleger 62

§ 5 Der professionelle Erbenermittler und der Nachlasspfleger 65
I. Vertragliches Rechtsverhältnis 65
II. Gesetzliches Rechtsverhältnis 70
III. Ergebnis 72
IV. Exkurs: Rechtliche Einordnung der „Ermittlungsvollmacht“ 73

§ 6 Der professionelle Erbenermittler und die Miterben des unbekannten Erben 83
I. Vertragliches Rechtsverhältnis 83
II. Gesetzliches Rechtsverhältnis 88
III. Ergebnis 91

§ 7 Der professionelle Erbenermittler und der unbekannte Erbe in Deutschland 93
I. Vertragliches Rechtsverhältnis 93
II. Gesetzliches Rechtsverhältnis 111
III. Ergebnis 125

§ 8 Der professionelle Erbenermittler und der unbekannte Erbe in Russland 127
I. Internationale Zuständigkeit 128
II. Kollisionsrechtliche Prüfung 135
III. Sachrechtliche Prüfung 168

§ 9 Gesamtergebnis 203

Russische Gesetzestexte 205
I. Originalfassung 205
II. Deutsche Übersetzung 219

Literaturverzeichnis 233
I. Deutschsprachige Literatur 233
II. Russischsprachige Literatur 243
III. Englischsprachige Literatur 247

Inhaltsverzeichnis

§ 1 Einleitung ... 23

I. Anlass und Gegenstand der Untersuchung ... 23

II. Historische Hintergründe im Überblick ... 24

III. Berufsbild der professionellen Erbenermittlung in Deutschland ... 26

IV. Gang der Untersuchung ... 27

§ 2 Erbrechtliche Hintergründe für die professionelle Erbenermittlung ... 29

I. Erbfall und zivilrechtliche Folgen ... 29

1. Universalsukzession ... 29
2. Anfall, Annahme und Ausschlagung der Erbschaft ... 29
3. Besitzübergang gem. § 857 BGB ... 30

II. Gerichtliche Nachlasssicherung ... 31

1. Allgemeines ... 31
2. Zuständigkeit des Nachlassgerichts ... 32
3. Gerichtliche Erbenermittlung als Sicherungsmaßnahme ... 32
    a) Unbekanntheit des Erben ... 32
    b) Gerichtliche Erbenermittlungspflicht ... 33
        aa) Ausgangspunkt ... 33
        bb) Ersuchen des Grundbuchamts gem. § 82a Satz 2 GBO ... 34
        cc) Feststellung des Fiskuserbrechts gem. § 1964 Abs. 1 BGB ... 34
4. Bestellung des Nachlasspflegers als Sicherungsmaßnahme ... 35
    a) Rechtsstellung des Nachlasspflegers ... 35
    b) Anordnung der Nachlasspflegschaft ... 37
    c) Aufgaben des Nachlasspflegers ... 38
        aa) Inbesitznahme und Verwaltung des Nachlasses ... 38
        bb) Erbenermittlung ... 39

§ 3 Anlass für die professionelle Erbenermittlung 41
I. Einschaltung des professionellen Erbenermittlers als Hilfe bei der Erfüllung von Erbenermittlungspflichten 41
1. Einschaltung durch das Nachlassgericht 41
2. Einschaltung durch den Nachlasspfleger 43
a) Statthaftigkeit der Einschaltung 43
b) Zeitpunkt der Einschaltung 44
II. Einschaltung des professionellen Erbenermittlers durch die Miterben des unbekannten Erben 46
1. Vervollständigung der Erbengemeinschaft zwecks Erbauseinandersetzung 46
2. Erbscheinsverfahren 48
III. Tätigwerden des professionellen Erbenermittlers auf Eigeninitiative 49

§ 4 Der professionelle Erbenermittler und das Nachlassgericht 51
I. Rechtsverhältnis zwischen dem Erbenermittler als Nachlasspfleger und dem Nachlassgericht 51
II. Vergütung des Erbenermittlers als Nachlasspfleger 53
1. Allgemeines 53
2. Vergütungsvoraussetzungen im Einzelnen 54
a) Berufsmäßigkeit der Nachlasspflegschaft 54
b) Vermögender Nachlass 56
c) Mittelloser Nachlass 57
3. Vergütungshöhe 58
a) Höhe der Vergütung bei mittellosem Nachlass 58
b) Höhe der Vergütung bei vermögendem Nachlass 59
aa) Bei festgestellter Berufsmäßigkeit 59
bb) Bei Fehlen einer Feststellung der Berufsmäßigkeit 61
III. Aufwandsentschädigung des Erbenermittlers als Nachlasspfleger 62

§ 5 Der professionelle Erbenermittler und der Nachlasspfleger 65
I. Vertragliches Rechtsverhältnis 65
1. Entgeltlicher Vertrag 65
2. Unentgeltlicher Vertrag / Auftrag gem. § 662 BGB 66
a) Vorlage der Ermittlungsergebnisse als Geschäftsbesorgung 67
b) Einsichtnahme in Personenstandsbücher und sonstige Archive 68
c) Erbenermittlung als solche als Geschäftsbesorgung 69
d) Ergebnis 70
II. Gesetzliches Rechtsverhältnis 70
1. Geschäftsführung ohne Auftrag gem. §§ 677 ff. BGB 70
a) Geschäftsbesorgung 70
b) Fremdes Geschäft 70
c) Auch-fremdes Geschäft 71
d) Ergebnis 72
2. Bereicherungsrechtliches Verhältnis gem. §§ 812 ff. BGB 72
III. Ergebnis 72
IV. Exkurs: Rechtliche Einordnung der „Ermittlungsvollmacht" 73
1. Vollmacht gem. § 167 BGB 73
a) (Innen-)Rechtsverhältnis 74
b) Offenkundigkeitsprinzip 74
c) Abgabe einer Willenserklärung 76
2. Vollmacht gem. § 167 BGB analog 77
3. Ermächtigung gem. § 185 Abs. 1 BGB 77
4. Ermächtigung gem. § 185 Abs. 1 BGB analog 79
a) Planwidrige Unvollständigkeit des Gesetzes 79
b) Vergleichbare Bewertungslage 80
c) Öffentliches Recht und privatrechtliche Normen 80
5. Ergebnis 81

§ 6 Der professionelle Erbenermittler und die Miterben des unbekannten Erben 83
I. Vertragliches Rechtsverhältnis 83
1. Entgeltlicher Vertrag / Geschäftsbesorgungsvertrag gem. § 675 BGB 83
a) Dienstvertrag gem. § 611 BGB 83
b) Werkvertrag gem. § 631 BGB 84
c) Geschäftsbesorgung i.S.d. § 675 BGB 85
aa) Selbstständige Tätigkeit 86
bb) Wirtschaftliche Art der Tätigkeit 86
cc) Wahrnehmung fremder Vermögensinteressen 87
d) Ergebnis 87
e) Zahlungsanspruch des Erbenermittlers 87
2. Unentgeltlicher Vertrag / Auftrag gem. § 662 BGB 88
II. Gesetzliches Rechtsverhältnis 88
1. Geschäftsführung ohne Auftrag gem. §§ 677 ff. BGB 89
a) Geschäftsbesorgung 89
b) Fremdes Geschäft 89
c) Auch-fremdes Geschäft 89
d) Ergebnis 90
2. Bereicherungsrechtliches Verhältnis gem. §§ 812 ff. BGB 90
III. Ergebnis 91

§ 7 Der professionelle Erbenermittler und der unbekannte Erbe in Deutschland 93
I. Vertragliches Rechtsverhältnis 93
1. Vertragsverhältnis des Erbenermittlers in seiner Ermittlereigenschaft 94
a) Dienstvertrag gem. § 611 BGB 94
b) Werkvertrag gem. § 631 BGB 95
c) Geschäftsbesorgungsvertrag gem. § 675 BGB 96
d) Kaufvertrag 96

aa) Kaufvertrag gem. § 433 BGB 96
bb) Kaufvertrag gem. § 453 BGB 97
(1) Rechtskauf i.S.d. § 453 Abs. 1 Alt. 1 BGB 97
(2) Kauf eines sonstigen Gegenstands i.S.d. § 453 Abs. 1 Alt. 2 BGB 98
(3) Zahlungsanspruch des Erbenermittlers 99
2. Vertragsverhältnis des Erbenermittlers in der Position des Nachlasspflegers 99
a) Vor dem Auffinden des unbekannten Erben begründetes Vertragsverhältnis 100
aa) Insichgeschäft gem. § 181 BGB 101
(1) Vertragsschluss mit sich selbst 101
(2) Teleologische Reduktion 102
(a) Lediglich rechtlicher Vorteil 102
(b) Interessenparallelität 102
(c) Zwischenergebnis 103
(3) Ergebnis 104
bb) Gesetzliches Verbot gem. § 134 BGB 104
(1) Verbotswirkung der Vergütungsregelung gem. §§ 1915 Abs. 1 Satz 1, 1836 Abs. 1 Satz 1 BGB 105
(a) Verbotswirkung für Nachlasspfleger 106
(b) Folge der Verbotswirkung für den Erbenermittler-Nachlasspfleger 107
(2) Verbotswirkung der Vergütungsnormen der §§ 1915 Abs. 1 Satz 1, Satz 2, 1836 Abs. 1 Satz 1 und Abs. 2 BGB im Ganzen 107
(3) Zwischenergebnis 108
cc) Ergebnis 108
b) Nach dem Auffinden des unbekannten Erben begründetes Vertragsverhältnis 108
c) Ergebnis 111
II. Gesetzliches Rechtsverhältnis 111
1. Gesetzliches Rechtsverhältnis des Erbenermittlers in seiner Ermittlereigenschaft 112

a) Vorvertragliches Schuldverhältnis gem. §§ 311 Abs. 2, 241 Abs. 2 BGB 112
aa) Aufnahme von Vertragsverhandlungen gem. § 311 Abs. 2 Ziff. 1 BGB 112
bb) Anbahnung eines Vertrages gem. § 311 Abs. 2 Ziff. 2 BGB 113
cc) Zahlungsanspruch des Erbenermittlers / Schadensersatz wegen Pflichtverletzung gem. §§ 280 Abs. 1, 241 Abs. 2, 311 Abs. 2 BGB 114
(1) Pflichtverletzung 114
(2) Schaden 115
(3) Zwischenergebnis 115
dd) Ergebnis 115
b) Billigkeitsanspruch gem. § 242 BGB 116
c) Geschäftsführung ohne Auftrag gem. §§ 677 ff. BGB 118
aa) Entwicklung und heutiger Stand der Rechtsprechung 118
bb) Akzeptanz der höchstrichterlichen Rechtsprechung in der Praxis 120
cc) Ergebnis 122
d) Bereicherungsrechtliches Verhältnis gem. §§ 812 ff. BGB 122
e) Ergebnis 123
2. Gesetzliches Rechtsverhältnis des Erbenermittlers in der Position des Nachlasspflegers 123
a) Aufgrund der Personenpflegschaft bestehendes Rechtsverhältnis 123
b) Vorvertragliches Schuldverhältnis gem. §§ 311 Abs. 2, 241 Abs. 2 BGB 123
c) Billigkeitsanspruch gem. § 242 BGB 124
d) Geschäftsführung ohne Auftrag gem. §§ 677 ff. BGB 124
e) Bereicherungsrechtliches Verhältnis gem. §§ 812 ff. BGB 125
III. Ergebnis 125

§ 8 Der professionelle Erbenermittler und der unbekannte Erbe in Russland 127
I. Internationale Zuständigkeit 128
1. Internationale Zuständigkeit deutscher Gerichte 128
a) Allgemeines 128
b) Besonderer Gerichtsstand der Erbschaft gem. § 27 ZPO 130
c) Erweiterter Gerichtsstand der Erbschaft gem. § 28 ZPO 130
d) Besonderer Gerichtsstand der Vermögensbelegenheit gem. § 23 ZPO 130
aa) Erbfall und Vermögensbelegenheit 130
bb) Hinreichender Inlandsbezug 131
cc) Doppelrelevante Tatsache 132
dd) Erbrechtsstatut 132
ee) Ergebnis 133
2. Internationale Zuständigkeit russischer Gerichte 133
3. Berücksichtigung ausländischer Rechtshängigkeit 133
II. Kollisionsrechtliche Prüfung 135
1. Internationales Privatrecht bei Anrufung deutscher Gerichte 135
a) Anwendbares Recht bei Abschluss eines Vertrages 135
aa) Europäisches Kollisionsrecht der vertraglichen Schuldverhältnisse 136
(1) Schuldverhältnis in Zivil- und Handelssachen 137
(2) Vertragliches Schuldverhältnis 138
(3) Verbindung zum Recht verschiedener Staaten 139
(4) Ergebnis 140
bb) Bei Rechtswahl anwendbares Recht 140
(1) Grundsatz der Parteiautonomie 140
(2) Einschränkung der Parteiautonomie 141
(a) Verbrauchervertrag i.S.d. Art. 6 Abs. 1 Rom I-VO 142
(aa) Erbe als Verbraucher 142
(bb) Erbenermittler als Unternehmer 143
(cc) Ergebnis 144

(b) Recht des Staates des gewöhnlichen Verbraucheraufenthalts ... 144
(c) Folge der Wahl des deutschen Rechts ... 144
(d) Folge der Wahl des russischen Rechts ... 146
cc) Mangels Rechtswahl anwendbares Recht ... 146
b) Anwendbares Recht bei außervertraglichem Rechtsverhältnis ... 146
aa) Europäisches Kollisionsrecht der außervertraglichen Schuldverhältnisse ... 147
(1) Schuldverhältnis in Zivil- und Handelssachen ... 147
(2) Außervertragliches Schuldverhältnis ... 148
(3) Verbindung zum Recht verschiedener Staaten ... 149
(4) Ergebnis ... 149
bb) Bei Rechtswahl anwendbares Recht ... 149
cc) Mangels Rechtswahl anwendbares Recht ... 150
(1) Statut des vorvertraglichen Rechtsverhältnisses ... 150
(2) Statut des Billigkeitsanspruchs ... 151
(3) Statut der Geschäftsführung ohne Auftrag ... 152
(4) Statut der ungerechtfertigten Bereicherung ... 155
c) Ergebnis ... 157
2. Internationales Privatrecht bei Anrufung russischer Gerichte ... 157
a) Anwendbares Recht bei Abschluss eines Vertrages ... 157
aa) Bei Rechtswahl anwendbares Recht ... 158
(1) Grundsatz der Parteiautonomie ... 158
(2) Einschränkung der Parteiautonomie ... 158
(a) Erbe als Verbraucher ... 158
(b) Erbenermittler als professionell handelnde Partei ... 160
(c) Ergebnis ... 161
bb) Mangels Rechtswahl anwendbares Recht ... 161
b) Anwendbares Recht bei außervertraglichem Rechtsverhältnis ... 161
aa) Bei Rechtswahl anwendbares Recht ... 161
bb) Mangels Rechtswahl anwendbares Recht ... 162

(1) Statut des vorvertraglichen Rechtsverhältnisses 162
(2) Statut des Billigkeitsanspruchs 163
(3) Statut der Geschäftsführung ohne Auftrag 165
(4) Statut der ungerechtfertigten Bereicherung 166
c) Ergebnis 167

III. Sachrechtliche Prüfung 168
1. Vertragliches Rechtsverhältnis 168
a) Deutsches Sachrecht 168
b) Russisches Sachrecht 169
aa) Vertragsverhältnis des Erbenermittlers in seiner Ermittlereigenschaft 169
(1) Vertrag über die entgeltliche Erbringung von Diensten gem. Art. 779 ZGB 169
(2) Werkvertrag gem. Art. 702 ZGB 170
(3) Kaufvertrag gem. Art. 454 ZGB 172
(a) Kaufvertrag gem. Art. 454 Abs. 1 ZGB 172
(b) Kaufvertrag gem. Art. 454 Abs. 4 ZGB 173
(c) Ergebnis 174
(4) Vertrag über die Übermittlung der Erbschaftsinformationen als Vertrag eigener Art gem. Art. 420 Abs. 1 ZGB i.V.m. Art. 2 Ziff. 1, Art. 5 Abs. 1, Art. 6 Abs. 3 Ziff. 3 InfG 174
(a) Grundsatz der Vertragsfreiheit 174
(b) Vertrag über die Übermittlung der Erbschaftsinformationen 175
(c) Zahlungsanspruch des Erbenermittlers 176
(aa) Art und Höhe der Vergütung 176
(bb) Angemessenheit der Vergütungshöhe 176
bb) Vertragsverhältnis des Erbenermittlers in der Position des Nachlasspflegers 177
(1) Unwirksamkeit des Vertrages gem. Art. 168 Abs. 1 ZGB 178

(2) Unwirksamkeit des Vertrages gem. Art. 168 ZGB i.V.m. §§ 1915 Abs. 1 Satz 1, Satz 2, 1836 Abs. 1 und Abs. 2 BGB 180
(a) Eingriffsnormen im Allgemeinen 180
(aa) Inländische Eingriffsnormen vor einem deutschen Gericht 180
(bb) Ausländische Eingriffsnormen vor einem russischen Gericht 181
(b) Gesamtregelungen über die Nachlasspflegschaft als Eingriffsnormen gem. Art. 9 Abs. 1 Rom I-VO 182
(c) Verbotsnormen der §§ 1915 Abs. 1 Satz 1, Satz 2, 1836 Abs. 1 und Abs. 2 BGB als Eingriffsnormen gem. Art. 9 Abs. 1 Rom I-VO 183
(d) Zwischenergebnis 185
(3) Ergebnis 185
2. Gesetzliches Rechtsverhältnis 185
a) Deutsches Sachrecht 186
b) Russisches Sachrecht 186
aa) Gesetzliches Rechtsverhältnis des Erbenermittlers in seiner Ermittlereigenschaft 186
(1) Vorvertragliches Schuldverhältnis gem. Art. 434.1 Abs. 3 ZGB 186
(a) Vertragsverhandlungen i.S.d. Art. 434.1 Abs. 2 Satz 1 ZGB 187
(b) Nichtgewissenhaftes Handeln als Pflichtverletzung i.S.d. Art. 434.1 Abs. 2 Satz 2 ZGB 187
(c) Rechtsfolge der Pflichtverletzung i.S.d. Art. 434.1 Abs. 3 ZGB 187
(d) Erbe als Verbraucher i.S.d. Verbrauchergesetzes 187
(e) Ergebnis 188
(2) Billigkeitsanspruch 188
(a) Billigkeitsanspruch gem. Art. 10 Abs. 1 ZGB 189
(b) Billigkeitsanspruch gem. Art. 1 Abs. 3, Abs. 4 ZGB 190
(c) Ergebnis 191

(3) Rechtsverhältnis aus Handlungen im fremden Interesse ohne Auftrag gem. Art. 980 ff. ZGB 191
(a) Erbenermittlung als Handlung 192
(b) Im fremden Interesse 192
(c) Ergebnis 193
(4) Rechtsverhältnis aufgrund ungerechtfertigter Bereicherung gem. Art. 1102 ff. ZGB 194
(a) Grundsätzliches 194
(b) Information über den Bestand der Erbschaft als Vermögen 194
(c) Nicht der Rückgabe unterliegendes Vermögen gem. Art. 1109 ZGB 196
(d) Zwischenergebnis 196
(5) Ergebnis 197
bb) Gesetzliches Rechtsverhältnis des Erbenermittlers in der Position des Nachlasspflegers 197
(1) Aufgrund der Personenpflegschaft bestehendes Rechtsverhältnis 197
(a) Eingriffsnormen i.S.d. Art. 16 Rom II-VO 198
(b) Gesamtregelungen über die Nachlasspflegschaft als Eingriffsnormen gem. Art. 16 Rom II-VO 199
(c) Ergebnis 199
(2) Vorvertragliches Schuldverhältnis gem. Art. 434.1 Abs. 3 ZGB 200
(3) Billigkeitsanspruch gem. Art. 10 Abs. 1 ZGB und gem. Art. 1 Abs. 3, Abs. 4 ZGB 200
(4) Rechtsverhältnis aus Handlungen im fremden Interesse ohne Auftrag gem. Art. 980 ff. ZGB 200
(5) Rechtsverhältnis aufgrund ungerechtfertigter Bereicherung gem. Art. 1102 ff. ZGB 201
(6) Ergebnis 202

§ 9 Gesamtergebnis 203

Russische Gesetzestexte 205

I. Originalfassung 205

II. Deutsche Übersetzung 219

Literaturverzeichnis 233

I. Deutschsprachige Literatur 233

II. Russischsprachige Literatur 243

III. Englischsprachige Literatur 247

§ 1 Einleitung

I. Anlass und Gegenstand der Untersuchung

„Keine Erbschaft ohne Erben"[1] – dieser Grundsatz der deutschen Privatrechtsordnung verhindert, dass dem Nachlass ein Zuordnungssubjekt fehlt. Wenn aber Unklarheit über die Person des Erben besteht, ist damit noch nichts gewonnen. Denn in diesem Fall tritt zwar der Erbe kraft Gesetzes gem. § 1922 Abs. 1 BGB in die Rechtsstellung des Erblassers ein, der Nachlass bleibt aber dennoch ohne faktische Zuordnung zu einer Person. Dies gilt insbesondere dann, wenn der Erbe von dem Tode des Erblassers etwa deshalb keine Kenntnis erlangt, weil zwischen dem Erblasser und dem Erben keine persönliche Verbindung bestand. Daran ist vor allem dann zu denken, wenn im Falle der gesetzlichen Erbfolge Verwandte in die Erbenstellung rücken, die einer zersplitterten Familie angehören.

Eine solche Zersplitterung kann ihre Ursache in der gemeinsamen Geschichte der heutigen Bundesrepublik Deutschland und der Russischen Föderation haben. Sie hat dazu geführt, dass sich manche Familienmitglieder in dem einen und andere Familienmitglieder in dem anderen Staat aufhalten. Stirbt eine Person aus einer derartigen Familie in Deutschland, so führt die Suche nach dem Erben oft über die bundesdeutschen Grenzen hinaus. Wenn die Nachforschung durch einen professionellen Erbenermittler durchgeführt wird, wirft sie – national und international betrachtet – spezifische Rechtsfragen auf.[2] Ihre rechtliche Aufarbeitung ist Gegenstand dieser Untersuchung.

---

1 *Brox/Walker*, Erbrecht, Rn. 635.

2 Insoweit wird vorliegend von der Tätigkeit eines deutschen Erbenermittlers ausgegangen. Diese Bezeichnung bezieht sich nicht auf die Staatsangehörigkeit des Erbenermittlers. Sie entspricht vielmehr derjenigen des Verbandes Deutscher Erbenermittler e.V. Gemeint sind solche Erbenermittler, die ihren (Unternehmens-)Sitz in Deutschland haben (vgl. § 3 Abs. 5 der Vereinssatzung, im Internet unter http://www.vdee-ev.de/Verband/Satzung.php#1_Name_Sitz_Gesch_ftsjahr).

II. Historische Hintergründe im Überblick

Grenzüberschreitende Trennungen betreffen im deutsch-russischen Raum vor allem sog. Russlanddeutsche. Der Ursprung der Geschichte[3] findet sich bereits im Mittelalter. Im 12. und 13. Jahrhundert wanderten die ersten Deutschen nach Novgorod in Russland aus. Dabei handelte es sich um Händler vor allem aus hanseatischen Städten des Ostseeraums. Im 16. Jahrhundert lud alsdann *Ivan Grozniy* (Ivan der Schreckliche) Fachkräfte aus Deutschland ein (beispielsweise Ärzte und Handwerker). Für sie wurde eine deutsche Vorstadt im Raum Moskaus errichtet. Von besonderer Bedeutung waren die Europäisierungsbestrebungen von *Peter I.* (Peter der Große), der im 17. und 18. Jahrhundert im Zuge der Errichtung der neuen Hauptstadt St. Petersburg auf personale Hilfe aus Deutschland setzte. Damit war der Anfang für eine Ansiedlung von Deutschen vor allem in St. Petersburg gemacht.

Die größte Anzahl deutscher Staatsbürger ließ sich indessen auf Einladung von *Katharina II.* (Katharina die Große) in Russland nieder. Diese lud mit Manifest vom 22. Juli 1763 zu landwirtschaftlichen Arbeiten im Süden und Südosten Russlands ein und verfügte zahlreiche Privilegien für diejenigen, die dieses Angebot annahmen (Steuerfreiheit, Anerkennung der deutschen Sprache als Amtssprache, Religionsfreiheit, Befreiung vom Militärdienst).[4] Überwiegend kamen Deutsche aus Hessen, dem Rheinland, der Pfalz, Württemberg und Baden nach Russland.

In der Mitte des 19. Jahrhunderts begann die Russifizierung der deutschen Einwanderer. Diese war darauf zurückzuführen, dass die russische Bevölkerung auf Grund der großen Zahl der Deutschen diese als bedrohlich empfand. So betrug die Anzahl der Deutschen im Jahre 1881 ein Drittel aller Bürger in St. Petersburg. Die Privilegien wurden sukzessive abgeschafft, woraufhin viele deutsche Staatsbürger Russland verließen. Trotzdem verblieb eine große Anzahl auf russischem Boden und bildete dabei die vierzehntgrößte Volksgruppe im Russischen Reich.

---

3 Zum Folgenden und vertiefend zur geschichtlichen Entwicklung im Einzelnen etwa die Informationen des Landesbeirats für Vertriebenen-, Flüchtlings- und Spätaussiedlerfragen, Ministerium für Arbeit, Integration und Soziales des Landes Nordrhein-Westfalen (im Internet unter http://www.landesbeirat.nrw.de/geschichte/09-Russlanddeutsche); ausführlich ebenso *Schneider*, Bundeszentrale für politische Bildung (im Internet unter http://www.bpb.de/gesellschaft/migration/dossier-migration/56417/russlanddeutsche). Zahlreiche weiterführende Literaturhinweise sind im Internet unter http://www.russlanddeutschegeschichte.de/literatur.htm angegeben.

4 Das Manifest findet sich im Wortlaut im Internet etwa unter http://www.russlanddeutschegeschichte.de/geschichte/teil1/abwerbung/manifest22.htm.

Die weitere Russifizierung war durch den Ersten Weltkrieg geprägt. Russlanddeutsche wurden als Staatsfeinde betrachtet. Die deutsche Sprache wurde deshalb verboten und die ersten Vertreibungsmaßnahmen nach Sibirien wurden eingeleitet.

Nach der Oktoberrevolution im Jahre 1917 hingegen beendete *Vladimir Iljitsch Lenin* vorerst die Verfolgung und Vertreibung und schaffte für diejenigen Deutschen, die im Wolgagebiet lebten, lokale Selbstverwaltung und Unterstützung im Schulwesen, woraufhin die sog. Wolgadeutsche Republik entstand.

Im Zweiten Weltkrieg wurde die Verfrachtung der Deutschen nach Sibirien und in andere ostrussische Gebiete wieder aufgenommen, da man sie als Spione einstufte. Nach dem Ende des Zweiten Weltkrieges war es ihnen zunächst verwehrt, nach Deutschland zurückzukehren. Die Amnestie erfolgte erst im Nachgang eines Staatsbesuchs *Konrad Adenauers* im Jahre 1955. Die Rückkehr der Russlanddeutschen auf deutsches Staatsgebiet begann, wenn auch anfangs nur zögerlich. Erst seit der Öffnung der Grenzen im Jahre 1989 stieg die Zahl der Rückkehrer stark an. Bis zum Ende des Jahres 2004 waren nach Angaben der Bundeszentrale für politische Bildung bereits rund 2,5 Millionen Menschen aus der Sowjetunion und ihren Nachfolgestaaten nach Deutschland zurückgekehrt.[5] Allerdings hat eine russische Volkszählung im Jahre 2010 ergeben, dass noch immer 394.138 Russlanddeutsche in der Russischen Föderation leben,[6] vor allem in St. Petersburg, Moskau, Saratov, im Wolgagebiet, im Kaukasus, am Ural und in Sibirien.

Vor diesem geschichtlichen Hintergrund dauerte also die Zersplitterung der von den politischen Ereignissen betroffenen Familien über Jahrhunderte an. Daraus resultieren in der Praxis beträchtliche Schwierigkeiten, wenn die Suche nach einem unbekannten Familienmitglied durchgeführt werden muss. Ohne die Inanspruchnahme von professioneller Hilfe wird sich die Suche in diesen Fällen

5 *Schneider*, Bundeszentrale für politische Bildung, im Internet unter http://www.bpb.de/gesellschaft/migration/dossier-migration/56417/russlanddeutsche.

6 Vgl. die statistische Darstellung der Volkszählungsergebnisse in der „Rossijskaja Gazeta" vom 22. Dezember 2011, Ausgabe Nr. 5660, im Internet unter http://www.rg.ru/2011/12/16/stat.html.

meist als erfolglos herausstellen. Dies ist eine Existenzberechtigung für einen eigenen Beruf, der sich mit der professionellen Ermittlung der unbekannten Erben befasst.[7]

III. Berufsbild der professionellen Erbenermittlung in Deutschland

Die professionelle Erbenermittlung stellt in Deutschland ein selbstständiges Berufsbild dar. Sie ist von der Berufsfreiheit gem. Art. 12 Abs. 1 GG geschützt. Dies hat das Bundesverfassungsgericht mit Beschluss vom 27. September 2002 bestätigt.[8] Das Gericht hat die Erbenermittlung unter den verfassungsrechtlichen Berufsbegriff subsumiert[9] und sie damit auf eine feste Grundlage gestellt. Dem steht nicht entgegen, dass es sich bei der Erbenermittlung nicht um einen traditionellen Beruf handelt, der rechtlich fixiert ist.[10] Immerhin sind professionelle Erbenermittler in Deutschland bereits seit etwa 100 Jahren tätig.[11]

Der Beruf ist nicht zulassungsbeschränkt. Einer bestimmten Vorbildung bedarf es insoweit nicht. Gleichwohl ist sie erforderlich, wenn eine seriöse Ermittlung gewährleistet sein soll. Deshalb sind in Erbenermittlungsunternehmen überwiegend Genealogen beschäftigt, die sich mit der Abstammung der Menschen auseinandersetzen, d.h. mit den Vorfahren und den Nachfahren einer bestimmten Person.[12]

Momentan gibt es in Deutschland ungefähr 50 größere Unternehmen und ca. 100 Ein-Mann-Büros, die professionelle Erbenermittlung betreiben.[13]

---

7 Zu Beginn der Entstehung des Berufsbildes vor rund 100 Jahren (dazu näher sogleich unter § 1 III.) stand die Notwendigkeit der Suche nach in Amerika verstorbenen Auswanderern im Vordergrund. Der Schwerpunkt heutiger grenzüberschreitender Ermittlungen liegt indes in den Folgen der soeben im Text dargestellten Geschichte (vgl. Internetseite des Verbandes Deutscher Erbenermittler e.V., abrufbar unter http://www.vdee-ev.de/Berufsbild.php; ferner *Appel*, Zwickauer Zeitung vom 13. September 2007, S. 14).

8 BVerfG NJW 2002, 3531; *Kossek*, S. 49.

9 Vgl. BVerfG NJW 2002, 3531.

10 St. Rspr., BVerfG NJW 1958, 1035 ff.; 1981, 33 ff.; 1985, 964, 965; 2002, 3531.

11 Internetseite des Verbandes Deutscher Erbenermittler e.V., abrufbar unter http://www.vdee-ev.de/Berufsbild.php.

12 *Kossek*, S. 49.

13 Zahlen bei *Kossek*, S. 50.

IV. Gang der Untersuchung

Zunächst sind die erbrechtlichen Grundlagen darzustellen, aus denen sich der Bedarf an einer professionellen Erbenermittlung ergibt (*§ 2*). Darauf folgt die Darstellung verschiedener Anlässe für die Einschaltung der Ermittlungsperson (*§ 3*). An den Ergebnissen wird sich die weitere Untersuchung orientieren und ausgehend von einem Erbfall in Deutschland zunächst ohne Auslandsbezug in ihrem *§ 4* das Rechtsverhältnis des Erbenermittlers zum Nachlassgericht einschließlich der Frage nach der Vergütung behandeln, bevor die rechtlichen Folgen einer Einschaltung des Ermittlers durch den Nachlasspfleger aufgezeigt werden (*§ 5*). Daran schließt sich die professionelle Erbenermittlung auf Veranlassung der Miterben des unbekannten Erben an (*§ 6*). In der Folge steht die Aufarbeitung der Rechtsverhältnisse zwischen dem Erbenermittler und dem von ihm gesuchten und gefundenen Erben im Zentrum der Betrachtung. Insoweit wird zwischen dem unbekannten Erben in Deutschland (*§ 7*) und demjenigen in Russland (*§ 8*) zu unterscheiden sein. Untersucht werden jeweils sowohl die internationale Zuständigkeit eines vom Erbenermittler angerufenen Gerichts als auch die kollisionsrechtlichen Fragestellungen sowie die materielle Rechtslage nach deutschem und russischem Sachrecht. Schließlich sind die Erkenntnisse der Arbeit als Gesamtergebnis festzuhalten (*§ 9*).

§ 2 Erbrechtliche Hintergründe für die professionelle Erbenermittlung

Um die Hintergründe professioneller Erbenermittlung zu verstehen, muss zunächst geklärt werden, was durch den Tod des Erblassers in erbrechtlicher Hinsicht sowohl im Hinblick auf den Nachlass als auch auf die Erbenermittlung selbst geschieht.

I. Erbfall und zivilrechtliche Folgen

1. Universalsukzession

Die Notwendigkeit der Erbenermittlung als solche geht immer auf einen Erbfall[14] zurück. Dieser tritt mit dem Tod eines Menschen ein (§ 1922 Abs. 1 BGB). Die Rechte und Pflichten des Verstorbenen verlieren in dem Zeitpunkt des Todeseintritts ihr Zuordnungssubjekt (Träger).[15] Damit diese nicht trägerlos bleiben und dadurch untergehen[16], regelt die Norm des § 1922 Abs. 1 BGB, dass das Vermögen der verstorbenen Person als Ganzes auf die Erben übergeht. Aus diesem Prinzip der Universalsukzession (Gesamtrechtsnachfolge) ergibt sich der automatische und einheitliche Übergang aller verbindlichen Rechtspositionen auf eine oder mehrere Personen.[17]

2. Anfall, Annahme und Ausschlagung der Erbschaft

Der in dem Grundsatz der Gesamtrechtsnachfolge zugleich verankerte sog. Vonselbsterwerb besagt, dass es für den Übergang weder gerichtlicher oder behördlicher Akte noch einer Handlung des Erben bedarf.[18] Daraus folgt, dass der Erbe auch dann Erbe wird, wenn er von dem Erbfall keine Kenntnis hat; er muss nicht einmal wissen, dass der Erblasser existiert. Allerdings ist das Prinzip des Vonselbsterwerbs im deutschen Privatrecht nicht uneingeschränkt umgesetzt worden.[19] Vielmehr

---

14 Vorliegend wird von dem Erbfall in der Bundesrepublik Deutschland ausgegangen (s. dazu oben unter § 1 I.).

15 Staudinger/*Marotzke*, § 1922 Rn. 1.

16 Staudinger/*Marotzke*, § 1922 Rn. 41.

17 MünchKommBGB/*Leipold*, § 1922 Rn. 121; Staudinger/*Marotzke*, § 1922 Rn. 43.

18 MünchKommBGB/*Leipold*, § 1922 Rn. 125; Soergel/*Stein*, § 1922 Rn. 10; Staudinger/*Marotzke*, § 1922 Rn. 42.

19 Staudinger/Eckpfeiler/*Meyer-Pritzl*, Y. Rn. 110.

bezeichnet die Vorschrift des § 1942 Abs. 1 BGB den Vonselbsterwerb als Anfall der Erbschaft und bietet dem Erben zugleich die Möglichkeit, diesen durch Ausschlagung rückgängig zu machen.[20] Die Ausschlagung ist eine form- und fristgebundene Willenserklärung des Erben mit dem Inhalt, dass er die Erbschaft nicht haben will.[21] Gem. § 1953 Abs. 1 BGB gilt der Anfall im Falle der Ausschlagung der Erbschaft in Bezug auf den Ausschlagenden als nicht erfolgt.

Bis zur Entscheidung über die Ausschlagung tritt der Erbe also zunächst nur vorläufig in die Erbenstellung ein. Will er die endgültige Erbenposition erreichen, muss er die Erbschaft annehmen.[22] Dies geschieht durch das Verstreichenlassen der Ausschlagungsfrist i.S.d. § 1944 BGB (vgl. § 1943 BGB)[23] oder durch eine vorherige ausdrückliche oder konkludente[24] Erklärung. Dabei handelt es sich um eine nicht empfangsbedürftige[25] Willenserklärung mit dem Inhalt, dass der Erklärende endgültig Erbe sein will.[26] Sie bewirkt, dass dessen Ausschlagungsrecht i.S.d. § 1942 BGB – falls dessen Ausübung noch innerhalb der Frist des § 1944 BGB möglich ist – erlischt (vgl. § 1943 Halbs. 1 BGB). Zwischen dem Vonselbsterwerb und der Annahme oder Ausschlagung herrscht in Bezug auf den Nachlass ein Schwebezustand.[27]

3. Besitzübergang gem. § 857 BGB

Auch der Besitz geht gem. § 857 BGB auf den Erben über. Die Vorschrift regelt den Besitzübergang explizit, weil mit dem Tod des Erblassers dessen tatsächliche Gewalt über den Nachlassgegenstand endet. Diese ist kein Recht, sondern rein tatsächlicher Natur, und kann deshalb nicht Gegenstand der Gesamtrechtsnachfolge nach § 1922 Abs. 1 BGB sein. Aus diesem Grund verleiht die Norm des § 857 BGB dem Erben eine besitzrechtlich geschützte Position.[28]

Der Besitz i.S.d. § 857 BGB, auch Erbenbesitz genannt, besteht – anders als der Besitz gem. § 854 BGB – ohne Sachherrschaft und ist von dem Erbschaftsbesitz

---

20 Nur dem Fiskus steht die Möglichkeit der Ausschlagung der angefallenen Erbschaft nicht zu (§ 1942 Abs. 2 BGB).

21 Statt aller *Brox/Walker*, Erbrecht, Rn. 301.

22 Statt aller *Brox/Walker*, Erbrecht, Rn. 310.

23 *Lange/Kuchinke*, S. 195; *Michalski*, S. 49.

24 *Lange/Kuchinke*, S. 195; *Michalski*, S. 49.

25 *Michalski*, S. 49; *Muscheler*, Rn. 2911.

26 *Gursky*, S. 60; *Muscheler*, Rn. 2910.

27 Staudinger/*Otte*, § 1942 Rn. 10.

28 Jauernig/*Berger*, § 857 Rn. 1.

i.S.d. § 2018 BGB zu unterscheiden.[29] Letzterer ist vielmehr Besitz aufgrund angemaßten Erbrechts.[30] Der Besitz nach § 857 BGB ist ebenso wie der Anfall der Erbschaft von der Kenntnis des Erben unabhängig.[31] Mit der Erlangung der tatsächlichen Sachherrschaft wandelt er sich jedoch in den Besitz i.S.d. § 854 BGB um.[32]

II. Gerichtliche Nachlasssicherung

1. Allgemeines

Das System des Vonselbsterwerbs stellt sicher, dass es nach dem Bürgerlichen Gesetzbuch keine Erbschaft ohne Erben gibt.[33] Allerdings kann es vorkommen, dass der Erbe unbekannt ist (§ 1960 Abs. 1 Satz 2 Alt. 1 BGB). Ebenso ist es denkbar, dass er zwar bekannt ist, die Erbschaft aber noch nicht angenommen hat (§ 1960 Abs. 1 Satz 1 BGB) oder Ungewissheit über die Erbschaftsannahme besteht (§ 1960 Abs. 1 Satz 2 Alt. 2 BGB). Während dieses Schwebezustandes[34] bleibt der Nachlass in der Regel im Ausgangspunkt zunächst ohne Verwalter.[35] Daraus kann die Gefahr folgen, dass der Nachlass untergeht, wertlos wird oder sich in anderer Weise verschlechtert, je nach dem, um welche Art von Nachlassgegenständen es sich handelt. Ist der Nachlass in seinem Bestand gefährdet, liegt ein Fürsorgebedürfnis i.S.d. § 1960 Abs. 1 BGB vor.[36] Nach dieser Norm hat das Nachlassgericht bis zur Annahme der Erbschaft für die Sicherung des Nachlasses zu sorgen. Von dem Todesfall erfährt das Nachlassgericht in der Regel durch eine Mitteilung des Standesamts.[37]

Die Vorschrift des § 1960 Abs. 2 BGB führt einzelne Sicherungsmaßnahmen des Nachlassgerichts auf. Danach kann dieses insbesondere die Anlegung von

---

29 Jauernig/*Berger*, § 857 Rn. 2.
30 Jauernig/*Berger*, § 857 Rn. 2.
31 Jauernig/*Berger*, § 857 Rn. 3.
32 Vgl. BGH NJW 1953, 1550 f.
33 *Brox/Walker*, Erbrecht, Rn. 635.
34 S. dazu oben unter § 2 I. 2.
35 *Brox/Walker*, Erbrecht, Rn. 635; anders ist es, wenn der vorläufige Erbe, ein Miterbe oder Erbprätendent, Ehegatte, Eltern oder Abkömmlinge des Erblassers vorhanden sind und den Nachlass zuverlässig verwalten (MünchKommBGB/*Leipold*, § 1960 Rn. 19, m.w.N.).
36 OLG Düsseldorf ZEV 1995, 111; LG Stuttgart ZEV 2009, 396, 397; Palandt/*Weidlich*, § 1960 Rn. 1.
37 Keidel/*Zimmermann*, § 345 Rn. 73.

Siegeln, die Hinterlegung von Geld, Wertpapieren und Kostbarkeiten sowie die Aufnahme eines Nachlassverzeichnisses anordnen und für denjenigen, welcher Erbe wird, einen Nachlasspfleger bestellen. Die Aufzählung hat indes nur Beispielscharakter, was bereits deren Wortlaut – „kann insbesondere" – zu entnehmen ist.[38] Die Art der Fürsorgemaßnahmen ist somit dem pflichtgemäßen Ermessen des Gerichts überlassen, das in der Auswahl der Sicherungsmittel grundsätzlich frei ist.[39] Da es allerdings fremde Vermögensinteressen zu betreuen hat, muss es sich an den vermögensrechtlichen Interessen des endgültigen Erben hinsichtlich der Sicherung und Erhaltung des Nachlasses orientieren.[40]

Vor diesem Hintergrund wird sogleich auf diejenigen Arten der Sicherungsmaßnahmen eingegangen werden, an die eine professionelle Erbenermittlung anknüpfen kann.

2. Zuständigkeit des Nachlassgerichts

Für die dem Nachlassgericht obliegenden Aufgaben ist gem. § 23a Abs. 1 Satz 1 Ziff. 2 und Abs. 2 Ziff. 2 GVG das Amtsgericht sachlich zuständig. Funktionell sind die Aufgaben in Nachlass- und Teilungssachen dem Rechtspfleger übertragen, soweit sie nicht nach § 16 RPflG dem Richter vorbehalten sind. Anders ist dies allein in Baden-Württemberg. Dort obliegen die Aufgaben des Nachlassgerichts dem Staatlichen Notariat (Amtsnotariat). Zum 1. Januar 2018 werden die Staatlichen Notariate jedoch aufgelöst.[41] Die von ihnen heute noch wahrgenommenen Aufgaben der freiwilligen Gerichtsbarkeit werden dann ebenfalls auf die Amtsgerichte übertragen.

3. Gerichtliche Erbenermittlung als Sicherungsmaßnahme

a) Unbekanntheit des Erben

Wenn ein Fürsorgebedürfnis i.S.d. § 1960 Abs. 1 BGB besteht, ist das Nachlassgericht unter anderem dann zu Sicherungsmaßnahmen verpflichtet, wenn der Erbe unbekannt ist (§ 1960 Abs. 1 Satz 2 BGB). Erst dann stellt sich die Frage der Pflicht zur gerichtlichen Erbenermittlung. Denn bei Bekanntheit des Erben und seines

---

38 *Brox/Walker*, Erbrecht, Rn. 635; Palandt/*Weidlich*, § 1960 Rn. 3.

39 Palandt/*Weidlich*, § 1960 Rn. 2.

40 Palandt/*Weidlich*, § 1960 Rn. 2.

41 Gesetz zur Änderung der Bundesnotarordnung und anderer Gesetze vom 15. Juli 2009, BGBl. I 2009, S. 1798 (Art. 12); Gesetz zur Reform des Notariats- und Grundbuchwesens in Baden-Württemberg vom 29. Juli 2010, GBl. 2010, S. 555.

Aufenthalts ist dessen Ermittlung typischerweise entbehrlich, zumal der Erbe, der von dem Erbfall erfährt, meist selbst die Initiative ergreift, um die Erbschaft zu sichern.

Unbekannt im Sinne der Norm muss der Erbe aus der Sicht des Gerichts sein.[42] Dies folgt daraus, dass es die materiellrechtlichen Voraussetzungen dafür prüft, ob Sicherungsmaßnahmen erforderlich sind. Um eine diesbezügliche Entscheidung zu treffen, beurteilt das Nachlassgericht das Vorliegen der Voraussetzungen allein nach seinem Kenntnisstand zum Zeitpunkt der Entscheidung.[43]

Unbekannt aus der Sicht des Gerichts ist der Erbe, wenn aus rechtlichen oder tatsächlichen Gründen nicht mit zumindest hoher Wahrscheinlichkeit feststeht, wer Erbe ist.[44] Dies kann der Fall sein, wenn z.B. die Geburt eines Erben oder Miterben noch zu erwarten ist oder wenn nach Ausschlagung durch die bekannten Erben unbekannt ist, wer nachrückt.[45] Unbekanntheit i.S.d. § 1960 Abs. 1 Satz 2 BGB ist ferner auch dann zu bejahen, wenn das Nachlassgericht erst festzustellen hat, dass ein anderer Erbe als der Fiskus nicht in Betracht kommt (§§ 1964 f. BGB).[46] Außerdem kann der Erbe an sich zwar bekannt (z.B. der Sohn des Erblassers als Erbe), dessen Aufenthaltsort aber unbekannt sein oder er als verschollen gelten. Auch in diesen Fällen gilt der Erbe als unbekannt i.S.d. § 1960 Abs. 1 Satz 2 BGB.[47]

b) Gerichtliche Erbenermittlungspflicht

aa) Ausgangspunkt

Ist der Erbe aus der Sicht des Nachlassgerichts i.S.d. § 1960 Abs. 1 Satz 2 BGB unbekannt und besteht ein Fürsorgebedürfnis, muss es die erforderlichen Sicherungsmaßnahmen i.S.d. § 1960 Abs. 1 BGB treffen. Diese erschöpfen sich indessen oftmals nicht in der Betreuung des Nachlassgegenstandes oder der Ermittlung des Nachlassbestandes[48]. Vielmehr kommt es vor, dass das Gericht Erbenermittlungen anzustellen hat, die erforderlich sind, um die Person des unbekannten Erben festzustellen.

---

42 OLG Köln FamRZ 1989, 547, 548; BayObLG Rpfleger 1990, 257; OLG Hamm FGPrax 2011, 84, 85; Staudinger/*Marotzke*, § 1960 Rn. 9.

43 BayObLG FamRZ 1996, 308; OLG Hamm FGPrax 2011, 84, 85; Staudinger/*Marotzke*, § 1960 Rn. 9.

44 Statt aller Palandt/*Weidlich*, § 1960 Rn. 6.

45 Palandt/*Weidlich*, § 1960 Rn. 6.

46 Staudinger/*Marotzke*, § 1960 Rn. 8.

47 *Zimmermann*, S. 19 f.; differenzierend Palandt/*Weidlich*, § 1960 Rn. 6.

48 OLG Celle FamRZ 1959, 33, 34.

Obwohl diese Pflicht des Nachlassgerichts nicht explizit bundesgesetzlich normiert ist,[49] kann sie daraus folgen, dass das Nachlassgericht in der Auswahl der Sicherungsmittel zwar ein Ermessen hat, dieses jedoch auf Null reduziert ist und somit in eine gerichtliche Erbenermittlungspflicht übergeht. Dies ist insbesondere der Fall, wenn wegen Unbekanntheit des Erben weitere gesetzliche Vorschriften neben der Norm des § 1960 Abs. 1 BGB eingreifen[50] und damit die Vorgehensweise des Gerichts in Bezug auf die Sicherungsmaßnahmen vorschreiben und dadurch eingrenzen.

bb) Ersuchen des Grundbuchamts gem. § 82a Satz 2 GBO

So kann beispielsweise das Grundbuch aufgrund der Erbfolge unrichtig werden und der Erbe unbekannt sein. In diesem Fall hat das Grundbuchamt gem. § 82a Satz 2 GBO die Möglichkeit, das Nachlassgericht um die Ermittlung des Erben des Grundstückseigentümers zum Zwecke der Grundbuchberichtigung zu ersuchen. Danach ist das Nachlassgericht zu dementsprechenden Ermittlungen sowie Beweiserhebungen verpflichtet und kann sein Ermessen hinsichtlich der Sicherungsmittel insofern nicht frei ausüben.[51]

cc) Feststellung des Fiskuserbrechts gem. § 1964 Abs. 1 BGB

Ein weiteres Beispiel der gerichtlichen Erbenermittlungspflicht folgt ferner aus der Regelung des § 1964 Abs. 1 BGB. Nach dieser Norm hat das Gericht bei Unbekanntheit des Erben festzustellen, dass ein anderer Erbe als der Fiskus nicht vorhanden ist, wenn der Erbe nicht innerhalb einer den Umständen entsprechenden Frist ermittelt wird. Die Vorschrift legt – aus der Feststellungspflicht folgend – dem Nachlassgericht die Pflicht auf, vor dem Erlass des Feststellungsbeschlusses[52]

---

49 In einigen Bundesländern ist dies landesgesetzlich anders. Beispielsweise in Bayern ist die Ermittlungspflicht des Nachlassgerichts in Art. 37 Abs. 1 Satz 1 BayAGGVG ausdrücklich geregelt. Gemäß dieser Norm „hat das Nachlassgericht die Erben von Amts wegen zu ermitteln“. Den identischen Wortlaut weist auch die Vorschrift des § 41 Abs. 1 Satz 1 BW-LFGG für Baden-Württemberg auf.

50 Vgl. auch *Reitz*, S. 16, der den Standpunkt vertritt, dass die gerichtliche Erbenermittlungspflicht in Form einer Sicherungsmaßnahme dann gegeben ist, wenn die Ermittlungen im Zusammenhang mit anderen gesetzlichen Verpflichtungen stehen.

51 Vgl. KG OLGZ 1969, 134 ff., wonach gegen die Weigerung des Nachlassgerichts, die ersuchte Erbenermittlung vorzunehmen, das Oberlandesgericht gem. § 159 GVG analog als Beschwerdeinstanz angerufen werden kann.

52 Der dafür zuständige Rechtspfleger (§ 3 Ziff. 2c RPflG) erlässt den Beschluss, durch den die Feststellung der Staatserbfolge erfolgt (§ 38 FamFG).

Ermittlungen nach anderen Erben anzustellen.[53] Der Feststellung hat zwar gem. § 1965 Abs. 1 Satz 1 BGB eine öffentliche Aufforderung zur Anmeldung der Erbrechte unter Bestimmung einer Anmeldungsfrist vorauszugehen, soweit diese nicht ausnahmsweise entbehrlich[54] ist. Im Übrigen hat das Gericht allerdings bezüglich des Umfangs der Ermittlungen sowie hinsichtlich der Frist einen Ermessensspielraum.[55] Ungenügende Ermittlungen machen die Entscheidung jedoch fehlerhaft und werden nicht durch die öffentliche Aufforderung i.S.d. § 1965 Abs. 1 BGB ersetzt.[56]

4. Bestellung des Nachlasspflegers als Sicherungsmaßnahme

Das Nachlassgericht steht aber in der Regel nicht alleine mit der Bewältigung der Erbenermittlungsaufgabe da. Denn es kann während des Verfahrens eine Nachlasspflegschaft zur Sicherung des Nachlasses anordnen (vgl. § 1960 Abs. 2 BGB) und dem Nachlasspfleger die Erbenermittlungsaufgabe übertragen, insbesondere wenn dem Gericht die Erblasserverhältnisse nicht bekannt sind.[57] So stellt die Nachlasspflegschaft eine der wichtigsten Formen der gerichtlichen Sicherungsmaßnahmen dar. Praktisch führt die Maßnahme häufig zu einer professionellen Erbenermittlung und ist vorliegend näher zu erörtern.

a) Rechtsstellung des Nachlasspflegers

Wird ein Nachlasspfleger bestellt[58], nimmt er weder die Stellung des Vertreters des Nachlasses[59] noch des Trägers eines privaten Amtes[60] ein. Er ist vielmehr nach ständiger Rechtsprechung und überwiegender Ansicht in der Literatur gesetzlicher

---

53 RGZ 164, 235, 237; OLG Karlsruhe NJW-RR 2010, 793, 794; *Holl*, Rpfleger 2008, 285, 286; *Mayer*, ZEV 2010, 445, 449; MünchKommBGB/*Leipold*, § 1964 Rn. 3; Palandt/*Weidlich*, § 1964 Rn. 1; Soergel/*Stein*, § 1964 Rn. 2; Staudinger/*Marotzke*, § 1964 Rn. 2.

54 Die Aufforderung darf gem. § 1965 Abs. 1 Satz 2 BGB unterbleiben, wenn die Kosten dem Nachlassbestand gegenüber unverhältnismäßig hoch sind.

55 MünchKommBGB/*Leipold*, § 1964 Rn. 3; Palandt/*Weidlich*, § 1964 Rn. 1.

56 *Holl*, Rpfleger 2008, 285, 286; Palandt/*Weidlich*, § 1964 Rn. 1.

57 Palandt/*Weidlich*, § 1964 Rn. 1.

58 Zur Anordnung der Nachlasspflegschaft s. unten unter § 2 II. 4. b).

59 So aber *Goldschmidt*, S. 37 ff.; *Hellwig*, Rechtskraft, S. 61 f.; *ders.*, Klagrecht, S. 73; *Siber*, JherJb 67 (1917), 81, 208 ff., der die Rechtsfigur der Nachlassvertretung indes auf den Prozess beschränkt.

60 So aber *Draschka*, Rpfleger 1992, 281, 282; *Siegltrum*, S. 134 f.; dazu kritisch *Stein*, Rpfleger 1987, 345.

Vertreter des endgültigen Erben.[61] Damit wäre die Nachlasspflegschaft eine Personenpflegschaft.[62] Fraglich ist, ob diese Sichtweise überzeugt. Dafür spricht nicht zuletzt der Wortlaut der Norm des § 1960 Abs. 2 BGB, wonach der Nachlasspfleger für denjenigen zu bestellen ist, „welcher Erbe wird". Außerdem kennt das Gesetz keine ruhende Erbschaft, sondern gibt dem Nachlass vom Augenblick des Erbfalls an einen Herrn.[63] Auch normengeschichtliche Hintergründe sprechen für die Personenpflegschaft. So heißt es in den Motiven zum Bürgerlichen Gesetzbuch wie folgt: „Die Nachlaßpflegschaft wird (...) für denjenigen geführt, welcher schließlich als definitiver Erbe sich herausstellt".[64] Weiter wird dies in den Gesetzesmaterialien nochmals verdeutlicht und der Nachlasspfleger als „Vertreter desjenigen, welcher Erbe sein wird" bezeichnet.[65] Schließlich unterstreicht der Gesetzgeber, dass „die Nachlaßpflegschaft eine cura personae, nicht eine cura rei" ist.[66] Es ist also ersichtlich, dass auch die Väter des BGB von einer Nachlasspflegschaft in Gestalt einer Personenpflegschaft ausgegangen sind. Der herrschenden Meinung ist demnach zu folgen.

Als Personenpflegschaft ist die Nachlasspflegschaft eine Pflegschaft i.S.d. §§ 1909 ff. BGB, auf welche die Vorschriften über die Vormundschaft gem. § 1915 Abs. 1 Satz 1 BGB entsprechende Anwendung finden.[67] An die Stelle des Familiengerichts tritt gem. § 1962 BGB das Nachlassgericht.

Die Nachlasspflegschaft kann gem. § 1960 Abs. 1 Satz 1 BGB angeordnet werden, wenn der Erbe unbekannt ist oder Ungewissheit über die Erbschaftsannahme besteht. Auch die Anordnung der Pflegschaft nach § 1913 BGB knüpft an eine Unbekanntheit oder Ungewissheit über die Person des Pfleglings an. Die Nachlasspflegschaft stellt damit einen Sonderfall der allgemeiner in § 1913 BGB geregelten Pflegschaft dar.[68] Dies ist erneut insbesondere den Motiven zum Bürgerlichen Gesetzbuch zu entnehmen, wonach § 1913 BGB „sich als eine Ausdehnung des

---

61 H.M., RGZ 76, 125; BGHZ 49, 1, 4; BGH NJW 1951, 559; 1968, 353; 1972, 1752; 1981, 2299, 2300; 1983, 226; ZEV 2005, 109, 110; BFH NJW 1982, 2576; MünchKommBGB/*Leipold*, § 1960 Rn. 30, m.w.N.; Palandt/*Weidlich*, § 1960 Rn. 11; Staudinger/*Marotzke*, § 1960 Rn. 23.

62 *Kossek*, S. 43, m.w.N.; MünchKommBGB/*Leipold*, § 1960 Rn. 30; Staudinger/*Marotzke*, § 1960 Rn. 23.

63 S. schon *Koeßler*, JherJb 64 (1914), 412, 422; ferner Staudinger/*Marotzke*, § 1960 Rn. 23; näher zur Universalsukzession und Vonselbsterwerb s. oben unter § 2 I. 1., § 2 I. 2.

64 Motive, Bd. V, S. 545.

65 Motive, Bd. V, S. 547.

66 Motive, Bd. V, S. 548.

67 *Brox/Walker*, Erbrecht, Rn. 636.

68 Staudinger/*Marotzke*, § 1960 Rn. 25.

Prinzips der Nachlaßpflegschaft für den unbekannten Erben (…) auf andere Angelegenheiten" darstellt.[69] Bei der Nachlasspflegschaft ist der unbekannte Beteiligte der endgültige Erbe und die Angelegenheit betrifft den Nachlass.[70] Liegen im konkreten Fall die Voraussetzungen für eine Nachlasspflegschaft vor, so wird die Regelung des § 1913 BGB mithin verdrängt.[71]

b) Anordnung der Nachlasspflegschaft

Zum Nachlasspfleger kann grundsätzlich jeder bestellt werden. Einer besonderen Berufsausbildung bedarf es dafür nicht. Allerdings verlangen einige Nachlassgerichte den Nachweis, dass sich der Bewerber für die Nachlasspflegschaft in qualifizierten Lehrgängen einschlägige Kenntnisse im Nachlasspflegschaftsrecht angeeignet hat.[72] In der Praxis üben häufig Rechtsanwälte, Steuerberater und Berufsbetreuer die Pflegschaft aus. Sie wird aber auch nicht selten professionellen Erbenermittlern übertragen. Darauf wird zurückzukommen sein.[73]

Die Nachlasspflegerauswahl erfolgt durch den Rechtspfleger nach pflichtgemäßem Ermessen (§§ 1915 Abs. 1 Satz 1, 1779 Abs. 2 Satz 1 BGB).[74] Sie muss nach den Kriterien ergehen, die besagen, dass der Nachlasspfleger für die Bewältigung der ihm übertragenen Aufgaben in Bezug auf den Einzelfall geeignet ist (vgl. § 1779 Abs. 2 Satz 1 BGB). Gemäß diesen Aufgaben erhält er eine Bestallungsurkunde (§§ 1915 Abs. 1 Satz 1, 1791 BGB).

Die Anordnung der Nachlasspflegschaft wird mit der Bekanntgabe an den Pfleger wirksam.[75] Denn seine Ernennung in Verbindung mit der Anordnung der Pflegschaft ist unmittelbar für ihn bestimmt, nicht auch für den von der Pflegerbestellung Betroffenen.[76]

---

69 Motive, Bd. IV, S. 1265.

70 MünchKommBGB/*Leipold*, § 1960 Rn. 32.

71 *Arnold*, NJW 1949, 248, 250; *Kipp/Coing*, S. 682; MünchKommBGB/*Leipold*, § 1960 Rn. 32.

72 Internetseite der Gesellschaft für Wissensarbeit und Kommunikation mbH, abrufbar unter http://www.weinsberger-forum.de/berufsbilder/nachlasspfleger/wie-wird-man-nachlasspfleger.html.

73 S. dazu näher unten unter § 4.

74 Vgl. *Zimmermann*, ZEV 2007, 313 ff., der den praktischen Vorgang der Pflegerauswahl näher erörtert.

75 *Kipp/Coing*, S. 682.

76 BayObLGZ 1966, 82, 83.

c) *Aufgaben des Nachlasspflegers*

Die Nachlasspflegschaft kommt insbesondere dann zum Zuge, wenn der Nachlass eines Verwalters bedarf und bei Unbekanntheit des Erben dessen Ermittlung[77] längere Zeit in Anspruch nimmt.[78] Sie kann aber auch ggf. allein zum Zwecke der Erbenermittlung angeordnet werden.[79]

aa) *Inbesitznahme und Verwaltung des Nachlasses*

Da die Nachlasspflegschaft zur Sicherung des Nachlasses angeordnet wird (vgl. § 1960 Abs. 2 BGB), muss der Nachlasspfleger – wenn ihm neben der Erbenermittlung auch die Verwaltungsaufgabe übertragen worden ist – den Nachlass zunächst in Besitz nehmen, damit er die Pflegschaft ordnungsgemäß führen kann.[80] Denn der gem. § 857 BGB auf den Erben übergegangene Besitz des Erblassers ist zunächst sachherrschaftslos.[81] Bis der endgültige, unbekannte Erbe die tatsächliche Sachherrschaft über den Nachlass auszuüben beginnt – den Besitz praktisch ergreift –, übt der Nachlasspfleger an dessen Stelle das Besitzergreifungsrecht aus.[82] Zu diesem Zweck steht ihm unter anderem ein selbstständiger Herausgabeanspruch aus eigenem Recht zu, der bis zur rechtskräftigen Klärung der endgültigen Erbenstellung auch gegenüber dem wahren Erben durchsetzbar ist.[83] Für den eigenen Herausgabeanspruch gilt § 2019 BGB entsprechend.[84]

Des Weiteren ist der Nachlasspfleger dazu verpflichtet, ein Nachlassverzeichnis anzufertigen und dem Nachlassgericht einzureichen (§§ 1915 Abs. 1 Satz 1, 1802 Abs. 1 Satz 1 BGB) sowie ggf. den Nachlassgläubigern Auskunft über den Bestand des Nachlasses zu erteilen (§ 2012 Abs. 1 Satz 2 BGB).

Außerdem obliegt es ihm beispielsweise, bei Bedarf die Eröffnung eines Nachlassinsolvenzverfahrens zu beantragen (§ 317 Abs. 1 InsO). Wenn dies zur Sicherung und Erhaltung des Nachlasses sowie zur ordnungsgemäßen Nachlassverwaltung erforderlich ist, kann er ferner einen (auch wesentlichen) Teil der Nachlassgegenstände veräußern.[85] Dazu bedarf es keiner Genehmigung des

---

77 Zur gerichtlichen Erbenermittlung s. oben unter § 2 II. 3.

78 MünchKommBGB/*Leipold*, § 1960 Rn. 29.

79 KG OLGZ 1971, 210, 214; *Niewerth/Neun/Schnieders*, Rpfleger 2009, 121, 122.

80 BGH NJW 1983, 226; Scherer/*Benninghoven*, § 53 Rn. 17; Staudinger/*Marotzke*, § 1960 Rn. 40.

81 S. dazu näher oben unter § 2 I. 3.

82 Staudinger/*Marotzke*, § 1960 Rn. 40.

83 BGH NJW 1972, 1752 f.; Hk-BGB/*Hoeren*, § 1960 Rn. 10.

84 BGH NJW 1983, 226, 227; Hk-BGB/*Hoeren*, § 1960 Rn. 10.

85 OLG München NJW 2010, 1593 f.

Nachlassgerichts.[86] Der Pfleger hat nach außen unbeschränkte Vertretungsmacht[87] und Verfügungsbefugnis (vgl. §§ 1960, 1915 Abs. 1 Satz 1, 1793 Abs. 1 Satz 1 BGB).

Der Nachlasspfleger vertritt den Erben, wenn dies die Ausübung der Verwaltungsaufgabe ebenfalls erfordert, auch prozessual und ist sowohl aktiv als auch passiv prozessführungsbefugt (vgl. § 1960 Abs. 3 BGB). Er ist aktiv und passiv legitimiert hinsichtlich der Nachlassforderungen und der gegen den Erben gerichteten Nachlassverbindlichkeiten.[88]

bb) Erbenermittlung

Eine der wichtigsten Aufgaben des Nachlasspflegers ist die Ermittlung des Erben.[89] Zum Zwecke der Erfüllung dieser Aufgabe steht ihm z.B. die Möglichkeit offen, Einsicht in die Nachlassakten des Nachlassgerichts (vgl. § 13 FamFG) sowie in das eröffnete Testament (vgl. § 357 Abs. 1 FamFG) zu bekommen.[90] Außerdem können Auskünfte von Meldebehörden und Standesämtern (§ 65 Abs. 1 Satz 2 PStG) eingeholt werden.[91] Der Nachlasspfleger hat die Möglichkeit, in die Personenstandsbücher der Standesämter und sonstige Archive Einsicht zu nehmen (vgl. § 65 Abs. 1 Satz 1 PStG). In der Auswahl der Ermittlungsmittel ist der Pfleger frei, solange er ordnungsgemäß seiner Erbenermittlungspflicht nachkommt.

Der Nachlasspfleger erfüllt seine Ermittlungspflicht vollständig bereits dann, wenn er alles Erforderliche und ihm Zumutbare getan hat, um den Erben zu finden.[92] Er ist also nicht verpflichtet, den Erben tatsächlich ausfindig zu machen. Auch bei erfolglosen eigenen Ermittlungen wird er seiner Pflegeraufgabe gerecht. Bleiben seine Ermittlungsbemühungen tatsächlich ohne Erfolg, kann er zwecks Erbensuche einen professionellen Erbenermittler einschalten. Dieser Schritt ist jedoch für ihn optional.

---

86 *Zimmermann*, ZEV 2014, 76, 79.

87 Hk-BGB/*Hoeren*, § 1960 Rn. 9; *Zimmermann*, ZEV 2014, 76, 79.

88 OLG Köln NJW-RR 1997, 1091; Hk-BGB/*Hoeren*, § 1960 Rn. 11; vgl. *Zimmermann*, ZEV 2011, 631 ff.

89 OLG Köln FamRZ 1967, 58, 59; KG OLGZ 1971, 210 ff.; OLG Dresden OLG-NL 1999, 159 ff.; vgl. OLG Schleswig BeckRS 2014, 12002, beck-online; *Mayer*, ZEV 2010, 445, 448; *Siegltrum*, S. 172 ff.; *Zimmermann*, ZEV 2014, 76, 79.

90 Vgl. Scherer/*Keim*, § 52 Rn. 25 ff.

91 Vgl. Scherer/*Keim*, § 52 Rn. 28.

92 Vgl. LG Berlin ZEV 2012, 413; *Zimmermann*, S. 349.

§ 3 Anlass für die professionelle Erbenermittlung

Es kommt vor, dass der professionelle Erbenermittler zum einen seitens des Nachlassgerichts (dazu unter *I. 1.*) oder des Nachlasspflegers (dazu unter *I. 2.*) kontaktiert wird, um diese in der Erfüllung ihrer Erbenermittlungspflichten zu unterstützen. Zum anderen können auch die Miterben des unbekannten Erben ihn um Hilfe bei der Erbensuche bitten (dazu unter *II.*). Schließlich ist es gleichermaßen denkbar, dass er nach Kenntniserlangung eines Erbfalls, etwa durch die öffentliche Aufforderung gem. § 1965 BGB, aus eigener Initiative tätig wird (dazu unter *III.*).

I. Einschaltung des professionellen Erbenermittlers als Hilfe bei der Erfüllung von Erbenermittlungspflichten

Nicht selten nimmt die Erbenermittlung für das Nachlassgericht[93] oder den Nachlasspfleger[94] längere Zeit in Anspruch oder sie erscheint mangels besonderer genealogischer Kenntnisse und Ermittlungskapazitäten als äußerst schwierig oder gar unmöglich. Um die Suche zu beschleunigen und alle denkbaren Ermittlungsmöglichkeiten auszuschöpfen, bietet es sich häufig an, einen professionellen Erbenermittler zwecks Erbensuche einzuschalten.

1. Einschaltung durch das Nachlassgericht

Parallel zur Bestellung eines Nachlasspflegers greift in der Praxis das Gericht selbst eher selten zur Hilfe eines professionellen Erbenermittlers, weil dessen Einschaltung sich als gerichtliches pflichtwidriges Verhalten darstellen kann.[95] Der Grund dafür ist die Tatsache, dass die Erbenermittlung originäre Aufgabe des Nachlassgerichts ist, welche ausschließlich auf den Nachlasspfleger übertragen werden darf.[96] Wie bereits gesehen,[97] muss der Rechtspfleger den Nachlasspfleger nach pflichtgemäßem Ermessen auswählen (§§ 1915 Abs. 1 Satz 1, 1779 Abs. 2 Satz 1

93 Zur gerichtlichen Erbenermittlungspflicht s. oben unter § 2 II. 3. b).

94 Zur Erbenermittlungspflicht des Nachlasspflegers s. oben unter § 2 II. 4. c) bb).

95 Vgl. *Holl*, Rpfleger 2008, 285, 286.

96 Vgl. KG NJW 1971, 565 f.; *Holl*, Rpfleger 2008, 285, 286; *Niewerth/Neun/Schnieders*, Rpfleger 2009, 121, 122; vgl. auch Palandt/*Weidlich*, § 1960 Rn. 10.

97 S. dazu oben unter § 2 II. 4. b).

BGB), wobei entscheidend ist, dass der Nachlasspfleger für die Erledigung der ihm übertragenen Aufgaben – auch für diejenige der Erbenermittlung – in Bezug auf den Einzelfall geeignet ist. Hat er gemäß seiner Bestallungsurkunde den Erben zu ermitteln und kann er die Aufgabe nicht erfüllen, weil ihm beispielsweise die dafür notwendigen Kenntnisse oder Möglichkeiten fehlen, so hat das Gericht möglicherweise einen ungeeigneten Nachlasspfleger bestellt und deshalb nicht im Einklang mit der Ermessenspflicht gehandelt. Greift es in einem solchen Fall zur Hilfe eines professionellen Erbenermittlers, so kann sich dieses Verhalten im konkreten Einzelfall als pflichtwidrig darstellen und zu Schadensersatzansprüchen des Erben führen.[98] Als Argument dafür lässt sich anführen, dass das Gericht von vornherein einen anderen geeigneten Erbenermittler zum Nachlasspfleger hätte bestellen können und müssen, der wie jeder andere Nachlasspfleger vergütet wird, ohne zusätzliche Kosten zu verursachen.[99] Stets ist jedoch auf die Umstände des Einzelfalls abzustellen. Handelt es sich etwa um einen gegenständlich bedeutenden Nachlass, der intensiver Bewirtschaftungsmaßnahmen bedarf, ist es durchaus legitim, wenn nicht sogar zwingend erforderlich, einen dafür geeigneten Nachlasspfleger und parallel dazu einen Erbenermittler einzuschalten.

Für das Nachlassgericht ist es allerdings denkbar und auch ratsam, von Anfang an einen professionellen Erbenermittler zum Nachlasspfleger zu bestellen, wenn die Erbensuche von vornherein schwierig erscheint und besondere Ermittlungskenntnisse und -fertigkeiten erforderlich werden könnten.[100] Dies bietet sich insbesondere an, wenn es um einen Erbfall in einer grenzüberschreitend zersplitterten Familie geht, weil dann möglicherweise Ermittlungen im Ausland geführt werden müssen.

---

98 Ein derartiger Anspruch kann sich aus § 839 Abs. 1 BGB i.V.m. Art. 34 Satz 1 GG ergeben (ohne Nennung der Anspruchsgrundlage indessen *Holl*, Rpfleger 2008, 285, 287). Sowohl der Richter (Hk-BGB/*Staudinger*, § 839 Rn. 6; MünchKommBGB/*Papier*, § 839 Rn. 131; Palandt/*Sprau*, § 839 Rn. 22, 113 ff.) als auch der Rechtspfleger (vgl. § 2 Abs. 1 Satz 1 RpflG, wonach mit den Aufgaben eines Rechtspflegers ein Beamter des Justizdienstes mit besonderer Qualifikation betraut werden kann) sind Beamte im haftungsrechtlichen Sinne. Weder dem einen noch dem anderen kommt das Richterprivileg des § 839 Abs. 2 Satz 1 BGB zu Gute, da die Vorschrift auf Entscheidungen im Rahmen der freiwilligen Gerichtsbarkeit keine Anwendung findet (BGH NJW 1956, 1716; Palandt/*Sprau*, § 839 Rn. 65; kritisch MünchKommBGB/*Papier*, § 839 Rn. 322). Die Höhe des Schadens bemisst sich nach der Höhe des an den Erbenermittler gezahlten Honorars (*Holl*, Rpfleger 2008, 285, 287).

99 Vgl. *Holl*, Rpfleger 2008, 285, 287.

100 So auch *Kossek*, S. 57; vgl. *Niewerth/Neun/Schnieders*, Rpfleger 2009, 121, 122.

2. Einschaltung durch den Nachlasspfleger

a) Statthaftigkeit der Einschaltung

Ob die Einschaltung eines professionellen Erbenermittlers durch den Nachlasspfleger – der nicht zugleich selbst den Beruf der professionellen Erbenermittlung ausübt – statthaft ist, beurteilt sich nach verschiedenen Kriterien, wenn der Erbenermittler aus dem Nachlass vergütet werden soll. Welche von ihnen relevant sind, wird nicht auf den ersten Blick deutlich. Die Rechtsprechung ist uneinheitlich, in der Literatur herrscht kein Konsens.

Einerseits wird der Erbenermittler als Hilfsperson des Nachlasspflegers qualifiziert.[101] In der Übertragung der Ermittlungsaufgabe liege keine unzulässige Generalbevollmächtigung und deshalb sei sie grundsätzlich zulässig.

Andererseits wird die Einschaltung des Erbenermittlers, der aus dem Nachlass vergütet wird, als rechtmäßig erachtet, wenn der Nachlasspfleger der letztlich für die Erbenermittlung Verantwortliche bleibe und den Gang der Ermittlungen verfolge und sich nachweisen lasse.[102]

Schließlich wird die Statthaftigkeit davon abhängig gemacht, ob der Erbenermittler gewährleiste, dass der Nachlasspfleger über die Ermittlungsergebnisse informiert werde.[103]

Bei näherer Betrachtung zeigt sich, dass der Nachlasspfleger nach allen Ansichten seine Erbenermittlungsaufgabe zu Lasten des Nachlasses auf einen professionellen Erbenermittler übertragen darf, solange er Herr des Ermittlungsverfahrens bleibt.[104] Die Meinungen gehen lediglich hinsichtlich der Gestaltungsart dessen Gewährleistung auseinander. Dies ist auch mit dem Grundsatz vereinbar, dass die Kernverpflichtungen bei Vormundschaften und Pflegschaften grundsätzlich nicht übertragbar sind,[105] es sei denn, dem Pfleger wird bei deren Übertragung die Möglichkeit, selbst zu handeln, nicht genommen und er behält die letzte Verantwortlichkeit.[106]

---

101 OLG Celle FamRZ 1999, 673; OLG Frankfurt NJW-RR 2000, 960; MünchKommBGB/*Leipold*, § 1960 Rn. 46.

102 OLG Bremen ZEV 1999, 322 f.; vgl. *Holl*, Rpfleger 2008, 285, 286.

103 Vgl. LG Berlin NJWE-FER 2000, 238 ff.

104 Vgl. *Holl*, Rpfleger 2008, 285, 286; *Mayer*, ZEV 2010, 445, 448.

105 H.M., RGZ 76, 185, 186; KG KGJ 1914, 51, 63; *Dölle*, S. 696; MünchKommBGB/*Wagenitz*, § 1793 Rn. 35; Soergel/*Zimmermann*, § 1793 Rn. 14; Staudinger/*Veit*, § 1793 Rn. 60; Hilfsgeschäfte, wie z.B. Wertermittlung von Gegenständen, Versteigerungen und Verwahrungen, sind hingegen stets übertragbar (*Holl*, Rpfleger 2008, 285, 286).

106 Vgl. RGZ 76, 185, 186; MünchKommBGB/*Wagenitz*, § 1793 Rn. 35.

Schaltet der Nachlasspfleger also einen Erbenermittler lediglich als Hilfsperson ein und behält er selbst die Herrschaft über die Ermittlungen, so steht dem nichts entgegen. Hierzu bedarf es auch keiner Genehmigung des Nachlassgerichts.[107]

b) Zeitpunkt der Einschaltung

Es stellt sich die Frage, wann der richtige Zeitpunkt für die Einschaltung eines professionellen Erbenermittlers durch den Nachlasspfleger eintritt. Eine Kernaufgabe der Pflegers besteht in der Ermittlung des Erben, für den er bestellt wird.[108] Deshalb ist es denkbar, dass er den Erbenermittler erst einschalten darf, wenn er zuvor selbst seiner Ermittlungsaufgabe im vollen Umfang nachgekommen ist und die Ermittlungsmaßnahmen erfolglos geblieben sind.[109] Andererseits kommt auch eine sofortige Einschaltung des Ermittlers in Betracht, wenn der Nachlasspfleger etwa absehen kann, dass er nicht im Stande sein wird, den Erben (rechtzeitig) ausfindig zu machen.

Dafür, dass der Nachlasspfleger an den professionellen Erbenermittler erst herantreten darf, wenn er selbst bereits alles Erforderliche und ihm Zumutbare unternommen hat, um den Erben zu finden, lässt sich anführen, dass aufgrund der Personenpflegschaft zwischen dem Erben und dem Nachlasspfleger ein gesetzliches Schuldverhältnis besteht, aufgrund dessen der Pfleger bei pflichtwidrigem Verhalten dem Erben gegenüber persönlich[110] haftet (vgl. §§ 1915 Abs. 1 Satz 1, 1833 Abs. 1 Satz 1 BGB). Wenn die Erbenermittlung durch den Nachlasspfleger dürftig ausfällt – er mithin seiner Ermittlungspflicht nicht im vollen Umfang nachkommt – und z.B. der Staat aus diesem Grund gem. § 1964 Abs. 1 BGB als Erbe festgestellt wird, kann der wahre Erbe später den Nachlass vom Staat herausverlangen, jedoch abzüglich der Auslagen des Fiskus.[111] Da deren Höhe im Ergebnis den Schaden des Erben ausmacht, kann dieser sich zwecks Schadensersatzes gem. § 1833 Abs. 1 Satz 1 BGB an den Nachlasspfleger wenden.[112]

Für die Möglichkeit, sofort einen Erbenermittler einschalten zu können, spricht indes, dass in den Fällen, in denen die Ermittlungsmaßnahmen eines besonders

---

107 OLG Frankfurt NJW-RR 2000, 960, 962; *Niewerth/Neun/Schnieders*, Rpfleger 2009, 121, 122.

108 Zu den Aufgaben des Nachlasspflegers s. oben unter § 2 II 4. c).

109 Dafür etwa LG Berlin ZEV 2012, 413, m. Anm. *Forkert*, ZEV 2012, 414 f.; *Zimmermann*, S. 349.

110 Vgl. MünchKommBGB/*Wagenitz*, § 1833 Rn. 1.

111 *Zimmermann*, S. 348 f.

112 *Zimmermann*, S. 349.

großen Aufwandes bedürfen und sie sich deshalb zeitlich deutlich verzögern würden, das rechtzeitige Auffinden des Erben gefährdet sein könnte. Der Zeitablauf könnte z.B. in den Konstellationen kritisch sein, in denen der Erbe schon ein hohes Lebensalter erreicht und selbst keine Erben hat. Dann ist es denkbar, dass der Nachlasspfleger, um die Rechtzeitigkeit des Erbenauffindens zu gewährleisten, sogar verpflichtet ist, sich zwecks Erbensuche sofort an den professionellen Erbenermittler zu wenden. Dies gilt auch für die Fälle, in denen der Nachlasspfleger erkennt, dass er den Erben nicht finden können wird, etwa weil es um einen Erbfall in einer über die deutschen Grenzen hinaus zersplitterten Familie geht.

Allerdings könnte der Nachlasspfleger, wenn er den professionellen Erbenermittler noch vor seinen eigenen Ermittlungsbemühungen einschaltet, einen Haftungsfall auslösen.[113] Denn der Ermittler fordert – soviel sei vorweggenommen – von dem von ihm gefundenen Erben eine recht hohe Vergütung (bis zu 30 % des dem Erben zustehenden Nachlasswertes) gegen Vorlage der Erbschaftsinformationen.[114] Stellt der Pfleger überhaupt keine eigenen Ermittlungsmaßnahmen an, zu denen er verpflichtet ist, und bittet er den Erbenermittler um Hilfe, kann die Einschaltung des Ermittlers als verfrüht gelten.[115] Der Pfleger verursacht in diesem Fall eine Belastung des Erben mit einer Honorarforderung des Ermittlers,[116] ohne sich vorher selbst bemüht zu haben, dem Erben durch eigene Ermittlungen zu helfen, ohne jeglichen Verlust an den Nachlass zu gelangen. Findet die Einschaltung zu früh statt und kommt es zu einer wirksamen Honorarvereinbarung zwischen dem Erbenermittler und dem Erben, muss der Nachlasspfleger dem Erben die an den Ermittler zu entrichtende Vergütung als Schaden ersetzen (§§ 1915 Abs. 1 Satz 1, 1833 Abs. 1 Satz 1 BGB).[117] Denn in diesem Fall kommt er seiner Pflegeraufgabe, die in der Erbenermittlung besteht, nicht nach und handelt damit dem Erben gegenüber pflichtwidrig.

Um den Erbenermittler einschalten zu dürfen, muss der Nachlasspfleger sich also tatsächlich im vollen Umfang vergewissern, dass er selbst den Erben nicht (rechtzeitig) ermitteln können wird. Dies führt zu dem Ergebnis, dass er auch zu diesem Zweck eigene Erbenermittlungen anstellen muss, die in seiner Macht stehen. Nur so kann der Pfleger nachweislich zu der Erkenntnis gelangen, dass z.B. die verbleibende Lebenserwartung des Erben gering ist oder er sich im Ausland

---

113 *Zimmermann*, S. 349.

114 S. dazu näher unten unter § 7 I., § 7 I. 1. d) bb) (3).

115 Vgl. LG Berlin ZEV 2012, 413, m. Anm. *Forkert*, ZEV 2012, 414 f.; *Zimmermann*, S. 349.

116 *Forkert*, ZEV 2012, 414, 415.

117 *Zimmermann*, S. 349.

aufhält und es deshalb der Hilfe eines professionellen Erbenermittlers bedarf. Unternimmt der Nachlasspfleger alle dafür erforderlichen und ihm zumutbaren Ermittlungshandlungen – selbst wenn diese lediglich in den Mindestmaßnahmen wie in der Einsicht in die Nachlassakten des Nachlassgerichts (vgl. § 13 FamFG) und in das eröffnete Testament (vgl. § 357 Abs. 1 FamFG) oder in dem Einholen von Auskünften der Meldebehörden und Standesämter (§ 65 Abs. 1 Satz 2 PStG) liegen –[118], so kommt er seiner Ermittlungsaufgabe im vollen Umfang nach und handelt bei Einschaltung des Erbenermittlers nicht verfrüht und damit dem Erben gegenüber pflichtgemäß.

Im Ergebnis lässt sich feststellen, dass der Nachlasspfleger einen professionellen Erbenermittler immer erst dann einschalten darf, wenn er zuvor selbst bereits alles Erforderliche und ihm Zumutbare getan hat, um den Erben zu ermitteln.

II. Einschaltung des professionellen Erbenermittlers durch die Miterben des unbekannten Erben

Falls ein Erblasser mehrere Erben hinterlässt und dadurch eine Erbengemeinschaft i.S.d. § 2032 Abs. 1 BGB entsteht, kann es vorkommen, dass ein oder mehrere Miterben unbekannt sind und deshalb ausfindig gemacht werden müssen. In solchen Fällen können die bereits bekannten Miterben selbst einen professionellen Erbenermittler zwecks Suche der weiteren unbekannten Miterben einschalten. Das Interesse daran resultiert vor allem daraus, dass die Miterben ihre Erbengemeinschaft vervollständigen wollen, um klare Verhältnisse untereinander zu schaffen (dazu unter *1.*). Des Weiteren ist die Kenntnis von dem vollständigen Bestand der Erbengemeinschaft im Rahmen der Stellung des Antrags auf die Erteilung des Erbscheins relevant (dazu unter *2.*).

1. Vervollständigung der Erbengemeinschaft zwecks Erbauseinandersetzung

Das Interesse der Miterben des unbekannten Erben an dessen Auffinden folgt zunächst aus der rechtlichen Natur der Erbengemeinschaft. Denn sie ist zum einen eine Gesamthandsgemeinschaft (vgl. § 2032 Abs. 1 BGB), die den Nachlass zu einem Sondervermögen macht.[119] Die Erben können, während die Erbengemeinschaft fortbesteht, über die Erbschaft und die einzelnen Nachlassgegenstände gem. § 2040 Abs. 1 BGB nur gemeinschaftlich verfügen. Zum anderen ist die

118 Zu den Ermittlungsmöglichkeiten des Nachlasspflegers s. oben unter § 2 II. 4. c) bb).
119 *Brox/Walker*, Erbrecht, Rn. 469; *Gursky*, S. 77.

Erbengemeinschaft eine Liquidationsgemeinschaft[120] und damit auf Auseinandersetzung (vgl. § 2042 Abs. 1 BGB) gerichtet. Diese umfasst die Abwicklung aller Rechtsbeziehungen der Gesamthand im Innen- und Außenverhältnis, d.h. die Befriedigung der Nachlassgläubiger, Erledigung aller Rechtsgeschäfte der Gesamthand mit Dritten, auch mit Miterben, Ausgleichung von Vorempfängen sowie letztendlich Teilung des verbleibenden Rests unter den Miterben,[121] welche die Übertragung der Nachlassgegenstände aus dem Sondervermögen in das ungebundene Privatvermögen der einzelnen Miterben bedeutet.[122] Die Auseinandersetzung kann gem. § 2042 Abs. 1 BGB von jedem Erben verlangt werden. Wird sie wirksam vollzogen, erlischt die Erbengemeinschaft.[123]

Die Erbengemeinschaft besteht aus sämtlichen Erben des Erblassers, unabhängig davon, ob einige von ihnen unbekannt sind oder nicht. Auch unbekannte Erben sind Mitglieder der Erbengemeinschaft. Die Erbauseinandersetzung kann mithin aufgrund der gesamthänderischen Natur der Erbengemeinschaft nur dann wirksam und damit mit der Folge der Liquidation der Gemeinschaft vollzogen werden, wenn an ihr alle Miterben beteiligt sind (vgl. § 2040 Abs. 1 BGB). Wird also auch nur ein Miterbe bei der Auseinandersetzung nicht berücksichtigt, kann sie nicht wirksam vollzogen und die Erbengemeinschaft nicht aufgelöst werden.[124]

Es kommt jedoch in der Praxis nicht selten vor, dass eine Erbauseinandersetzung zwischen einzelnen Miterben stattfindet, ohne dass ein oder mehrere andere Miterben berücksichtigt werden.[125] Dies kann insbesondere der Fall sein, wenn ein oder mehrere Miterben z.B. verschollen oder unauffindbar, also unbekannt, sind und aus diesem Grund nicht an der Erbauseinandersetzung teilnehmen. Findet diese indes ohne sie statt, ist die Auseinandersetzung unwirksam. Die unter den Miterben verteilten Nachlassgegenstände bleiben im Eigentum der Erben in fortbestehender Erbengemeinschaft, weil über die Gegenstände nicht (erben-)gemeinschaftlich wirksam verfügt wurde (vgl. § 2040 Abs. 1 BGB). Der nicht berücksichtigte Erbe kann dann später die Herausgabe dieser Nachlassgegenstände an die in Wahrheit nicht aufgelöste Erbengemeinschaft gem. §§ 1011, 985 BGB

---

120 *Keim*, RNotZ 2003, 375.

121 *Brox/Walker*, Erbrecht, Rn. 512; MünchKommBGB/*Ann*, § 2042 Rn. 1; vgl. auch *Ann*, S. 394 ff.

122 *Brox/Walker*, Erbrecht, Rn. 512.

123 *Ann*, S. 271 f.; *Keim*, RNotZ 2003, 375; MünchKommBGB/*Ann*, § 2042 Rn. 1.

124 OLG Dresden VIZ 1998, 288, 289; *Keim*, RNotZ 2003, 375, 382.

125 Vgl. *Keim*, RNotZ 2003, 375, 382; *Vollkommer*, FamRZ 1999, 350.

oder gem. §§ 812 ff. BGB von den übrigen Miterben verlangen.[126] Hat ein Miterbe die ihm zugewiesenen Nachlassgegenstände inzwischen weiterveräußert, kann der Dritte zwar gutgläubig Eigentum erworben haben (vgl. § 2366 BGB), das als Gegenleistung Erhaltene fällt allerdings gem. § 2041 Satz 1 BGB durch Surrogation in den Nachlass.[127] Ein Anspruch gem. § 816 Abs. 1 Satz 1 BGB gegen den über den Nachlassgegenstand – unwirksam (vgl. § 2040 Abs. 1 BGB) – verfügenden Erben ist in dieser Fallkonstellation ebenfalls denkbar.[128] Sind alle Nachlassvermögenswerte wieder im Bestand der Erbengemeinschaft, muss die Erbauseinandersetzung unter Beteiligung aller Miterben erneut vorgenommen werden.[129]

Infolgedessen bietet es sich im Falle unbekannter Erben für die schon bekannten Miterben an, diese noch vor der Erbauseinandersetzung ausfindig zu machen, um die Erbengemeinschaft wirksam liquidieren zu können und spätere eventuelle Rechtsstreitigkeiten mit den Miterben zu vermeiden. Frühzeitige Schaffung klarer Verhältnisse kann deshalb in dieser Hinsicht hilfreich sein. Gestaltet sich die Miterbensuche als schwierig, kann und sollte hierzu die Hilfe eines professionellen Erbenermittlers in Anspruch genommen werden.

2. Erbscheinsverfahren

Des Weiteren geht das Interesse der Miterben des unbekannten Erben, diesen zu finden, aus ihrer Pflicht hervor, im Rahmen der Erteilung des Erbscheins notwendige Angaben zu machen. Gem. § 2353 BGB hat das Nachlassgericht dem Erben auf Antrag ein Zeugnis über sein Erbrecht und, wenn er nur zu einem Teil der Erbschaft berufen ist, über die Größe des Erbteils zu erteilen. Beantragt ein gesetzlicher Erbe die Erteilung des Erbscheins, ist er dem Nachlassgericht gegenüber gem. § 352 Abs. 1 FamFG verpflichtet, die in der Vorschrift aufgeführten Angaben zu machen (§ 352 Abs. 1 Ziff. 1 bis 8 FamFG). Dazu gehört unter anderem gem. § 352 Abs. 1 Ziff. 4 FamFG die Angabe, ob und welche Personen vorhanden sind oder vorhanden waren, durch die der Erbe von der Erbfolge ausgeschlossen oder sein Erbteil gemindert werden würde. Beantragen also die Miterben des unbekannten Erben die Erteilung des Erbscheins bei dem Nachlassgericht, müssen sie zutreffende Angaben zum Bestand aller Miterben machen. Für den Nachweis der

126 OLG Dresden VIZ 1998, 288, 289; ohne Nennung der Anspruchsgrundlage *Keim*, RNotZ 2003, 375, 382.

127 OLG Dresden VIZ 1998, 288, 289; *Keim*, RNotZ 2003, 375, 382; *Vollkommer*, FamRZ 1999, 350.

128 *Vollkommer*, FamRZ 1999, 350 f.

129 *Keim*, RNotZ 2003, 375, 382.

Richtigkeit der Angaben erlegt die Norm des § 352 Abs. 3 FamFG ihnen ferner die Pflicht zur Vorlage bestimmter Nachweise als förmliche Mitwirkungspflicht[130] auf. Diese Mitwirkungspflichten sind den eigenen Ermittlungen des Nachlassgerichts vorgeschaltet. Sie erleichtern die Arbeit des Nachlassgerichts und dienen zur Vermeidung unrichtiger Erbscheine. Gilt ein Erbschein wegen seiner inhaltlichen[131] Fehler als unrichtig, ist er gem. § 2361 Satz 1 BGB von dem Nachlassgericht einzuziehen. Mit der Einziehung wird er gem. § 2361 Satz 2 BGB kraftlos.

Um die Richtigkeit der Angaben i.S.d. § 352 Abs. 1 Ziff. 4 FamFG zu gewährleisten und die Erstellung unrichtiger Erbscheine zu vermeiden, ist es für die Miterben des unbekannten Erben auch deshalb sinnvoll, den unbekannten Miterben zunächst ausfindig zu machen. Wenn ihre eigenen Suchbemühungen ergebnislos ausfallen, kann und sollte auch zu diesem Zweck zur Hilfe professioneller Erbenermittler gegriffen werden.

III. Tätigwerden des professionellen Erbenermittlers auf Eigeninitiative

Es kommt auch vor, dass professionelle Erbenermittler aus eigenem Antrieb tätig werden. Anlass dafür finden sie in der Regel, wenn durch das Nachlassgericht die öffentliche Aufforderung zur Anmeldung der Erbrechte gem. § 1965 Abs. 1 Satz 1 BGB zwecks Feststellung des Fiskuserbrechts i.S.d. § 1964 Abs. 1 BGB erfolgt.[132] Es sind aber auch andere Informationsquellen denkbar, z.B. durch Knüpfung der Kontakte zu – ggf. bereits gefundenen – Miterben oder durch Erlangung der Informationen über einen Erbfall durch Dritte.

130 MünchKommBGB/*J. Mayer*, § 2354 Rn. 1 (zu vorh. Bestimmungen).
131 MünchKommBGB/*J. Mayer*, § 2361 Rn. 2.
132 *Brox/Walker*, Erbrecht, Rn. 636.

§ 4 Der professionelle Erbenermittler und das Nachlassgericht

Wird ein professioneller Erbenermittler tätig, will er für seine Tätigkeit honoriert werden. Denn mit der Erbenermittlung verdient er (haupt-)beruflich in der Regel seinen Lebensunterhalt. Aus diesem Grund stellt sich die Frage, gegen wen er welche Zahlungsansprüche hat und wie er sie durchsetzen kann. Um diese Frage beantworten zu können, müssen zunächst die Rechtsverhältnisse zwischen dem Erbenermittler und denjenigen, die ihn für die Ermittlung einschalten, rechtlich eingeordnet werden.

Wie oben dargestellt,[133] kann ein professioneller Erbenermittler von dem Nachlassgericht zur Erbensuche veranlasst werden. Das Gericht ist aber, wie ebenfalls bereits gesehen,[134] in erster Linie daran gebunden, einen Nachlasspfleger pflichtgemäß mit der Erbenermittlungsaufgabe zu betrauen. Aus diesem Grund geht es vorrangig um die Konstellation, in der das Gericht die Nachlasspflegschaft zwecks Erbensuche von vornherein einem professionellen Erbenermittler überträgt, um den Anschein pflichtwidrigen Verhaltens[135] zu vermeiden. Da dies nicht selten auch in der Praxis der Fall ist,[136] sind im Folgenden das Rechtsverhältnis zwischen dem Nachlassgericht und dem Erbenermittler als Nachlasspfleger sowie die daraus ggf. folgenden Ansprüche näher zu erörtern.

I. Rechtsverhältnis zwischen dem Erbenermittler als Nachlasspfleger und dem Nachlassgericht

Wenn ein professioneller Erbenermittler durch das Nachlassgericht zum Nachlasspfleger bestellt wird, steht seine Funktion als Pfleger im Vordergrund. Dies gilt unabhängig davon, ob er allein zum Zwecke der Erbenermittlung bestellt oder auch mit der Nachlassverwaltungsaufgabe betraut wird. Für die Einordnung seines

---

133 S. dazu oben unter § 3 I. 1.

134 S. dazu oben unter § 2 II. 4., § 3 I. 1.

135 S. dazu oben unter § 3 I. 1.

136 Den Internetseiten diverser Erbenermittler ist zu entnehmen, dass sie ihre Dienste als Nachlasspfleger anbieten und dies mit ihren Erbenermittlungsaufgaben und -kapazitäten verknüpfen (vgl. z.B. http://www.bernd-clasen.de/index.php?id=84; http://www.erbrecht-rechtsanwalt-leipzig.de/19.0.html; http://www.ra-kotz.de/nachlasspfleger_erbenermittlung.htm).

Rechtsverhältnisses zu dem Nachlassgericht ist in diesem Fall ausschließlich seine Eigenschaft als Nachlasspfleger, nicht auch sein Sonderstatus als professioneller Erbenermittler, maßgebend.

Als Nachlasspfleger ist der Erbenermittler im Rahmen der Aufgaben im Bestellungsbeschluss[137] bei der Ausübung seines Amtes selbstständig.[138] Dies bedeutet, dass er die Pflegschaft gemäß seinem Kompetenzkreis eigenverantwortlich führt und das Recht sowie die Pflicht hat, für den unbekannten Erben aktiv zu werden (vgl. §§ 1915 Abs. 1 Satz 1, 1793 Abs. 1 BGB). Insofern ist er im Hinblick auf das Nachlassgericht nicht weisungsgebunden und kann sein Amt mit einem Gestaltungsspielraum führen sowie nach pflichtgemäßem Ermessen entscheiden.[139] Denn grundsätzlich ist er allein zur Vertretung des Erben – aus der Personenpflegschaft folgend –[140] berechtigt.[141]

Dem Nachlassgericht obliegt über die gesamte Tätigkeit des Erbenermittler-Nachlasspflegers die Aufsichtspflicht (§§ 1915 Abs. 1 Satz 1, 1837 Abs. 2 Satz 1 BGB).[142] Die Aufsicht wird durch Berichterstattung des Pflegers in bestimmten Bereichen oder durch Auskünfte, die das Gericht von ihm verlangen kann, gewährleistet.[143] Dem Gericht kommt aber auch eine Unterstützerfunktion zu.[144] Sie ist zwar nicht gesetzlich normiert, wird aber von der Rechtsprechung und Teilen der Literatur damit begründet, dass dem Nachlassgericht die Pflicht auferlegt wird, dem Nachlasspfleger ggf. aufzuzeigen, ob seine beabsichtigten Maßnahmen als pflichtwidrig zu beurteilen sind.[145] Wird eine Pflichtwidrigkeit festgestellt, hat das Gericht weiterhin die Kompetenz, dagegen – wenn nötig – durch Anordnungen einzuschreiten und diese ggf. mit Ordnungsmitteln durchzusetzen.[146]

Es ist also festzuhalten, dass der selbstständig und eigenverantwortlich tätige Erbenermittler als Nachlasspfleger dergestalt rechtlich mit dem Nachlassgericht

---

137 Zur Anordnung der Nachlasspflegschaft s. oben unter § 2 II. 4. b).

138 *Zimmermann*, S. 383, 385 f.

139 *Zimmermann*, S. 385.

140 Zur Rechtsstellung des Nachlasspflegers s. oben unter § 2 II. 4. a).

141 *Zimmermann*, S. 385; ausnahmsweise steht die Vertretungskompetenz dem Nachlassgericht zu, wenn dies im Rahmen der Sicherungsmaßnahmen i.S.d. § 1960 BGB oder der Eilmaßnahmen i.S.d. § 1846 BGB erforderlich ist.

142 MünchKommBGB/*Leipold*, § 1960 Rn. 65.

143 Vgl. §§ 1915 Abs. 1 Satz 1, 1840 Abs. 1 Satz 1, Satz 2 BGB; s. *Zimmermann*, S. 383. Beispiele weiterer Berichtserstattungs- und Auskunftspflichten des Nachlasspflegers s. oben unter § 2 II. 4. c) aa).

144 *Zimmermann*, S. 385.

145 *Zimmermann*, S. 385.

146 LG Berlin Rpfleger 1984, 467; MünchKommBGB/*Leipold*, § 1960 Rn. 65.

verbunden ist, dass dieses ihn zunächst zum Pfleger bestellt und dann während seiner Pflegertätigkeit überwacht und unterstützt, um eine ordnungsgemäße Nachlasssicherung zu gewährleisten.

II. Vergütung des Erbenermittlers als Nachlasspfleger

1. Allgemeines

Wird ein Erbenermittler vom Nachlassgericht zum Nachlasspfleger zwecks Erbenermittlung bestellt, richtet sich seine Vergütung nach derjenigen eines Nachlasspflegers.[147] Diese richtet sich wiederum materiellrechtlich nach den Vorschriften des Vormundschaftsrechts, weil die Nachlasspflegschaft eine Pflegschaft i.S.d. § 1915 Abs. 1 BGB[148] ist. §§ 1835 bis 1836e BGB sowie §§ 1698a, 1698b BGB (über § 1893 BGB) sind entsprechend anwendbar.[149]

Der Nachlasspfleger hat einen Vergütungsanspruch, wenn das Nachlassgericht ihm eine Vergütung bewilligt (vgl. §§ 1915 Abs. 1 Satz 1, 1836 Abs. 1 Satz 2 und Abs. 2 BGB). Der Anspruch richtet sich gegen den Erben und wird vorerst[150] aus dem Nachlass[151] entrichtet oder der Pfleger wird subsidiär aus der Staatskasse[152] honoriert. Er entsteht mit der vergütungspflichtigen Pflegertätigkeit, also für jede einzelne und mit jeder einzelnen Handlung des Nachlasspflegers.[153] Dieser kann jederzeit abrechnen.[154] Nach Vorlage einer prüffähigen Abrechnung wird die Forderung mit ihrer Festsetzung bzw. Anweisung durch das Nachlassgericht oder den Urkundsbeamten fällig (vgl. § 168 FamFG).[155]

Dem Nachlasspfleger wird eine Vergütung für seine Pflegertätigkeiten in jedem Fall dann bewilligt, wenn in dem Bestellungsbeschluss die Feststellung „Der Nachlasspfleger führt die Pflegschaft berufsmäßig" enthalten ist (vgl. §§ 1915 Abs. 1 Satz 1, 1836 Abs. 1 Satz 2 BGB).[156] Insoweit ist das Nachlassgericht zur Erteilung der Vergütungsbewilligung verpflichtet (vgl. § 1962 BGB). Für eine

147 *Niewerth/Neun/Schnieders*, Rpfleger 2009, 121, 122.
148 S. dazu näher oben unter § 2 II. 4. a).
149 *Zimmermann*, S. 401.
150 Bis der endgültige Erbe festgestellt wird.
151 S. dazu näher unten unter § 4 II. 2. b).
152 S. dazu näher unten unter § 4 II. 2. c).
153 BayObLG MDR 1996, 286; MünchKommBGB/*Wagenitz*, § 1836 Rn. 30.
154 *Zimmermann*, S. 410.
155 MünchKommBGB/*Wagenitz*, § 1836 Rn. 30.
156 *Zimmermann*, S. 449.

Ermessensentscheidung ist kein Raum.[157] Die Vergütung erfolgt zunächst aus dem Nachlass oder aus der Staatskasse, je nach dem, ob der Nachlass vermögend[158] oder mittellos[159] ist.

Fehlt die Feststellung der Berufsmäßigkeit[160], besteht keine Pflicht des Nachlassgerichts zur Erteilung der Vergütungsbewilligung. Der Pfleger kann diese aber beantragen. Insofern entscheidet das Gericht nach pflichtgemäßem Ermessen.[161] Es kann dem Nachlasspfleger gem. §§ 1915 Abs. 1 Satz 1, 1836 Abs. 2 BGB eine angemessene Vergütung bewilligen, soweit der Umfang oder die Schwierigkeit der Pflegschaft dies rechtfertigen und wenn der Nachlass nicht mittellos ist. In einem solchen Fall wird der Pfleger vorerst ausschließlich aus dem Nachlass honoriert.

2. Vergütungsvoraussetzungen im Einzelnen

Für die rechtliche Regulierung und Qualifizierung der Vergütung des Erbenermittlers in der Position des Nachlasspflegers sind verschiedene Kriterien relevant. Zum einen stellt sich die Frage, ob er als Pfleger berufsmäßig (dazu unter *a)*) tätig wird und sich damit den Vergütungsanspruch praktisch sichert. Zum anderen ist ausschlaggebend, ob der Nachlass vermögend (dazu unter *b)*) oder mittellos (dazu unter *c)*) ist. Denn die aus den Vorschriften der § 1915 Abs. 1 Satz 2 BGB und § 1 Abs. 2 Satz 2 VBVG folgende Differenzierung ist für die Beantwortung der Frage bedeutend, an wen der Erbenermittler-Nachlasspfleger zwecks Vergütungsentrichtung herantreten muss.

a) Berufsmäßigkeit der Nachlasspflegschaft

Zum einen ist das Merkmal der Berufsmäßigkeit der Nachlasspflegschaft für den Erbenermittler, der in die Stellung des Nachlasspflegers tritt, von Bedeutung und erörterungsbedürftig. Wird sie nämlich festgestellt, muss dem Nachlasspfleger vom Nachlassgericht in jedem Fall eine Vergütung bewilligt werden (vgl. §§ 1915 Abs. 1 Satz 1, 1836 BGB, § 1 Abs. 2 Satz 1 VBVG).[162] Nur in diesem Fall ist das Gericht zur dementsprechenden Bewilligung verpflichtet. Dies begründet gleichzeitig eine

157 Vgl. *Zimmermann*, S. 416.

158 Zum Begriff des vermögenden Nachlasses s. unten unter § 4 II. 2. b).

159 Zum Begriff des mittellosen Nachlasses s. unten unter § 4 II. 2. c).

160 Zum Begriff der Berufsmäßigkeit des Nachlasspflegers s. unten unter § 4 II. 2. a).

161 *Zimmermann*, S. 449.

162 Vgl. BayObLG Rpfleger 2000, 331; MünchKommBGB/*Wagenitz*, § 1836 Rn. 11; *Zimmermann*, S. 405.

Forderung des Pflegers auf die Bewilligung und sichert ihm damit den Anspruch auf die Vergütung.[163]

Die Feststellung der Berufsmäßigkeit qualifiziert den Nachlasspfleger als Berufspfleger. Erst und nur dann erhält er diesen Status. Sie erfolgt bei der Bestellung der Nachlasspflegschaft oder später[164] im Beschlusswege (§§ 1915 Abs. 1 Satz 1, 1836 Abs. 1 Satz 2 BGB, § 1 Abs. 1 VBVG). Funktional zuständig ist der Rechtspfleger gem. §§ 3 Ziff. 2c, 16 RPflG.

Gem. § 1915 Abs. 1 Satz 1 BGB, § 1 Abs. 1 VBVG hat das Nachlassgericht die Berufsmäßigkeit gem. § 1836 Abs. 1 Satz 2 BGB festzustellen, wenn dem Pfleger in einem solchen Umfang Pflegschaften übertragen sind, dass er sie nur im Rahmen einer Berufsausübung führen kann, oder wenn zu erwarten ist, dass ihm in absehbarer Zeit Pflegschaften in diesem Umfang übertragen sein werden. Ferner führt die Norm folgende Regelfälle der Berufsmäßigkeit auf: 1) der Pfleger führt mehr als zehn Pflegschaften oder 2) die für die Führung der Pflegschaft erforderliche Zeit unterschreitet voraussichtlich nicht 20 Wochenstunden. Da bereits der Wortlaut des § 1 Abs. 1 VBVG lediglich von Regelfällen ausgeht und diese somit nicht abschließend normiert sind, hat der Gesetzgeber einen Spielraum für Ausnahmefälle zugelassen. Davon wird nicht selten Gebrauch gemacht. So genügt es beispielsweise für die Berufspflegereigenschaft in der Regel, wenn eine Person im Hinblick auf ihr Anerbieten, das Amt (nur) berufsmäßig zu führen, ausgewählt wurde.[165] Des Weiteren ist die Berufsmäßigkeit z.B. dann zu bejahen, wenn nach der Gesamtbetrachtung die Tätigkeiten des Pflegers nur im Rahmen der Berufsausübung zu erwarten sind und über die Erfüllung allgemeiner staatsbürgerlicher Pflichten hinausgehen.[166] Außerdem kann der Nachlasspfleger die Pflegschaft auch dann berufsmäßig führen, wenn er die Tätigkeit nebenberuflich ausübt[167] und hauptberuflich anderweitig beschäftigt ist.[168]

Zusammenfassend ist also festzuhalten, dass der die Nachlasspflegschaft übernehmende Erbenermittler in einer im Hinblick auf die Vergütung geschützten Position ist, wenn seine Berufspflegereigenschaft festgestellt wird. Da professionelle Erbenermittler teilweise zugleich Nachlasspflegschaften führen und dementspre-

163 Vgl. MünchKommBGB/*Wagenitz*, § 1836 Rn. 11; Soergel/*Stein*, § 1960 Rn. 42.

164 OLG Naumburg NJW-RR 2011, 737 f.; *Jochum/Pohl*, Rn. 649; *Karmasin*, FamRZ 1999, 348, 349; Soergel/*Stein*, § 1960 Rn. 42; *Zimmermann*, S. 405.

165 OLG Karlsruhe FamRZ 1998, 1535; *Zimmermann*, S. 406.

166 BayObLG FamRZ 1998, 187, 188; *Zimmermann*, S. 407.

167 Auch die nebenberufliche Nachlasspflegschaft ist von Art. 12 GG geschützt (BVerfG NJW 1999, 1621 f.).

168 *Zimmermann*, S. 407.

chende Dienste anbieten,[169] wird die Feststellung ihrer Pflegerberufsmäßigkeit im Einklang mit dem Gesetz und insbesondere der Norm des § 1 Abs. 1 VBVG keine Schwierigkeiten bereiten. Zumindest wird sich die Berufsmäßigkeit damit begründen lassen, dass die Tätigkeiten des Erbenermittlers, der zwecks Erbensuche zum Nachlasspfleger bestellt worden ist, nach der Gesamtbetrachtung ausschließlich im Rahmen seiner berufsmäßigen Aufgaben, nämlich derjenigen der Erbenermittlung, zu erwarten sind und eindeutig über die Erfüllung allgemeiner staatsbürgerlicher Pflichten hinausgehen.

Wird die Berufsmäßigkeit entgegen dem Vorliegen entsprechender Voraussetzungen von dem Nachlassgericht nicht festgestellt, kann der Beschluss gem. §§ 58 ff., 61 FamFG mit der Beschwerde angegriffen werden. So besteht die Möglichkeit, die Feststellung durch Abhilfe auf die Beschwerde gem. § 68 Abs. 1 Satz 1 FamFG zu erreichen.[170] Sie kann ggf. auch noch im Vergütungsfestsetzungsverfahren (vgl. § 42 FamFG) erzielt werden.[171]

b) Vermögender Nachlass

Ein weiteres wichtiges Kriterium, von dem die Honorarregulierung des Erbenermittler-Nachlasspflegers abhängt, ist die Leistungsfähigkeit des Nachlasses. Danach ist zu beurteilen, ob die Vergütung vorerst aus dem Nachlass erfolgt oder aus der Staatskasse fließt (§ 1915 Abs. 1 Satz 2 BGB, § 1 Abs. 2 Satz 2 VBVG).

Vermögend ist der Nachlass, wenn er leistungsfähig, also nicht mittellos ist.[172] Mittellosigkeit liegt vor, wenn die Vergütung durch den Aktivnachlass[173] nicht gedeckt ist (vgl. §§ 1915 Abs. 1 Satz 1, 1836d BGB).[174]

Steht die Leistungsfähigkeit des Nachlasses fest, richtet sich das Honorar des Nachlasspflegers nach den Vorschriften der §§ 1915 Abs. 1 Satz 1, Satz 2, 1836 Abs. 1 Satz 2 und Abs. 2 BGB. Danach muss oder kann das Nachlassgericht ihm eine Vergütung bewilligen, je nach dem, ob die Berufsmäßigkeit[175] festgestellt

169 S. dazu oben Fn. 136.

170 Vgl. Firsching/Graf/*Graf*, Rn. 4.669.

171 OLG Naumburg NJW-RR 1999, 348; Firsching/Graf/*Graf*, Rn. 4.669; *Zimmermann*, S. 406.

172 *Zimmermann*, S. 402.

173 Dies ist das Aktivvermögen ohne Abzug von Nachlassverbindlichkeiten (*Zimmermann*, S. 404).

174 Vgl. OLG Köln FamRZ 1991, 483 f.; BayObLG Rpfleger 2000, 331, 333; OLG München Rpfleger 2006, 405 ff.; OLG Düsseldorf FGPrax 2013, 69; *Zimmermann*, ZEV 2001, 15.

175 S. dazu oben unter § 4 II. 2. a).

worden ist oder nicht. Nach der Bewilligung wird der Erbe zahlungspflichtig. Die Vergütung fließt vorerst aus dem Nachlass.[176]

c) *Mittelloser Nachlass*

Nicht immer ist der (Aktiv-)Nachlass leistungsfähig. Es kommt vor, dass er die Vergütungssumme nicht deckt und damit mittellos[177] ist. In diesem Fall wird der Nachlasspfleger und damit der sich in seiner Funktion befindende Erbenermittler gem. §§ 1915 Abs. 1 Satz 1, 1836 Abs. 1 Satz 2 BGB, § 1 Abs. 2 Satz 2 VBVG nach der gerichtlichen Bewilligung der Vergütung aus der Staatskasse honoriert.[178] Damit muss diese für die an sich bestehende Zahlungspflicht des Erben einstehen.[179]

Der Nachlasspfleger erhält die Vergütung aus der Staatskasse in einer solchen Fallkonstellation allerdings nur dann, wenn seine Berufsmäßigkeit[180] festgestellt wird. Ist dies nicht der Fall, geht der Nachlasspfleger – und damit der in seiner Position tätige Erbenermittler – eines mittellosen Nachlasses leer aus. Dies folgt daraus, dass er sich alsdann zwecks Honorarentrichtung weder an den Erben noch an die Staatskasse wenden kann. Es können aber nur sie für die Vergütung haften: Eine Zahlungspflicht anderer Personen ist ausgeschlossen.[181] Dies stellt insbesondere die Regelung der §§ 1915 Abs. 1 Satz 1, 1836 Abs. 1 Satz 1 BGB klar, die besagt, dass die Pflegschaft unentgeltlich geführt wird. Die Vorschrift ist aus ihrer systematischen Stellung folgend für den Fall fehlender Feststellung der Berufsmäßigkeit bei einem mittellosen Nachlass anwendbar. Denn für andere Fälle ist die Vergütung in §§ 1915 Abs. 1 Satz 1, Satz 2, 1836 Abs. 1 Satz 2 und Abs. 2 BGB gesondert geregelt.

Fraglich bleibt allerdings, ob der Erbenermittler in seiner Eigenschaft als Nachlasspfleger eine vertragliche Vereinbarung über das Honorar mit dem Erben treffen kann. Darauf wird an anderer Stelle zurückzukommen sein.[182]

---

176 *Zimmermann*, S. 416.

177 Zum Begriff der Mittellosigkeit des Nachlasses s. oben unter § 4 II. 2. c).

178 Deckt der Nachlass einen Teil der Vergütungssumme nicht – ist er also teilmittellos –, wird der Nachlasspfleger aus dem Nachlass vergütet, soweit dieser leistungsfähig ist; die restliche Vergütungssumme wird aus der Staatskasse entrichtet (vgl. OLG Hamburg BeckRS 2012, 25181, beck-online; s. *Zimmermann*, S. 405).

179 *Karmasin*, FamRZ 1999, 348; *Zimmermann*, S. 403.

180 S. dazu näher oben unter § 4 II. 2. a).

181 OLG Frankfurt NJW-RR 1993, 267, 268; Staudinger/*Marotzke*, § 1960 Rn. 37; *Zimmermann*, S. 407.

182 S. dazu ausführlich unten unter § 7 I. 2., § 8 III. 1. a), § 8 III 1. b) bb).

Infolgedessen kann erneut festgehalten werden, dass der Erbenermittler-Nachlasspfleger nur dann auf der sicheren Seite bzgl. der Vergütungsentrichtung ist, wenn seine Pflegerberufsmäßigkeit gerichtlich festgestellt wird.

3. Vergütungshöhe

Die Höhe der Vergütung, die dem Erbenermittler als Nachlasspfleger ggf. zusteht, richtet sich ebenfalls nach den o.g. Kriterien, nämlich nach seiner Berufsmäßigkeit und danach, ob der Nachlass mittellos oder vermögend ist.

a) Höhe der Vergütung bei mittellosem Nachlass

Wird der Erbenermittler-Nachlasspfleger aus der Staatskasse vergütet – wenn er also berufsmäßiger Pfleger eines mittellosen Nachlasses ist – so wird er nach einem Stundensatzsystem bezahlt, das im Vormünder- und Betreuervergütungsgesetz (VBVG) normiert ist, auf das §§ 1915 Abs. 1 Satz 1, 1836 Abs. 1 Satz 3 BGB verweisen.[183] Er erhält sodann gem. § 3 Abs. 1 und Abs. 3 Satz 2 VBVG je nach seiner Ausbildung 19,50 €, 25 € oder 33,50 € zzgl. jeweiliger Umsatzsteuer[184] als Vergütung pro Stunde.

Hat der Nachlasspfleger keine spezielle Pflegerausbildung und keine Fachkenntnisse, so steht ihm in diesem Fall ein Honorar in Höhe des Mindestbetrages, mithin gem. § 3 Abs. 1 Satz 1, Satz 3 VBVG i.H.v. 19,50 € zzgl. Umsatzsteuer pro Stunde, zu.

Der Stundensatz erhöht sich gem. § 3 Abs. 1 Satz 2 Ziff. 1 VBVG auf 25 €, wenn besondere Kenntnisse, die für die Führung der Pflegschaft nutzbar sind und durch eine abgeschlossene Lehre oder vergleichbare Ausbildung erworben wurden, vorliegen.

Den höchsten Honorarbetrag i.H.v. 33,50 € zzgl. Umsatzsteuer je Stunde erhalten schließlich gem. § 3 Abs. 1 Satz 2 Ziff. 2 und Satz 3 VBVG diejenigen Nachlasspfleger, die über besondere, für die Führung der Pflegschaft nutzbare Kenntnisse verfügen, die sie durch eine abgeschlossene Ausbildung an einer Hochschule oder durch eine vergleichbare abgeschlossene Ausbildung erworben haben. Dies dürfte auf einen professionellen Erbenermittler, der als Nachlasspfleger tätig wird, in der Regel zutreffen. Denn seine Pflegerbestellung erfolgt normalerweise zuvörderst zwecks Erbenermittlung und vor allem deshalb, weil er über besondere Kenntnisse und Kapazitäten verfügt, die für die Erbenermittlung erforderlich sind. Diese Kenntnisse erlangen professionelle Erbenermittler nicht selten durch

183 *Zimmermann*, S. 408.
184 *Zimmermann*, ZEV 2005, 473.

ein Hochschulstudium. Denn die Erbenermittlungsunternehmen bestehen, wie oben angesprochen,[185] überwiegend aus Genealogen, die sich mit der Abstammung der Menschen befassen. Um Genealogie beherrschen zu können, ist ein Hochschulstudienabschluss ratsam, z.B. ein Fachhochschulstudienabschluss der Ahnenforschung[186] oder ein universitärer Studienabschluss im Fach der Historischen Grundwissenschaften[187].[188] Wird mithin ein professioneller Erbenermittler zum Nachlasspfleger eines mittellosen Nachlasses bestellt und wird seine Berufsmäßigkeit festgestellt, wird er aus der Staatskasse grundsätzlich gem. § 3 Abs. 1 Satz 2 Ziff. 2 und Satz 3 VBVG nach dem Höchststundensatz i.H.v. 33,50 € zzgl. Umsatzsteuer vergütet.

b) Höhe der Vergütung bei vermögendem Nachlass

Im Gegensatz zu dem mittellosen Nachlass, bei dem ausschließlich ein berufsmäßiger Nachlasspfleger vergütet wird und die Honorarhöhe dementsprechend reguliert wird, muss hinsichtlich der Vergütungshöhe und ihrer Gestaltung bei einem vermögenden Nachlass danach differenziert werden, ob die Berufsmäßigkeit des Nachlasspflegers und damit des in seiner Funktion wirkenden Erbenermittlers feststeht oder nicht.

aa) Bei festgestellter Berufsmäßigkeit

Wird dem Erbenermittler-Nachlasspfleger eine Vergütung gerichtlich bewilligt, weil seine Pflegerberufsmäßigkeit durch den Bestellungsbeschluss festgestellt ist, und ist der Nachlass vermögend[189], richtet sich die Honorarhöhe seit der Änderung der Vorschrift des § 1915 Abs. 1 BGB im Jahr 2005 gem. § 1915 Abs. 1 Satz 2 BGB[190] abweichend von § 3 Abs. 1 bis Abs. 3 VBVG nach den nutzbaren

---

185 S. dazu oben unter § 1 III.

186 Vgl. Internetseite des (Fach-)Hochschul- und Weiterbildungsportals Deutschland, abrufbar unter http://www.fachhochschule.de/FH/Studium/Ahnenforschung_%96_professionell_gemacht_17202.htm.

187 Vgl. Internetseite der Ludwig-Maximilians-Universität München, abrufbar unter http://www.hgw.geschichte.uni-muenchen.de/ueber_uns/faecher/genealogie/index.html.

188 Vorliegend wird davon ausgegangen, dass die Erbenermittler-Nachlasspfleger in erster Linie Ermittlungs- und damit Genealogiequalifikation aufweisen.

189 Zum Begriff des vermögenden Nachlasses s. oben unter § 4 II. 2. b).

190 Die Regelung des § 1915 Abs. 1 Satz 2 BGB ist durch das Zweite Gesetzes zur Änderung des Betreuungsrechts vom 21. April 2005, BGBl. I 2005, S. 1074 (Art. 1 Ziff. 18) mit Wirkung vom 1. Juli 2005, eingeführt worden.

Fachkenntnissen des Pflegers sowie nach dem Umfang und der Schwierigkeit der Pflegschaftsgeschäfte.

Wie der Stundensatz in diesem Fall konkret zu bemessen ist, ist gesetzlich nicht näher geregelt und in der Rechtsprechung und Literatur umstritten. Einerseits wird beispielsweise ein niedrigerer Stundensatz als 125 € als unangemessen erachtet.[191] Andererseits wird als Bemessungsgrundlage 50 € bis 150 €[192] oder 102 € bis 153 €[193] vorgeschlagen. Ferner wird z.B. vertreten, dass für einen Anwalt-Nachlasspfleger ein Stundensatz von maximal 130 € angemessen sei.[194] Es wird aber auch nach dem Pflegschaftsschwierigkeitsgrad unterschieden, wobei für die einfache Nachlasspflegschaft 33,50 € bis 65 €, für die mittelschwere Pflegschaft 70 € bis 90 € und für die schwierigste Stufe bis 115 € angesetzt werden.[195] Andere möchten die nach dem VBVG festgelegten Stundensätze verdoppeln.[196] Schließlich wird beispielsweise eine lineare Steigerung von 33,50 € bei ganz leichter Aufgabenstellung zu 65 € für den Fall einfacher Abwicklung zu 90 € bei mittelschwerer und 115 € bei schwieriger Abwicklung als angemessen betrachtet.[197]

Die Meinungen in der Rechtsprechung und Literatur gehen also vor allem in der Festsetzung der Honorarhöhe weit auseinander. Eine höchstrichterliche Klärung dieser Frage ist bisher ausgeblieben.[198] Wann und wie der Bundesgerichtshof entscheidet und wie sich die Vergütungshöhe des berufsmäßigen Nachlasspflegers bei vermögendem Nachlass weiter entwickelt, bleibt abzuwarten.

Praxisgerecht erscheint es, an die Stundensätze bei mittellosem Nachlass anzuknüpfen, weil die Tätigkeit und damit der Aufwand des Ermittlers unabhängig von der Vermögenssituation des Nachlasses ist. Diese Sätze können im Einzelfall in einem zweiten Schritt verdoppelt oder sogar verdreifacht werden. Als Mindestbetrag sollten also 33,50 € angesetzt werden. Dies entspricht dem Höchststundensatz nach § 3 Abs. 1 Satz 2 Ziff. 2 und Satz 3 VBVG bei einem mittellosen Nachlass und

---

191 *Jochum/Pohl*, Rn. 859.

192 Schulz/*Gleumes*, § 6 Rn. 42.

193 *Bestelmeyer*, Rpfleger 2005, 583, 584.

194 OLG Brandenburg ZEV 2010, 637.

195 OLG Jena NJW-RR 2013, 1229.

196 OLG München Rpfleger 2006, 405, 406; so auch schon vor der Änderung des § 1915 Abs. 1 BGB (s. dazu oben Fn. 190) LG Stuttgart Rpfleger 2001, 427; LG Münster Rpfleger 2003, 369.

197 OLG Schleswig ZErb 2012, 187; *Teschner*, SchlHA 2014, 37, 40.

198 Der Beschluss des BGH vom 31. August 2000 (NJW 2000, 3709 ff.) über die Vergütungshöhe eines Berufspflegers ist wegen der Änderung des § 1915 Abs. 1 BGB im Jahr 2005 (s. dazu oben Fn. 190) mittlerweile überholt und kann deshalb nicht mehr als Bemessungsgrundlage herangezogen werden (*Zimmermann*, S. 427).

wurde vom Gesetzgeber als angemessen für die Pflegschaftsdienste der Nachlasspfleger eingestuft. Dient der Betrag als Grundlage der Stundensatzberechnung des Nachlasspflegers,[199] schafft er einen klaren Bemessungsausgangspunkt und ist auch für den zahlungspflichtigen Erben übersichtlich und aufgrund der Verankerung im Gesetz überzeugend. Dadurch könnte die Zahlungswilligkeit des Erben gesteigert und dürften diesbezügliche Rechtsstreitigkeiten vermieden werden. Nach Maßgabe der für die Pflegschaft nutzbaren Fachkenntnisse des Pflegers sowie nach dem Umfang und der Schwierigkeit der Pflegschaftsgeschäfte kann der angemessene Stundensatz im Einzelfall der Höhe nach angepasst werden.[200] So kann der Mindestbetrag verdoppelt (67 € pro Stunde) oder verdreifacht (100,50 € pro Stunde) werden.[201]

bb) Bei Fehlen einer Feststellung der Berufsmäßigkeit

Wenn die Feststellung der Berufsmäßigkeit des Erbenermittler-Nachlasspflegers nicht erfolgt, hat er die Möglichkeit, die gerichtliche Bewilligung einer Vergütung zu beantragen.[202] Das Gericht kann dem Nachlasspfleger nach seinem Ermessen gem. §§ 1915 Abs. 1 Satz 1, 1836 Abs. 2 BGB eine angemessene Vergütung bewilligen, soweit der Umfang oder die Schwierigkeit der Pflegschaft dies rechtfertigen und wenn der Nachlass vermögend ist.

Bewilligt das Nachlassgericht die Vergütung, stellt sich die Frage nach ihrer Höhe. Denn gesetzlich ist sie auch in diesem Fall nicht konkret normiert. In der Regelung des § 1836 Abs. 2 BGB ist lediglich die Rede von einer „angemessenen Vergütung“. Somit ist die Bestimmung der Honorarhöhe dem pflichtgemäßen Ermessen des Gerichts überlassen. Nach der Rechtsprechung und Literatur soll die diesbezügliche Entscheidung nach Maßgabe der Billigkeit einen Ausgleich ermöglichen zwischen dem Schutzbedürfnis des zunächst unbekannten Erben und den wirtschaftlichen Belangen des mit Rücksicht auf seinen Beruf bestellten Nachlasspflegers.[203] Es ist somit eine einzelfallbezogene Billigkeitsabwägung vorzunehmen.[204] Insoweit besteht überwiegend Einigkeit. Wie die Höhe indes in Zahlen zu bemessen ist, ist auch in dieser Fallkonstellation umstritten und es kann vorliegend dem Grunde nach auf die obigen Ausführungen zu den Stundensatzvorschlägen

---

199 So etwa OLG Zweibrücken, NJW-RR 2008, 369; s. auch *Jochum/Pohl*, Rn. 854.

200 *Jochum/Pohl*, Rn. 854.

201 *Jochum/Pohl*, Rn. 854.

202 S. dazu oben unter § 4 II. 1.

203 BayObLG NJW-RR 1994, 587; FamRZ 1995, 683; *Zimmermann*, S. 449.

204 *Zimmermann*, S. 450.

bzgl. berufsmäßiger Pfleger verwiesen werden.[205] Auch hier ergeben sich letztlich fast dieselben Stundensätze.[206]

Dies lässt im Ergebnis darauf schließen, dass sich die Feststellung der Berufsmäßigkeit oder ihr Fehlen nicht auf die Höhe des Honorarsatzes des Erbenermittler-Nachlasspflegers auswirkt. Sie spielt vielmehr für die bestehende oder fehlende Verpflichtung des Nachlassgerichts eine Rolle, dem Nachlasspfleger die Vergütung zu bewilligen. Wird sie bewilligt – sei es weil das Gericht dazu verpflichtet ist oder weil es sein Ermessen zu Gunsten des Pflegers ausgeübt hat –, fällt die Vergütungshöhe also in beiden Fällen – bei bestehender Berufsmäßigkeit und beim Fehlen einer solchen – gleich aus.

III. Aufwandsentschädigung des Erbenermittlers als Nachlasspfleger

Wird dem Erbenermittler-Nachlasspfleger keine Vergütung i.S.d. §§ 1915 Abs. 1 Satz 1, 1836 Abs. 1 Satz 2 oder Abs. 2 BGB bewilligt, steht ihm gem. §§ 1915 Abs. 1 Satz 1, 1835a Abs. 1 BGB eine Aufwandsentschädigung für die Aufwendungen, die er in Bezug auf die Erbenermittlung getätigt hat, zu. Bei einem mittellosen Nachlass wird diese gem. §§ 1915 Abs. 1 Satz 1, 1835a Abs. 3 BGB aus der Staatskasse entrichtet.

Die Regelung der §§ 1915 Abs. 1 Satz 1, 1835a BGB eröffnet dem Erbenermittler als Nachlasspfleger ein Wahlrecht: Er kann entweder seine Aufwendungen spezifiziert belegen und einzeln abrechnen oder er kann auf eine Einzelabrechnung verzichten und die Pauschale geltend machen.[207] Gem. §§ 1915 Abs. 1 Satz 1, 1835a Abs. 1 Satz 1 BGB entspricht diese für ein Jahr dem Neunzehnfachen dessen, was einem Zeugen als Höchstbetrag der Entschädigung für eine Stunde versäumter Arbeitszeit (§ 22 des Justizvergütungs- und -entschädigungsgesetzes) gewährt werden kann. Die Höhe der Pauschale beträgt derzeit (19 × 17 € =) 323 €.[208]

Der Pauschalbetrag wird jährlich gezahlt, erstmals ein Jahr nach der Bestellung des Erbenermittler-Nachlasspflegers. Auch die folgenden Abrechnungsjahre, für die der Pauschalbetrag – anstelle einer Einzelabrechung – verlangt werden

205 S. dazu oben unter § 4 II. 3. b) aa).

206 *Zimmermann*, S. 450.

207 MünchKommBGB/*Wagenitz*, § 1835a Rn. 6.

208 MünchKommBGB/*Wagenitz*, § 1835a Rn. 5.

kann, werden durch das Datum der Bestellung vorgegeben.[209] Maßgebendes Datum ist die Verpflichtung gem. §§ 1915 Abs. 1 Satz 1, 1789 BGB.[210]

Der Erbenermittler wird also als Nachlasspfleger, wenn er keine Vergütung für seine Ermittlungstätigkeiten erhält, für seinen Erbenermittlungsaufwand entschädigt, sodass seine Ermittlungsbemühungen nicht ganz umsonst verlaufen. Allerdings fällt die Entschädigung der Höhe nach sehr gering aus. So kann insbesondere der jährliche Pauschalbetrag offensichtlich nicht im Ansatz den Lebensunterhalt des Erbenermittlers in der Stellung des Nachlasspflegers gewährleisten. Insoweit wird die Höhe der Aufwandsentschädigung demnach nicht den Ermittlungsbemühungen eines professionellen Erbenermittlers gerecht.

209 OLG Celle FamRZ 2002, 1591; vgl. auch LG Koblenz FamRZ 2002, 1291; MünchKommBGB/*Wagenitz*, § 1835a Rn. 7.
210 MünchKommBGB/*Wagenitz*, § 1835a Rn. 7.

§ 5 Der professionelle Erbenermittler und der Nachlasspfleger

Wie oben bereits gesehen,[211] kann ein professioneller Erbenermittler auch von einem Nachlasspfleger zur Erbensuche eingeschaltet werden. Das führt zu der Frage, wie das Verhältnis zwischen dem Nachlasspfleger und dem Erbenermittler rechtlich zu beurteilen ist und wie basierend auf diesem Rechtsverhältnis ggf. die Zahlungsansprüche des Ermittlers geregelt sind.

I. Vertragliches Rechtsverhältnis

1. Entgeltlicher Vertrag

In der Praxis schließt der professionelle Erbenermittler in der Regel keinen entgeltlichen Vertrag mit dem Nachlasspfleger.[212] Würde er nämlich mit dem Pfleger einen solchen (Geschäftsbesorgungs-, Dienst- oder Werk-)Vertrag schließen, würde er sich über die Pflicht, den Nachlasspfleger laufend über die Ermittlungsergebnisse zu informieren, hinaus zudem dazu verpflichten, diesem die endgültigen Ergebnisse der Erbensuche preiszugeben.[213] Zugleich würde seine Vergütungshöhe aber sehr gering ausfallen und deshalb nicht seinen Interessen entsprechen.

Die notwendige Verpflichtung durch den Ermittler zur Preisgabe der Ermittlungsinformationen würde daraus resultieren, dass der Nachlasspfleger nur unter dieser Bedingung einen entgeltlichen Vertrag mit ihm abschließen würde. Dies folgt aus den Pflegschaftsverpflichtungen des Nachlasspflegers. Denn er würde eine solche entgeltliche Vertragsbeziehung nur eingehen, wenn der Nachlass mit den aus dem Vertrag resultierenden (Vergütungs-)Kosten belastet wäre. Zu Lasten des eigenen Vermögens wird der Nachlasspfleger schließlich kaum eine derartige Zahlungsverpflichtung übernehmen. Wie sich aber gezeigt hat,[214] darf der Nachlasspfleger aufgrund seiner Personenpflegschaft eine solche vertragliche Beziehung mit dem Erbenermittler ausschließlich dann eingehen, wenn er die Herrschaft über das Ermittlungsverfahren behält. Diese kann er nur sichern,

211 S. dazu oben unter § 3 I. 2.

212 OLG Düsseldorf NotBZ 2014, 381, 383; *Forkert*, ZEV 2012, 414; *Holl*, Rpfleger 2008, 285, 287; *Niewerth/Neun/Schnieders*, Rpfleger 2009, 121, 123; *Zimmermann*, S. 363.

213 OLG Düsseldorf NotBZ 2014, 381, 383.

214 S. dazu ausführlich oben unter § 3 I. 2. a).

wenn er den Ermittler dazu verpflichtet, ihm die Ergebnisse über die Erbensuche vollständig vorzulegen.

Als Gegenleistung dafür würde sich die Vergütungshöhe des Erbenermittlers am tatsächlichen Aufwand an Zeit und Sachmitteln im Rahmen des allgemein Üblichen und Angemessenen orientieren.[215] Eine Vergütung auf Provisionsbasis, d.h. eine prozentuale Beteiligung am Nachlassvermögen, gilt in diesem Zusammenhang als unangemessen und ist somit praktisch ausgeschlossen.[216] Dies ergibt sich daraus, dass der Nachlasspfleger so zu handeln hat, dass der Nachlass nicht mit unnötigen Kosten belastet wird.[217] Deshalb wird die Honorarhöhe in diesem Fall eher gering ausfallen.

Wäre dies aber die gängige Praxis, wäre es nahezu ausgeschlossen, einen professionellen Erbenermittler für die Erbensuche zu gewinnen, weil diese Form der Einschaltung für ihn nicht lukrativ wäre.[218] Aus diesem Grund tritt der Nachlasspfleger an einen Erbenermittler in der Praxis in der Regel ohne jegliche Absichten einer Zahlungsvereinbarung heran und übergibt ihm seine Unterlagen zusammen mit einer sog. „Ermittlungsvollmacht", die den Ermittler berechtigt, in Personenstandsbücher der Standesämter sowie sonstige Archive Einsicht zu nehmen.[219] Auf diese Weise wird der Nachlass mit keiner Forderung des Ermittlers belastet.[220] Der Erbenermittler – soviel sei vorweggenommen – wendet sich alsdann an den von ihm aufgefundenen Erben und macht diesem gegenüber die Offenlegung der Erbschaftsinformationen vom Abschluss einer Vergütungsvereinbarung abhängig.[221]

2. Unentgeltlicher Vertrag / Auftrag gem. § 662 BGB

Wenn der Nachlasspfleger den Erbenermittler zur Erbensuche ohne Vergütungsvereinbarung einschaltet und ihm die o.g. „Ermittlungsvollmacht" übergibt, könnte darin ein konkludenter Abschluss eines unentgeltlichen Vertrages, nämlich eines Auftrags i.S.d. § 662 BGB, liegen. Der Auftrag ist ein Schuldvertrag,[222] durch den sich die eine Partei zur unentgeltlichen Besorgung eines Geschäfts der

215 OLG Düsseldorf NotBZ 2014, 381, 383; *Holl*, Rpfleger 2008, 285, 287.

216 *Holl*, 2008, 285, 287.

217 OLG Hamm NJW-RR 1995, 1159, 1161.

218 OLG Düsseldorf NotBZ 2014, 381, 383; vgl. *Niewerth/Neun/Schnieders*, Rpfleger 2009, 121, 122; *Zimmermann*, S. 363.

219 OLG Düsseldorf NotBZ 2014, 381, 383; *Forkert*, ZEV 2012, 414; *Zimmermann*, S. 363.

220 OLG Düsseldorf NotBZ 2014, 381, 383; vgl. *Zimmermann*, S. 363.

221 S. dazu näher unten unter § 7 I., § 8 III. 1.

222 Hk-BGB/*Schulze*, § 662 Rn. 1.

anderen Partei verpflichtet. Es stellt sich die Frage, ob der Erbenermittler sich in der vorliegenden Fallkonstellation dem Nachlasspfleger gegenüber zur Besorgung eines Geschäfts verpflichtet und was sodann Gegenstand der Geschäftsbesorgung ist.

Der Begriff der Geschäftsbesorgung i.S.d. § 662 BGB ist weit auszulegen und umfasst jede – selbstständige oder unselbstständige, wirtschaftliche oder nichtwirtschaftliche – Tätigkeit in fremdem Interesse.[223] In fremdem Interesse liegt die Tätigkeit, wenn sie der Sorge eines anderen obliegt und dessen Interesse fördert.[224] Dass der Beauftragte zugleich eigene Interessen verfolgt, steht dem nicht entgegen.[225]

a) Vorlage der Ermittlungsergebnisse als Geschäftsbesorgung

Zunächst kommt eine Geschäftsbesorgung des Erbenermittlers in Form der Vorlage der Ermittlungsergebnisse an den Nachlasspfleger als Auftraggeber in Betracht. Dies erscheint jedoch nicht praxisgerecht. Denn der Ermittler schließt mit dem Nachlasspfleger in der Regel nicht einmal einen entgeltlichen Vertrag, durch den er sich zur Offenlegung der Ermittlungsergebnisse verpflichtet. Einen unentgeltlichen Vertrag mit im Übrigen vergleichbaren Bedingungen wird er demnach erst recht nicht eingehen. Dies stünde zudem nicht mit dem Zweck seiner Berufsausübung im Einklang. Denn der Ermittler verdient mit der Erbensuche grundsätzlich seinen Lebensunterhalt und arbeitet demnach nach Möglichkeit entgeltlich. Dies ist auch dem Nachlasspfleger bekannt. Aus diesem Grund kommt zwischen dem Erbenermittler und dem Nachlasspfleger offensichtlich kaum jemals ein unentgeltlicher Vertrag i.S.d. § 662 BGB zustande, der die Geschäftsbesorgung in Form der Überlassung der Ermittlungsergebnisse durch den Erbenermittler an den Nachlasspfleger zum Gegenstand hat.[226]

---

223 BGHZ 56, 207; BGH NJW 2012, 3366, 3367; Jauernig/*Mansel*, § 662 Rn. 9.

224 RGZ 97, 61, 65 f.; BGH NJW 2012, 3366, 3367; Jauernig/*Mansel*, § 662 Rn. 9 f.; *Oetker/Maultzsch*, S. 685.

225 BGHZ 56, 207; Hk-BGB/*Schulze*, § 662 Rn. 7.

226 Anders *Kossek*, S. 84 f., und *Späth*, S. 94, die zwar davon ausgehen, dass der Erbenermittler die Ermittlungsergebnisse nicht an den Nachlasspfleger herausgibt, die jedoch das Vorliegen eines Auftrags i.S.d. § 662 BGB ohne nähere Untersuchung der Voraussetzungen der Vorschrift bejahen.

b) *Einsichtnahme in Personenstandsbücher und sonstige Archive*

Allerdings könnte die Einsichtnahme in die Personenstandsbücher der Standesämter sowie sonstige Archive durch den Erbenermittler aufgrund der sog. „Ermittlungsvollmacht" des Nachlasspflegers der Gegenstand der Geschäftsbesorgung i.S.d. § 662 BGB sein. Dies setzt voraus, dass der Ermittler die Einsichtnahme im fremden Interesse, hier also im Interesse des Nachlasspflegers, vornimmt. Sie muss mithin der Sorge des Pflegers obliegen und dessen Interesse fördern. Fraglich ist, ob dies der Fall ist. Zweifel ergeben sich daraus, dass der Nachlasspfleger selbst seinerseits aufgrund der ihm von dem Nachlassgericht übertragenen Aufgaben zur Erbensuche verpflichtet ist.[227] Diese Aufgabe darf er nicht gänzlich auf einen anderen übertragen.[228] Die Einsichtnahme in die Personenstandsbücher und andere Akten stellt den Anfang solcher Erbenermittlungen und damit das Mindeste, was der Nachlasspfleger zwecks Erbenermittlung unternehmen muss, dar. Denn solche historischen Dokumente weisen auf den Hintergrund und den Ursprung des Erblassers hin und liefern damit den Ausgangspunkt für die weitere Suche. Schaltet der Nachlasspfleger den professionellen Erbenermittler ein, so hat er, wenn er sich dem Erben gegenüber pflichtgemäß verhält, wovon im Regelfall auszugehen ist, bereits die erforderliche Einsicht in die o.g. Dokumente genommen, sodass die entsprechenden Informationen ihm bereits vorliegen. Die (wiederholte) Einsichtnahme durch den Erbenermittler kann infolgedessen nicht das Interesse des Nachlasspflegers fördern.

Es bleibt demnach zu konstatieren, dass auch die Einsichtnahme in die Personenstandsbücher und sonstige Archive keine Geschäftsbesorgung i.S.d. § 662 BGB im vorliegenden Fall darstellen können.[229] Auch insoweit wird also zwischen dem Erbenermittler und dem Nachlasspfleger kein Vertrag in Form eines Auftrags gem. § 662 BGB geschlossen.

---

227 S. dazu näher oben unter § 2 II. 4. c) bb).

228 S. dazu näher oben unter § 3 I. 2. a).

229 Anders *Reitz*, S. 157, der von der Verpflichtung zur Herausgabe der durch die standesamtliche Auskunft gewonnenen Erkenntnisse durch den Erbenermittler an den Nachlasspfleger ohne die Nennung der Anspruchslage mit der Begründung ausgeht, dass der Nachlasspfleger die Kontrolle über die Ermittlungen beibehalten müsse, jedoch nicht darauf eingeht, dass der Nachlasspfleger durch die Einräumung der „Einsichtsvollmacht" (*Reitz*, a.a.O.) die Möglichkeit, die Auskunft jederzeit erneut selbst einzuholen, weiterhin beibehält und somit die Ermittlungskontrolle zu keiner Zeit verliert.

c) *Erbenermittlung als solche als Geschäftsbesorgung*

Schließlich ist die Erbensuche durch den Erbenermittler als solche ebenfalls nicht Gegenstand der Geschäftsbesorgung i.S.d. § 662 BGB. Dies ergibt sich wiederum daraus, dass der Nachlasspfleger selbst zur Erbenermittlung verpflichtet ist. Seine Ermittlungsverpflichtungen reichen allerdings nicht bis zum tatsächlichen Auffinden des unbekannten Erben. Er wird diesen vielmehr bereits dann gerecht, wenn er alle Kapazitäten, die ihm zwecks Erbensuche zur Verfügung stehen, ausgeschöpft hat. Bis zur Einschaltung des professionellen Erbenermittlers hat der Nachlasspfleger in der Regel seine Ermittlungsverpflichtungen bereits erfüllt. Denn erst dann werden die Dienste des Ermittlers aus der Sicht des Nachlasspflegers benötigt. Aus diesem Grund kann die (weitere) Erbenermittlung durch den professionellen Erbenermittler auch nicht mehr das Interesse des Nachlasspflegers fördern, sodass insoweit ebenfalls kein unentgeltlicher Vertrag i.S.d. § 662 BGB vorliegt.

Abgesehen davon würde der Abschluss eines Vertrages i.S.d. § 662 BGB mit dem Gegenstand der Erbenermittlung als solcher zwangsläufig zu der Pflicht des Ermittlers, seine Rechercheergebnisse dem Nachlasspfleger mitzuteilen, führen. Die Pflicht ergäbe sich aus der Norm des § 666 BGB, wonach der Beauftragte verpflichtet ist, dem Auftraggeber die erforderlichen Nachrichten zu geben, auf Verlangen über den Stand des Geschäfts Auskunft zu erteilen und nach der Ausführung des Auftrags Rechenschaft abzulegen. Dies stünde mit dem Beruf des Erbenermittlers nicht im Einklang, der auch das Ziel verfolgt, für die Mitteilung seiner Ermittlungsergebnisse, sei es von dem Nachlasspfleger oder von dem gefundenen Erben, honoriert zu werden. Schlösse er einen unentgeltlichen Vertrag gem. § 662 BGB mit dem Nachlasspfleger ab, würde er sich bei Nichtvorlage der Ergebnisse pflichtwidrig verhalten. Ein solches Risiko will der professionelle Erbenermittler nicht eingehen. Würde die Übergabe der „Ermittlungsvollmacht" von dem Nachlasspfleger an den Erbenermittler stets als konkludenter Abschluss eines unentgeltlichen Vertrages i.S.d. § 662 BGB verstanden werden, führte dies dazu, dass der Ermittler sich niemals von einem Nachlasspfleger zwecks Erbensuche kontaktieren ließe. Dies entspräche weder dem Interesse des Nachlasspflegers noch demjenigen des Erbenermittlers. Auch diese Tatsache spricht dafür, dass weder der Ermittler noch der Nachlasspfleger an dem Abschluss eines solchen unentgeltlichen Vertrages interessiert sind. Für den Abschluss eines solchen Vertrages fehlt es demnach beiderseits am Rechtsbindungswillen.

d) Ergebnis

Aufgrund des Fehlens einer für den Abschluss eines Auftragsverhältnisses i.S.d. § 662 BGB erforderlichen Geschäftsbesorgung durch den Erbenermittler sowie mangels beiderseitigen Interesses am Abschluss eines solchen Vertrages liegt zwischen ihm und dem Nachlasspfleger kein unentgeltlicher Vertrag vor. Die Überlassung der „Ermittlungsvollmacht" an den Erbenermittler begründet hiermit kein vertragliches Verhältnis zwischen ihm und dem Nachlasspfleger.

II. Gesetzliches Rechtsverhältnis

Wie sich gezeigt hat, kommt zwischen dem Nachlasspfleger und dem professionellen Erbenermittler in der Regel kein vertragliches Rechtsverhältnis zustande. Vor diesem Hintergrund stellt sich die Frage, ob sie in irgendeiner Weise kraft Gesetzes rechtlich miteinander verbunden sind, sodass sich die Zahlungsansprüche des Ermittlers aus dem Gesetz ergeben könnten.

1. Geschäftsführung ohne Auftrag gem. §§ 677 ff. BGB

Fraglich ist zunächst, ob möglicherweise die Vorschriften über die Geschäftsführung ohne Auftrag gem. §§ 677 ff. BGB auf das außervertragliche Verhältnis zwischen dem Erbenermittler und dem Nachlasspfleger Anwendung finden und damit zu Zahlungsansprüchen des Ermittlers gegen den Nachlasspfleger in Form des Ersatzes der Ermittlungsaufwendungen aus §§ 677, 683 Satz 1, 670 BGB (berechtigte Geschäftsführung ohne Auftrag) oder aus §§ 687 Abs. 2 Satz 2, 684 Satz 1 BGB (angemaßte Eigengeschäftsführung) führen.

a) Geschäftsbesorgung

Die Geschäftsbesorgung erfasst qualitativ Tätigkeiten aller Art, also auch tatsächliche Dienstleistungen und sonstige Handlungen.[230] Daher fällt die Erbensuche unter den weit auszulegenden Geschäftsbesorgungsbegriff.

b) Fremdes Geschäft

Problematisch ist aber, ob die Geschäftsbesorgung – die Erbensuche und alle mit ihr zusammenhängenden Handlungen des professionellen Erbenermittlers – „für

---

230 RGZ 135, 94, 103; BGH NJW 1963, 390, 391; Bamberger/Roth/*Gehrlein*, § 677 Rn. 10; Hk-BGB/*Schulze*, § 677 Rn. 2; Erman/*Dornis*, § 677 Rn. 2; MünchKommBGB/*Seiler*, § 677 Rn. 2; Soergel/*Beuthien*, § 677 Rn. 2.

einen anderen" i.S.d. § 677 BGB erfolgt und damit ein sog. fremdes Geschäft[231] im Sinne der Regelung darstellt. Dies ist der Fall, wenn das besorgte Geschäft einem fremden Rechts- oder Interessenkreis zugehört.[232]

Der professionelle Erbenermittler wird in aller Regel aus eigenem Interesse erbensuchend tätig. Dadurch, dass er damit grundsätzlich (haupt-)beruflich handelt und den Zweck verfolgt, ein Honorar für seine Tätigkeit zu bekommen, betrifft seine Erbenermittlung in erster Linie sowohl objektiv als auch subjektiv seinen eigenen Rechts- und Interessenkreis, sodass insoweit kein rein fremdes Geschäft i.S.d. § 677 BGB vorliegt.

c) Auch-fremdes Geschäft

Indessen liegt in der Erbensuche trotz des Eigengeschäfts des Erbenermittlers ein fremdes Geschäft i.S.d. § 677 BGB, wenn die Voraussetzungen eines sog. auch-fremden Geschäfts erfüllt sind. Ein solches Geschäft besorgt der Handelnde, wenn die Geschäftsübernahme zugleich im eigenen und im Interesse eines anderen liegt.[233] Die Erbensuche durch den Erbenermittler könnte zugleich den Interessenkreis des Nachlasspflegers berühren, dessen Kernaufgabe unter anderem die Ermittlung des unbekannten Erben ist. Dies scheint allerdings zweifelhaft. Bedenken ergeben sich daraus, dass der Nachlasspfleger selbst zur Erbensuche verpflichtet ist. Seine Ermittlungsverpflichtungen erstrecken sich, wie sich gezeigt hat,[234] nicht auf das erfolgreiche Auffinden des gesuchten Erben. Er erfüllt seine Verpflichtungen vielmehr bereits dann, wenn er alles Erforderliche und ihm Zumutbare getan hat, um den Erben zu finden. Bis zur Einschaltung des professionellen Erbenermittlers ist der Nachlasspfleger diesen Verpflichtungen in der Regel bereits nachgekommen, weil dessen Einschaltung erst dann notwendig ist. Aus diesem Grund liegt die (weitere) Erbensuche durch den Ermittler nicht mehr im Interessenbereich des Nachlasspflegers, sodass diese kein auch-fremdes Geschäft und damit insgesamt kein fremdes Geschäft i.S.d. § 677 BGB darstellt.

---

231 MünchKommBGB/*Seiler*, § 677 Rn. 6.

232 Vgl. RGZ 97, 61, 66; MünchKommBGB/*Seiler*, § 677 Rn. 4.

233 Vgl. RGZ 126, 287, 293; BGHZ 63, 167; 98, 235, 244; 114, 248, 250; BGH NJW 1963, 2067, 2068; 2000, 72; *Giesen*, Jura 1996, 225, 229; Palandt/*Sprau*, § 677 Rn. 6; Staudinger/*Bergmann*, Vorbem zu §§ 677 ff Rn. 139; *Thole*, NJW 2010, 1243; *Wandt*, § 4 Rn. 13.

234 S. dazu oben unter § 2 II. 4. c) bb).

d) *Ergebnis*

Die Regelungen über die Geschäftsführung ohne Auftrag gem. §§ 677 ff. BGB finden keine Anwendung und es wird deshalb insoweit kein Rechtsverhältnis zwischen dem professionellen Erbenermittler und dem Nachlasspfleger begründet. Ansprüche aus §§ 677, 683 Satz 1, 670 BGB und aus §§ 687 Abs. 2 Satz 2, 684 Satz 1 BGB scheiden also aus.

2. Bereicherungsrechtliches Verhältnis gem. §§ 812 ff. BGB

Auch ein bereicherungsrechtliches Verhältnis i.S.d. §§ 812 ff. BGB entsteht zwischen dem Nachlasspfleger und dem professionellen Erbenermittler nicht, das bereicherungsrechtliche Ansprüche des Ermittlers gegen den Nachlasspfleger aus allgemeiner Leistungskondiktion gem. § 812 Abs. 1 Satz 1 Alt. 1 BGB oder aus einer Zweckverfehlungskondiktion gem. § 812 Abs. 1 Satz 2 Alt. 2 BGB nach sich ziehen könnte. Dies hängt damit zusammen, dass die Grundtatbestandsnorm des § 812 Abs. 1 BGB ein erlangtes Etwas, also einen Vorteil, voraussetzt, der einer Person von einer anderen Person rechtsgrundlos zugeflossen ist.[235] Als solcher Vorteil kommt zwar die Vorlage der Ermittlungsergebnisse von dem Erbenermittler an den Nachlasspfleger in Betracht, die gem. § 818 Abs. 2 BGB herauszugeben wären. Diese Fallkonstellation trifft jedoch in der Regel nicht ein und ist fern liegend. Denn der Erbenermittler gibt diese Informationen nicht frei, ohne sich vorher insbesondere durch den Abschluss eines entgeltlichen Vertrages zu vergewissern, dass er dafür eine Vergütung erhält.[236] Nur so kann er seinen Lebensunterhalt sichern. Aus diesem Grund greifen die Normen der §§ 812 ff. BGB schon aufgrund des Fehlens einer Bereicherung i.S.d. § 812 Abs. 1 BGB in der Person des Nachlasspflegers insgesamt nicht ein.

III. Ergebnis

Zwischen dem professionellen Erbenermittler und dem Nachlasspfleger wird grundsätzlich weder ein vertragliches noch ein gesetzliches Rechtsverhältnis begründet, das eine Vergütungsregulierung bzw. andere Zahlungsansprüche des

---

235 MünchKommBGB/*Schwab*, § 812 Rn. 1.

236 Da zwischen dem Erbenermittler und dem Nachlasspfleger in aller Regel kein (entgeltlicher oder unentgeltlicher) Vertrag geschlossen wird (s. dazu oben unter § 5 I.), kommt die Fallkonstellation, in welcher der Erbenermittler im Hinblick auf die Erfüllung seiner Verbindlichkeit aus einem solchen die Ermittlungsergebnisse vorlegt und der Vertrag sich als unwirksam herausstellt, nicht in Betracht.

Erbenermittlers nach sich ziehen könnte. Die Einschaltung des Ermittlers durch den Nachlasspfleger und die damit verbundene Übergabe der sog. „Ermittlungsvollmacht" wirken sich also in keiner Weise auf die Honorargestaltung des Erbenermittlers aus.

IV. Exkurs: Rechtliche Einordnung der „Ermittlungsvollmacht"

Zwar sind der professionelle Erbenermittler und der Nachlasspfleger in der Regel nicht durch ein Schuldverhältnis rechtlich miteinander verbunden. Dennoch könnte die Übergabe der „Ermittlungsvollmacht"[237] durch den Nachlasspfleger an den Ermittler eine rechtliche Handlung darstellen. Denn obwohl sie dem Ermittler keine Vergütungs- oder andere Zahlungsansprüche sichert, erweitert sie immerhin seinen (rechtlichen) Wirkungskreis sowie erleichtert und fördert sie so die Suche des unbekannten Erben. Die „Ermittlungsvollmacht" ermöglicht es ihm, in die Personenstandsbücher der Standesämter sowie sonstige Archive Einsicht zu nehmen.[238] Diese sind für den Erbenermittler wichtige Informationsquellen und können ihn auf die richtige Ermittlungsspur bringen. Das hängt damit zusammen, dass die in diesen historischen Dokumenten enthaltenen Informationen auf den Ursprung des Erblassers hinweisen und damit die Suche seiner möglichen Erben erheblich erleichtern können.

Aufgrund der für die Erbensuche fördernden Wirkung und Bedeutung der „Ermittlungsvollmacht" wird im Folgenden exkursorisch ihre Rechtsnatur und -grundlage untersucht. Denn sie verhilft dem professionellen Erbenermittler letztendlich, den unbekannten Erben zu finden.

1. Vollmacht gem. § 167 BGB

In der Überlassung der sog. „Ermittlungsvollmacht" durch den Nachlasspfleger an den professionellen Erbenermittler könnte die Erteilung einer Vollmacht i.S.d. § 167 BGB liegen. Diese ist gem. § 166 Abs. 2 BGB eine rechtsgeschäftlich erteilte Vertretungsmacht, die dem Bevollmächtigten – dem Vertreter – die Rechtsmacht verleiht, mit Rechtswirkungen für den Vollmachtgeber – den Vertretenen – für diesen durch Abgabe von Willenserklärungen rechtsgeschäftlich zu handeln (vgl. § 164 Abs. 1 Satz 1 BGB). Es ist zu diskutieren, ob dies auf die vorliegend relevante „Ermittlungsvollmacht" zutrifft.

---

237 S. dazu oben unter § 5 I. 1., § 5 I. 2.

238 S. dazu oben unter § 5 I. 1., § 5 I. 2.

a) (Innen-)Rechtsverhältnis

Grundsätzlich erfolgt die Erteilung einer Vollmacht i.S.d. § 167 BGB auf der Grundlage eines (Innen-)Rechtsverhältnisses zwischen dem Vertretenen und dem Vertreter. Aus diesem Verhältnis, zumeist einem Geschäftsbesorgungsvertrag, ergibt sich regelmäßig, welche Rechtsgeschäfte der Vertreter mit der Vollmacht abschließen darf.[239] Das Innenverhältnis betrifft als Grundverhältnis den Zweck, dem die Vollmacht dienen soll, und begründet ggf. die Verpflichtung, sie in einem bestimmten Sinn zu gebrauchen.[240] Wie sich gezeigt hat,[241] besteht zwischen dem Erbenermittler und dem Nachlasspfleger jedoch keinerlei Rechtsbeziehung. Dies schließt allerdings nicht zwangsläufig das Bestehen einer Vollmacht i.S.d. § 167 BGB aus. Das ergibt sich daraus, dass die Vollmacht von dem zu Grunde liegenden Rechtsgeschäft unabhängig ist.[242] Die Unabhängigkeit bedeutet in diesem Kontext, dass die Nichtigkeit des Grundgeschäfts – des (Innen-)Rechtsverhältnisses – die Wirksamkeit der Vollmacht grundsätzlich nicht berührt.[243] Diese Abstraktheit der Vollmacht betrifft ihre Unabhängigkeit von dem Entstehen und Fortbestehen des Grundverhältnisses.[244] Infolgedessen steht der Erteilung der Vollmacht i.S.d. § 167 BGB an den Erbenermittler durch den Nachlasspfleger das Fehlen eines bestehenden Grundgeschäfts nicht entgegen, sodass in der Übertragung der „Ermittlungsvollmacht" durchaus eine Vollmachtserteilung gem. § 167 BGB liegen könnte. Ob dies der Fall ist, hängt aber von weiteren Kriterien ab, auf die im Folgenden eingegangen wird.

b) Offenkundigkeitsprinzip

Die Vollmacht i.S.d. § 167 BGB ermächtigt den Vertreter, für den Vertretenen Willenserklärungen abzugeben und ihn in dieser Weise zu vertreten (vgl. § 164 Abs. 1 Satz 1 BGB). Sie wird in aller Regel zu dem Zweck erteilt, dass von ihr auch

---

239 MünchKommBGB/*Schubert*, § 164 Rn. 206.

240 *Wolf/Neuner*, § 49 Rn. 100.

241 S. dazu näher oben unter § 5 I., § 5 II., § 5 III.

242 H.M., *Canaris*, FG 50 Jahre BGH, S. 129, 160; *Hellgard/Majer*, WM 2004, 2380, 2383; *Medicus*, Rn. 949; MünchKommBGB/*Schubert*, § 164 Rn. 206 f.; Palandt/*Ellenberger*, § 167 Rn. 4; *Pawlowski*, JZ 1996, 125, 126 f.; Staudinger/*Schilken*, Vorbem zu §§ 164 ff Rn. 33; dazu eingehend *Petersen*, Jura 2004, 829 ff.; kritisch etwa *Beuthien*, FG 50 Jahre BGH, S. 81, 95 ff.

243 OLG Hamm NJW 1992, 1174, 1175; LG Bielefeld ZIP 2005, 1095; s. auch *Medicus*, Rn. 949.

244 MünchKommBGB/*Schubert*, § 164 Rn. 206.

Gebrauch gemacht wird und der Vollmachtgeber durch den Bevollmächtigten vertreten werden soll. Eine wirksame Stellvertretung setzt indessen nach § 164 Abs. 1 Satz 1 BGB nicht nur die Vertretungsmacht voraus, die durch die Vollmacht rechtsgeschäftlich erteilt wird. Ferner muss der Stellvertreter auch im Namen des Vertretenen handeln. Das Stellvertretungsrecht beruht deshalb auf dem Offenkundigkeitsprinzip. Nur wenn dieses Prinzip gewahrt ist und der Vertreter erkennbar im Namen des Vertretenen eine eigene Willenserklärung abgibt, ist die Stellvertretung wirksam und kann ihre Rechtswirkungen i.S.d. § 164 Abs. 1 BGB entfalten.[245] Die Erteilung der Vollmacht gem. § 167 BGB ist demnach zugleich mit dem Zweck der Wahrung des Offenkundigkeitsprinzips verbunden. Dieser Zweck wird der Vollmacht i.S.d. § 167 BGB zudem insbesondere in den Materialien zur Gesetzgebung beigemessen. Dort wird verdeutlicht, dass der Vollmacht „die Rechtsordnung die Wirkung beilegt, daß ein anderer die rechtliche Macht erhält, an Stelle des Erklärenden und in dessen Namen tätig zu werden".[246]

Mit der Übergabe der sog. „Ermittlungsvollmacht" gibt der Nachlasspfleger dem Erbenermittler die Möglichkeit, in die Personenstandsbücher der Standesämter sowie weitere Dokumente Einsicht zu nehmen sowie dementsprechende Auskünfte zu erlangen. Dies steht auch nicht dem Grundsatz entgegen, dass bei Personenpflegschaften die Kernverpflichtungen grundsätzlich nicht übertragbar sind.[247] Denn der Nachlasspfleger entbindet sich dadurch nicht von seiner eigenen Ermittlungsverpflichtung, sondern gibt dem Erbenermittler lediglich die Möglichkeit, von seinen Rechercheressourcen Gebrauch zu machen, um ihm die Erbensuche zu erleichtern.

Fraglich ist, ob der Zweck der Übertragung der sog. „Ermittlungsvollmacht" durch den Nachlasspfleger unter anderem dahin geht, dass der Erbenermittler, wenn er von der ihm zur Verfügung gestellten Möglichkeit zur Einsichtnahme und Auskunft Gebrauch macht, offenkundig im Namen des Nachlasspflegers handeln soll. Ist dies der Fall, ist die „Ermittlungsvollmacht" auf die Wahrung des Offenkundigkeitsprinzips ausgerichtet und weist insoweit eines der Merkmale der Vollmacht i.S.d. § 167 BGB auf.

Bedenken ergeben sich aber daraus, dass der Erbenermittler durch die Übertragung der „Ermittlungsvollmacht" des Nachlasspflegers selbst dessen gesetzlich begründetes Einsichts- und Auskunftsrecht gem. § 62 Abs. 1 Satz 2, Abs. 2 PStG ausüben kann. Nach dieser Norm haben ein Recht auf Erteilung von

245 Palandt/*Ellenberger*, § 164 Rn. 1; *Wolf/Neuner*, § 49 Rn. 44 f.

246 Motive, Bd. I, S. 228.

247 S. zu dem Grundsatz näher oben unter § 3 I. 2.

Personenstandsurkunden und dementsprechenden Auskünften diejenigen Personen, die ein rechtliches Interesse glaubhaft machen. Bekommt der Erbenermittler von dem Nachlasspfleger die „Ermittlungsvollmacht", leitet sich sein rechtliches Interesse aus dieser Übertragung durch den Nachlasspfleger ab.[248] Durch das Vorlegen der „Ermittlungsvollmacht" kann er das rechtliche Interesse glaubhaft machen,[249] mit der Folge, dass er die Einsichtnahme sowie die Auskunft selbst im eigenen Namen beanspruchen kann.

Aus diesem Grund ist die Erteilung der „Ermittlungsvollmacht" durch den Nachlasspfleger nicht darauf gerichtet, dass der Erbenermittler im Namen des Pflegers handeln soll, sondern sie gibt dem Ermittler vielmehr die Möglichkeit, selbst im eigenen Namen tätig zu werden. Dies steht dem Zweck einer Vollmacht i.S.d. § 167 BGB, die von vornherein darauf gerichtet ist, das Offenkundigkeitsprinzip zu wahren, entgegen. Aus diesem Grund liegt in der Übertragung der sog. „Ermittlungsvollmacht" keine Erteilung einer Vollmacht i.S.d. § 167 BGB.

c) Abgabe einer Willenserklärung

Abgesehen davon, dass die Wahrung des Offenkundigkeitsprinzips in der Erteilung der „Ermittlungsvollmacht" fehlt, scheidet die Vollmacht i.S.d. § 167 BGB ferner deshalb aus, weil diese damit verbunden ist, dass der Vertreter für und im Namen des Vertretenen Willenserklärungen abgibt (vgl. § 164 Abs. 1 Satz 1 BGB). Die Abgabe einer Willenserklärung i.S.d. § 164 Abs. 1 Satz 1 BGB sieht die hier relevante „Ermittlungsvollmacht" allerdings nicht vor.

Eine Willenserklärung ist eine private Willensäußerung, die unmittelbar auf die Herbeiführung einer Rechtswirkung gerichtet ist und Rechtsfolgen herbeiführt.[250] Erfasst von den Vorschriften der §§ 164 ff. BGB sind rein privatrechtliche Willenserklärungen. Denn das Bürgerliche Gesetzbuch samt aller seiner Vorschriften regelt das bürgerliche Recht, welches Teil des Privatrechts und zugleich dessen Kerngebiet ist.[251] Wendet sich der Erbenermittler aber zwecks Einsichtnahme und Auskunft an das Standesamt, so tritt dieses als öffentlich-rechtliche Institution (vgl. § 1 Abs. 2 PStG) auf. Der Ermittler handelt in diesem Fall, wenn er von dem Einsichts- und Auskunftsrecht Gebrauch macht, nicht im privat-, sondern

248 *Hoppe/Spoerr/Niewerth*, Rpfleger 1999, 6, 7.
249 Vgl. *Hoppe/Spoerr/Niewerth*, Rpfleger 1999, 6, 7.
250 BGHZ 145, 343, 346; 149, 129, 134; Hk-BGB/*Dörner*, Vor §§ 104–185 Rn. 1; *Rüthers/Stadler*, § 17 Rn. 1.
251 Palandt/*Sprau*, Einleitung Rn. 1.

vielmehr im öffentlich-rechtlichen Bereich.[252] Zur Erlangung dementsprechender Informationen stellt er bei dem Standesamt einen Antrag (vgl. § 62 Abs. 1 Satz 1, Satz 2 PStG), der eine öffentlich-rechtliche Willenserklärung[253] darstellt. Diese wird allerdings von den privatrechtlichen Vorschriften der §§ 164 ff. BGB nicht in ihrer direkten Anwendung erfasst.

2. Vollmacht gem. § 167 BGB analog

Im Verwaltungsverfahren folgt die analoge[254] Anwendbarkeit des § 167 BGB daraus, dass es keine speziellen öffentlich-rechtlichen Regeln zur Erteilung der Vollmacht gibt. Weder das Verwaltungsverfahrensgesetz des Bundes (vgl. § 14 VwVfG) noch diejenigen der Länder (vgl. § 79 LVwG-SH; Art. 14 BayVwVfG; § 14 VwVfG NRW) enthalten solche Vorschriften. Im Grundsatz folgt aus dem Fehlen öffentlich-rechtlicher Sondernormen, dass im öffentlichen Recht auf §§ 164 ff. BGB zurückgegriffen werden kann.[255]

Es bleibt aber fraglich, ob der Anwendungsbereich des § 167 BGB analog auch dann eröffnet ist, wenn die Erteilung der „Ermittlungsvollmacht" in Rede steht. Selbst wenn man den Analogieschluss im Grunde zulässt, heißt dies noch nicht, dass § 167 BGB analog die Fälle der „Ermittlungsvollmacht" erfasst. Dagegen sprechen die bereits dargelegten Argumente. Der „bevollmächtigte" Erbenermittler soll nicht im Namen des Nachlasspflegers auftreten, sondern vielmehr im eigenen Namen die Einsichtnahme beantragen. Die Vollmacht aber dient dazu, einen Dritten durch die Abgabe einer Willenserklärung in dessen Namen zu binden. Die sog. „Ermittlungsvollmacht" erfüllt diesen Zweck nicht. Sie ist trotz ihrer üblichen Bezeichnung in Wahrheit keine Vollmacht – und zwar weder i.S.d. § 167 BGB in direkter Anwendung noch i.S.d. § 167 BGB in entsprechender Anwendung.

3. Ermächtigung gem. § 185 Abs. 1 BGB

In der Übertragung der „Ermittlungsvollmacht" könnte indessen eine Ermächtigung i.S.d. § 185 Abs. 1 BGB liegen. Diese unterscheidet sich von der Vollmacht gem. § 167 BGB unter anderem insoweit, als sie kein Offenkundigkeitsprinzip

252 *Niewerth/Neun/Schnieders*, Rpfleger 2009, 121, 123.

253 Vgl. *Gusy*, BayVBl. 1985, 484 f.; zu öffentlich-rechtlichen Willenserklärungen im Allgemeinen s. Hk-VerwR/*Kastner*, § 1 VwVfG Rn. 45, § 4 VwVfG Rn. 23.

254 BeckOKVwVfG/*Birk*, § 14 Rn. 7; a.A. *de Wall*, S. 207, wonach § 14 VwVfG die §§ 164 ff. BGB durch eine Verweisung zur direkten Anwendung bestimmt.

255 Unstr., vgl. nur *de Wall*, S. 207, m.w.N. in Fn. 369.

kennt. Der Ermächtigte wird berechtigt, im eigenen Namen zu handeln,[256] was vorliegend hinsichtlich der Erteilung der „Ermittlungsvollmacht" der Fall ist.[257]

Gem. § 185 Abs. 1 BGB ist eine Verfügung, die ein Nichtberechtigter trifft, wirksam, wenn sie mit Einwilligung des Berechtigten erfolgt. Die Einwilligung (§§ 182, 183 BGB) zur Verfügung verschafft dem Nichtberechtigten die Rechtsmacht – die Ermächtigung –, über ein fremdes Recht wirksam zu verfügen.[258]

Eine Einwilligung ist eine vorher durch eine Willenserklärung[259] erteilte Zustimmung (§ 183 Satz 1 BGB). Dies trifft auf die „Ermittlungsvollmacht" zu. Denn mit ihr erteilt der Nachlasspfleger dem Erbenermittler seine Zustimmung, später standesamtliche Einsicht und Auskunft zu erlangen. Diese Zustimmung ist eine Willenserklärung, weil sie darauf gerichtet ist, dass der Ermittler von einem eigentlich dem Nachlasspfleger zustehenden Einsichts- und Auskunftsrecht Gebrauch macht, und damit bezweckt sie die Herbeiführung von Rechtfolgen. Diese Willenserklärung ist zudem privatrechtlicher Natur, da sie von dem Nachlasspfleger als nicht öffentlich-rechtliche Institution dem Erbenermittler als Privatperson erteilt wird. Eine Einwilligung i.S.d. §§ 182, 183 BGB liegt im Rahmen der „Ermittlungsvollmacht" demnach vor.

Fraglich ist an dieser Stelle indessen, ob die „Ermittlungsvollmacht" auch darauf gerichtet ist, dass der Erbenermittler Verfügungen im Sinne der Vorschrift des § 185 Abs. 1 BGB treffen soll, und damit die Rechtsmacht in Form von Ermächtigung im Sinne der Norm erlangt. Verfügungen sind Rechtsgeschäfte, durch die bestehende Rechte mit unmittelbarer Wirkung aufgehoben, übertragen, belastet oder inhaltlich verändert werden.[260] Wie alle Rechtsgeschäfte, setzt ein Verfügungsgeschäft ebenfalls die Abgabe einer Willenserklärung voraus. Denn der Begriff des Rechtsgeschäfts baut auf demjenigen der Willenserklärung auf.[261] So heißt es in den Motiven zum Bürgerlichen Gesetzbuch: „Rechtsgeschäft im Sinne des Entwurfs ist eine Privatwillenserklärung, gerichtet auf die Hervorbringung eines rechtlichen Erfolges, der nach der Rechtsordnung deswegen eintritt, weil er gewollt ist".[262]

---

256 MünchKommBGB/*Bayreuther*, § 185 Rn. 2; Palandt/*Ellenberger*, § 185 Rn. 1.

257 S. dazu oben unter § 5 IV. 1. b).

258 Palandt/*Ellenberger*, § 185 Rn. 7.

259 Palandt/*Ellenberger*, Einf v § 182 Rn. 3.

260 BGHZ 1, 294, 304; 75, 221, 226; 101, 24, 26; MünchKommBGB/*Bayreuther*, § 185 Rn. 3; *Rüthers/Stadler*, § 16 Rn. 11.

261 *Rüthers/Stadler*, § 16 Rn. 1.

262 Motive, Bd. I, S. 126.

Die Norm des § 185 Abs. 1 BGB setzt also die Abgabe einer Willenserklärung im Rahmen der Verfügung voraus. Da die Vorschrift wie diejenige des § 167 BGB auch rein privatrechtlicher Natur ist, müssen solche Willenserklärungen ebenfalls privatrechtlichen Charakter aufweisen. Wie festgestellt,[263] ist dies in Bezug auf die mit der privatrechtlichen Einwilligung verbundenen öffentlich-rechtlichen Einsichts- und Auskunftshandlungen des Erbenermittlers jedoch nicht der Fall: Der Ermittler gibt beim Standesamt durch die Stellung des diesbezüglichen Antrags eine öffentlich-rechtliche Willenserklärung ab. Damit erhält er die Rechtsmacht, von einem fremden Recht im öffentlich-rechtlichen Bereich Gebrauch zu machen. Es geht nicht darum, Verfügungen auf privatrechtlicher Ebene zu treffen.

Die Erteilung der „Ermittlungsvollmacht“ stellt infolgedessen keine Ermächtigung i.S.d. § 185 Abs. 1 BGB dar.

4. Ermächtigung gem. § 185 Abs. 1 BGB analog

Da die direkte Anwendung der Norm des § 185 Abs. 1 BGB ausscheidet, könnte sie entsprechend angewandt werden.

a) Planwidrige Unvollständigkeit des Gesetzes

Eine Vorschrift, welche die Übertragbarkeit einer sog. „Ermittlungsvollmacht“ regelt, gibt es nicht. Es besteht damit eine gesetzliche Regelungslücke. Fraglich ist, ob diese Unvollständigkeit des Gesetzes planwidrig ist. Planwidrig ist sie dann, wenn entgegen der Absicht des Gesetzgebers im positiven Recht eine Regelung nicht besteht, obwohl die Rechtsordnung in ihrer Gesamtheit eine Regelung fordert.[264] Den historischen Motiven zum Bürgerlichen Gesetzbuch ist zu entnehmen, dass der Gesetzgeber mit der Schaffung der Norm über die Einwilligung, die ihrem Adressaten die Ermächtigung zu Verfügungen verleiht, alle diesbezüglichen Regelungslücken und Unklarheiten zu schließen beabsichtigte. Dort heißt es: „Die gegenwärtige Vorschrift bezweckt, durch Aufstellung gewillter allgemeiner Grundsätze über die Rechtsgeschäfte der vorherigen Einwilligung (...) Einzelbestimmungen entbehrlich zu machen und Lücken zu vermeiden“.[265] Durch die in den Materialien zudem aufgezählten Fälle,[266] in denen eine Einwilligung in Betracht kommt, hat der Gesetzgeber zum Ausdruck gebracht, dass die Vorschrift lediglich privatrechtliche (Verfügungs-)Rechtsgeschäfte erfasst. Zwar ist die Aufzählung

263 S. dazu oben unter § 5 IV. 1. c).

264 *Canaris*, S. 31 ff., 39; *Larenz*, Methodenlehre, S. 373; *Larenz/Canaris*, S. 194.

265 Motive, Bd. I, S. 246.

266 Zu den einzelnen Fällen s. Motive, Bd. I, S. 246.

nicht abschließend. Allerdings lässt sie auf die rein privatrechtliche Natur der Regelung schließen. Deutlich wird, dass der Gesetzgeber die Fälle nicht bedacht hat, in denen Privatpersonen aufgrund einer privatrechtlich erteilten Einwilligung und der mit ihr verbundenen Ermächtigung nicht im privat-, sondern im öffentlichrechtlichen Bereich tätig werden, und zwar nicht etwa durch Ausübung öffentlichrechtlicher Aufgaben, sondern allein in ihrer Eigenschaft als Privatpersonen – so, wie dies vorliegend hinsichtlich der „Ermittlungsvollmacht" der Fall ist. Das steht offensichtlich nicht mit dem Zweck und dem Plan des Gesetzgebers im Einklang, der durch die Schaffung der Vorschrift gerade jegliche Regelungslücken vermeiden wollte. Aus diesem Grund besteht eine Unvollständigkeit des Gesetzes, die planwidrig ist.

b) Vergleichbare Bewertungslage

Es ist weiterhin zu diskutieren, ob auch eine vergleichbare Bewertungslage gegeben ist. Durch die Vorschrift des § 185 Abs. 1 BGB soll einerseits einem zu einer Verfügung nicht Berechtigten die rechtliche Möglichkeit eröffnet werden, trotz Nichtberechtigung diese Verfügung wirksam zu treffen. Andererseits gibt die Norm dem Berechtigten die Option, den Rahmen der Berechtigung praktisch nach seinem Belieben auszuweiten, was im Einklang mit dem Grundsatz der Privatautonomie steht. Insofern schafft die Regelung des § 185 Abs. 1 BGB ein Gleichgewicht zwischen den Interessen des Berechtigten und denjenigen des Nichtberechtigten. Erteilt der Nachlasspfleger dem professionellen Erbenermittler die „Ermittlungsvollmacht", so weitet er seine Berechtigung, standesamtliche Einsicht und Auskunft zu erlangen, praktisch nach seinem Belieben aus – und übt damit seine Privatautonomie aus. Er gibt gleichzeitig dem Erbenermittler die Möglichkeit, von seinen rechtlichen Kapazitäten Gebrauch zu machen. Die Übertragung der „Ermittlungsvollmacht" wird demnach den Interessen des Nachlasspflegers sowie denjenigen des Erbenermittlers gerecht und stimmt daher mit dem Zweck der Norm des § 185 Abs. 1 BGB überein. Insoweit kann die Bewertungslage des § 185 Abs. 1 BGB und diejenige bzgl. der Erteilung der „Ermittlungsvollmacht" als vergleichbar betrachtet werden.

c) Öffentliches Recht und privatrechtliche Normen

Abgesehen davon setzt die Regelung des § 185 Abs. 1 BGB eine privatrechtliche Einwilligung i.S.d. §§ 182, 183 BGB voraus, was hinsichtlich der

„Ermittlungsvollmacht“, wie festgestellt,[267] ebenfalls der Fall ist. Der einzige Unterschied, der zwischen den beiden Fallkonstellationen herrscht, ist, dass die „Ermittlungsvollmacht“ entgegen der Norm des § 185 Abs. 1 BGB vorsieht, dass der Erbenermittler mit der ihm durch die Einwilligung des Nachlasspflegers gegebenen Rechtsmacht eine öffentlich-rechtliche Willenserklärung (Antrag beim Standesamt) abgeben soll, um die Einsicht und Auskunft zu erlangen, wohingegen § 185 Abs. 1 BGB die Abgabe einer privatrechtlichen Willenserklärung zwecks Verfügung voraussetzt. Allein der Umstand, dass hier das öffentliche Recht mit einer privatrechtlichen Vorschrift in Berührung kommt, rechtfertigt die Ablehnung der Analogie nicht. Denn beide Rechtsinstitute treffen bekanntlich auch in anderen Fallkonstellationen aufeinander. So ist beispielsweise eine analoge Anwendung der §§ 812 ff. BGB für einen öffentlich-rechtlichen Erstattungsanspruch oder eine entsprechende Anwendung der §§ 1004, 906 BGB für einen öffentlich-rechtlichen Unterlassungsanspruch allgemein anerkannt.

5. Ergebnis

Die Voraussetzungen einer Analogie betreffend die „Ermittlungsvollmacht“ liegen vor. In ihrer Erteilung durch den Nachlasspfleger an den professionellen Erbenermittler liegt eine Ermächtigung i.S.d. § 185 Abs. 1 BGB analog, sodass der Nachlasspfleger und der Ermittler insofern miteinander rechtlich verbunden sind. Aus dieser Rechtsbeziehung als solcher resultiert zwar kein Zahlungsanspruch des Erbenermittlers. Die Ermächtigung weitet indessen seine Ermittlungsmöglichkeiten erheblich aus und hilft ihm auf diese Weise, zu dem unbekannten Erben zu gelangen und so ggf. seine (Ermittlungs-)Vergütung oder andere Zahlungsansprüche zu sichern.

---

267 S. dazu oben unter § 5 IV. 3.

§ 6 Der professionelle Erbenermittler und die Miterben des unbekannten Erben

Auch die bereits bekannten Erben können einen professionellen Erbenermittler einschalten, wenn sie einen unbekannten Miterben zwecks Vervollständigung ihrer Erbengemeinschaft und Schaffung klarer Verhältnisse sowie für die Durchführung des Erbscheinsverfahrens finden wollen.[268] Einerseits ist es denkbar, dass sie mit dem Erbenermittler einen Vertrag schließen, aus dem ggf. seine Vergütung resultiert (dazu unter *I.*). Andererseits kommt ein gesetzliches Rechtsverhältnis im Falle des Fehlens einer vertraglichen Vereinbarung in Betracht, das andere Zahlungsansprüche des Erbenermittlers nach sich ziehen könnte (dazu unter *II.*).

I. Vertragliches Rechtsverhältnis

1. Entgeltlicher Vertrag / Geschäftsbesorgungsvertrag gem. § 675 BGB

Die Miterben des unbekannten Erben können mit dem Erbenermittler einen entgeltlichen Vertrag schließen. Es kommt ein Geschäftsbesorgungsvertrag i.S.d. § 675 BGB als einschlägige Vertragsart in Betracht. Gem. § 675 Abs. 1 BGB ist ein Geschäftsbesorgungsvertrag ein Dienstvertrag oder ein Werkvertrag, der eine Geschäftsbesorgung zum Gegenstand hat. Das wirft die Frage auf, ob zwischen den Miterben und dem Erbenermittler ein Dienst- oder ein Werkvertrag (gem. § 611 BGB oder gem. § 631 BGB) zustande kommt und ob dieser auf eine Geschäftsbesorgung gerichtet ist.

a) Dienstvertrag gem. § 611 BGB

Gem. § 611 Abs. 1 BGB wird durch den Dienstvertrag derjenige, welcher Dienste zusagt, zur Leistung der versprochenen Dienste, der andere Teil zur Gewährung der vereinbarten Vergütung verpflichtet. Gegenstand des Dienstvertrags können gem. § 611 Abs. 2 BGB Dienste jeder Art sein. Darunter wird die Diensttätigkeit an sich, nicht auch die Herbeiführung eines bestimmten Erfolges, verstanden.[269] Nach dem Dienstvertrag i.S.d. § 611 BGB werden von dem Dienstverpflichteten

268 S. dazu näher oben unter § 3 II.

269 Statt aller Hk-BGB/*Schreiber*, § 611 Rn. 6.

demnach ausschließlich Diensttätigkeiten als solche geschuldet.[270] Es reicht also aus, dass der Verpflichtete – hier der Erbenermittler als Vertragspartei – lediglich tätig wird, ohne dabei zu einem bestimmten Ergebnis zu gelangen.

Schließen die Miterben mit dem Erbenermittler einen Vertrag, so sind sie allerdings in der Regel nicht an den bloßen Ermittlungstätigkeiten des Erbenermittlers allein interessiert. Im Vordergrund stehen für sie vielmehr die Erlangung der von dem Ermittler durch die Erbensuche gewonnenen Erkenntnisse und damit die Ergebnisse seiner Recherche als solche. Denn nur dann wird die Ermittlereinschaltung ihren Interessen und dem verfolgten Zweck, klare Verhältnisse untereinander zu schaffen und richtige Angaben im Erbscheinsverfahren (§ 2353 BGB, § 352 Abs. 1 Ziff. 4 FamFG) machen zu können, gerecht. Erst wenn der Ermittler ihnen das Ergebnis seiner Suche mitteilt, können sie im Hinblick auf die Erbschaft und ihre Gemeinschaft weitere Schritte unternehmen. Hat der Ermittler mit seiner Erbensuche Erfolg und findet er den gesuchten Erben, haben die Miterben Gewissheit über die Mitglieder der Erbengemeinschaft, sodass sie dann hinsichtlich der Erbauseinandersetzung (vgl. § 2042 Abs. 1 BGB) wirksam agieren sowie einen korrekten Erbschein erlangen können. Führt die Suche den Ermittler hingegen nicht unmittelbar zum unbekannten Erben, hat er regelmäßig dennoch zahlreiche Recherchen angestellt, deren Ergebnis er den Miterben in jedem Fall vorlegen kann. Auf ihrer Grundlage können die Miterben zumindest entscheiden, wie sie bzgl. der Suche des unbekannten Erben weiter vorgehen.

Infolgedessen entspricht der Abschluss eines Dienstvertrages gem. § 611 BGB in der Regel nicht den Interessen der Miterben des unbekannten Erben. Sie sind nicht an den reinen Ermittlungen, sondern vielmehr an dem Ergebnis der Recherche des Erbenermittlers interessiert – unabhängig davon, ob dieses in dem Auffinden des Erben liegt oder andere aufgrund der Suche gewonnene Informationen beinhaltet. Deshalb ist davon auszugehen, dass die Miterben grundsätzlich keinen Dienstvertrag mit dem Erbenermittler schließen.

b) Werkvertrag gem. § 631 BGB

Allerdings kann zwischen den Miterben des unbekannten Erben und dem professionellen Erbenermittler ein Werkvertrag gem. § 631 BGB zustande kommen, der den Interessen beider Parteien gerecht würde. Gem. § 631 Abs. 1 BGB wird durch den Werkvertrag der Unternehmer zur Herstellung des versprochenen Werkes, der Besteller zur Entrichtung der vereinbarten Vergütung verpflichtet. Gegenstand

270 BGHZ 54, 106, 107; Hk-BGB/*Schreiber*, § 611 Rn. 6.

des Werkvertrags kann gem. § 631 Abs. 2 BGB sowohl die Herstellung oder Veränderung einer Sache als auch ein anderer durch Arbeit oder Dienstleistung herbeizuführender Erfolg sein. Damit kann die Leistung des Unternehmers in einem körperlichen oder unkörperlichen Werk bestehen.[271]

Gelangt der professionelle Erbenermittler zu Informationen, die den unbekannten Erben betreffen, so resultiert dieses Ergebnis aus seinen Recherchen und Ermittlungen. Seine Tätigkeit stellt somit eine Dienstleistung dar, durch welche die Verschaffung der Erbeninformationen und damit ein Erfolg herbeigeführt wird. Ein unkörperliches Werk i.S.d. § 631 Abs. 2 BGB liegt demnach vor.

Dieses Werk, die Verschaffung der Erkenntnis über den unbekannten Erben oder zumindest der aufgrund der Recherche erlangten Informationen, ist in der Regel der Gegenstand des Vertrages zwischen den Miterben und dem professionellen Erbenermittler. Denn es kommt ihnen gerade auf die Erlangung dieser Informationen an, wenn sie den Ermittler einschalten. Erst wenn diese ihnen vorliegen, können sie über das Vorgehen bzgl. der Erbauseinandersetzung und der Erlangung eines korrekten Erbscheins weitere einschlägige Entscheidungen treffen.[272]

Mithin kommt zwischen den Miterben des unbekannten Erben und dem professionellen Erbenermittler grundsätzlich ein Werkvertrag gem. § 631 BGB als Grundvertragsverhältnis für einen Geschäftsbesorgungsvertrag i.S.d. § 675 BGB zustande, wenn die Miterben den Ermittler gegen Entrichtung einer Vergütung zur Suche des unbekannten Miterben einschalten.

c) *Geschäftsbesorgung i.S.d. § 675 BGB*

Ferner setzt die Norm des § 675 Abs. 1 BGB eine Geschäftsbesorgung als Vertragsgegenstand voraus. Geschäftsbesorgung ist eine selbstständige Tätigkeit wirtschaftlicher Art im fremden Vermögensinteresse.[273]

---

271 MünchKommBGB/*Busche*, § 631 Rn. 61.

272 S. dazu näher oben unter § 3 II.

273 H.M., BGHZ 45, 223, 228 f.; BGH NJW 1989, 1216, 1217; NJW-RR 1992, 560; 2004, 989; Bamberger/Roth/*Fischer*, § 675 Rn. 3; *Brox/Walker*, Schuldrecht, § 29 Rn. 43; *Esser/Weyers*, S. 311; Hk-BGB/*Schulte-Nölke*, § 675 Rn. 4; Jauernig/*Mansel*, § 675 Rn. 4; *Larenz*, Schuldrecht, S. 422; Palandt/*Sprau*, § 675 Rn. 2; Prütting/Wegen/Weinreich/*Fehrenbacher*, § 675 Rn. 2; Soergel/*Benicke*, § 675 Rn. 2; Staudinger/*Martinek*, § 675 Rn. A 9.

aa) Selbstständige Tätigkeit

Zunächst müssen die Erbensuche und die daraus resultierende Erlangung der Erbeninformationen eine selbstständige Tätigkeit für den Erbenermittler darstellen. Selbstständigkeit bedeutet, dass der Geschäftsbesorger dem Geschäftsherrn gegenüber über ein gewisses Maß an Eigenverantwortlichkeit verfügt: Ihm muss ein Handlungs- und Entscheidungsspielraum zustehen.[274] Mit anderen Worten darf zwischen den Vertragsparteien keine Weisungsgebundenheit des Geschäftsbesorgers herrschen.

Dies trifft auf die vorliegend relevante Fallkonstellation zu. Der Erbenermittler sucht nach dem unbekannten Erben in der Regel durch Einsatz der ihm zustehenden Ermittlungskapazitäten. Er verfügt darüber hinaus über einschlägige spezifische Kenntnisse, die ein Nicht-Erbenermittler und damit grundsätzlich auch die Miterben des unbekannten Erben nicht haben. Sonst wäre die Einschaltung eines professionellen Erbenermittlers nicht notwendig. Würden die Miterben dem Ermittler demnach Weisungen erteilen und ihn damit in seinen Recherchen einschränken, wäre die Suche kontraproduktiv. Dies entspräche weder dem Interesse der Miterben noch demjenigen des Erbenermittlers selbst. Aus diesem Grund handelt der Ermittler in aller Regel selbstständig.

bb) Wirtschaftliche Art der Tätigkeit

Ferner muss die Tätigkeit des Erbenermittlers wirtschaftlichen Charakter aufweisen. Wirtschaftlicher Art ist eine Handlung, die sich (unmittelbar) auf das Vermögen des Geschäftsherrn bezieht.[275] Wird der Erbenermittler durch die Miterben zwecks Suche des unbekannten Erben eingeschaltet, so erfolgt sie vor allem mit dem Ziel, durch die erlangten Erkenntnisse klare Verhältnisse unter allen Erben der Erbengemeinschaft zu schaffen. Dies ist notwendig, um die Erbauseinandersetzung (vgl. § 2042 Abs. 1 BGB) wirksam zu vollziehen, die wiederum dazu dient, das Vermögen des Erblassers unter den Erben aufzuteilen, das zu dem Vermögen der einzelnen Erben wird. Aus diesem Grund beziehen sich die Erbensuche und alles, was mit ihr zusammenhängt, letztendlich unmittelbar auf das Vermögen der Miterben als Geschäftsherren. Die Tätigkeit des Erbenermittlers weist also insofern wirtschaftlichen Charakter auf.

---

274 MünchKommBGB/*Heermann*, § 675 Rn. 6.

275 *Brox/Walker*, Schuldrecht, § 29 Rn. 43; Hk-BGB/*Schulte-Nölke*, § 675 Rn. 4; Jauernig/*Mansel*, § 675 Rn. 5 f.; Palandt/*Sprau*, § 675 Rn. 3.

cc) *Wahrnehmung fremder Vermögensinteressen*

Schließlich muss sich die Handlung des Erbenermittlers auf die Wahrnehmung fremder Vermögensinteressen erstrecken. Sie muss mithin Angelegenheiten betreffen, die an sich der Sorge des Geschäftsherrn – vorliegend der Miterben des unbekannten Erben – obliegen.[276] Dies ist der Fall, wenn sie an sich vom Geschäftsherrn selbst in Wahrnehmung seiner Vermögensinteressen zu besorgen waren.[277]

Erneut ist insoweit maßgeblich, dass die Miterben im Rahmen des Erbscheinsverfahrens gem. § 352 Abs. 1 Ziff. 4 FamFG die Pflicht haben, Angaben über den gesamten Bestand der Miterben zu machen. Dem geht naturgemäß die Verschaffung der Informationen über die gesamte Miterbengemeinschaft voraus. Denn nur so sind die Miterben in der Lage, diesbezüglich richtige Angaben vor dem Nachlassgericht zu machen. Die Suche des unbekannten Erben liegt aus diesem Grund zumindest insofern in ihrem Obliegenheitsbereich und dient ihren Vermögensinteressen. Nur so können sie sicherstellen, dass der von ihnen beantragte Erbschein richtig ist und nicht der Gefahr der Einziehung durch das Nachlassgericht gem. § 2361 Satz 1 BGB ausgesetzt ist.

Schalten die Miterben den professionellen Erbenermittler ein, so betrifft dessen Tätigkeit infolgedessen Angelegenheiten, die an sich der Sorge der Miterben obliegen. Damit dient die Handlung des Erbenermittlers der Wahrnehmung fremder Vermögensinteressen.

d) *Ergebnis*

Die zwischen den Miterben des unbekannten Erben und dem professionellen Erbenermittler getroffene Vereinbarung – gerichtet auf die Ermittlung des unbekannten Erben und die Verschaffung der daraus gewonnenen Erkenntnisse gegen Vergütungsentrichtung – erfüllt alle Voraussetzungen des § 675 BGB. Zwischen ihnen wird mithin insoweit ein Rechtsverhältnis in Form eines Geschäftsbesorgungsvertrags i.S.d. § 675 BGB begründet.

e) *Zahlungsanspruch des Erbenermittlers*

Die Miterben und der professionelle Erbenermittler sind schuldrechtlich miteinander verbunden, wenn sie einen entgeltlichen Vertrag in Form eines Geschäftsbesorgungsvertrages gem. § 675 BGB abschließen. Wie bereits gesehen,[278] liegt

---

276 Jauernig/*Mansel*, § 675 Rn. 6 f.

277 Hk-BGB/*Schulte-Nölke*, § 675 Rn. 4.

278 S. dazu näher oben unter § 6 I. 1. b).

der Geschäftsbesorgung i.S.d. § 675 BGB ein Werkvertrag gem. § 631 BGB zu Grunde, sodass die Norm des § 631 Abs. 1 BGB bezüglich der entsprechenden Vergütungsregulierung einschlägig ist. Gem. § 631 Abs. 1 BGB wird der Unternehmer durch den Werkvertrag zur Herstellung des versprochenen Werkes, der Besteller zur Entrichtung der vereinbarten Vergütung verpflichtet. Findet also der Erbenermittler den unbekannten Erben und verschafft er dessen Miterben das Resultat seiner Erkenntnisse, so sind die Miterben gem. § 631 Abs. 1 Halbs. 2 BGB dem Ermittler gegenüber verpflichtet, die vereinbarte Vergütung zu entrichten. Ist die Höhe der Vergütung nicht bestimmt, so ist gem. § 632 Abs. 2 BGB bei dem Bestehen einer Taxe die taxmäßige Vergütung, in Ermangelung einer Taxe die übliche Vergütung als vereinbart anzusehen. Die übliche Höhe der Vergütung für die Vorlage der Ermittlungsergebnisse an die Miterben wird sich somit grundsätzlich an der für die Suche aufgewandten Zeit orientieren.

2. Unentgeltlicher Vertrag / Auftrag gem. § 662 BGB

Kommt zwischen den Miterben des unbekannten Erben und dem professionellen Erbenermittler kein entgeltlicher Vertrag zustande, so ist zu untersuchen, ob die Einschaltung des Ermittlers durch die Miterben zwecks Erbensuche ohne Vergütungsvereinbarung den Abschluss eines unentgeltlichen Vertrages darstellen kann. In Betracht kommt ein Auftrag gem. § 662 BGB.

Fraglich ist, ob der Erbenermittler sich gegenüber den Miterben zu einer Geschäftsbesorgung verpflichtet. Als Geschäftsbesorgung in Form der vertraglichen Verpflichtung kommt die Erbensuche samt Übermittlung der Ermittlungsergebnisse als eine weitere Pflicht (vgl. § 666 BGB) durch den Erbenermittler an die Miterben in Betracht. Es ist jedoch zweifelhaft, ob der Ermittler sich auf eine solche Rechtsbeziehung mit den Miterben einlassen würde. Denn er arbeitet nach Möglichkeit gegen Entgelt und übt damit seinen Beruf zwecks Lebensunterhalts aus. Verpflichtete er sich zur Überlassung der Ermittlungsergebnisse ohne Vergütungsentrichtung, ginge er leer aus und die Ermittlungsbemühungen wären für ihn umsonst. Der Abschluss eines unentgeltlichen Vertrages mit den Miterben des unbekannten Erben ist für den Erbenermittler aus diesem Grund in aller Regel undenkbar.

II. Gesetzliches Rechtsverhältnis

Möglicherweise stehen dem Erbenermittler Zahlungsansprüche gegen die Miterben aus einem gesetzlichen Schuldverhältnis zu, wenn zwischen den Parteien kein Vertrag zustande kommt.

1. Geschäftsführung ohne Auftrag gem. §§ 677 ff. BGB

Es ist zunächst zu prüfen, ob die Vorschriften über die Geschäftsführung ohne Auftrag gem. §§ 677 ff. BGB auf das außervertragliche Verhältnis zwischen dem Erbenermittler und den Miterben des unbekannten Erben Anwendung finden. Ist dies der Fall, kommt ein Aufwendungsersatzanspruch des Erbenermittlers gem. §§ 677, 683 Satz 1, 670 BGB (berechtigte Geschäftsführung ohne Auftrag) oder aus §§ 687 Abs. 2 Satz 2, 684 Satz 1 BGB (angemaßte Eigengeschäftsführung) in Betracht.

a) Geschäftsbesorgung

Die Erbensuche und alles, was mit ihr zusammenhängt, fallen unter den weit auszulegenden Geschäftsbesorgungsbegriff.[279]

b) Fremdes Geschäft

Die Geschäftsbesorgung muss ferner ein sog. fremdes Geschäft[280] im Sinne der Regelung darstellen. Dies ist der Fall, wenn das besorgte Geschäft einem fremden Rechts- oder Interessenkreis zugehört.[281] Der professionelle Erbenermittler verfolgt mit der Erbensuche aufgrund der Natur seines Berufes immer den Zweck, für seine Tätigkeiten honoriert zu werden. Die Erbenermittlung und alle Handlungen, die mit ihr zusammenhängen, betreffen also vor allem seinen eigenen Rechts- und Interessenkreis. Ein rein fremdes Geschäft i.S.d. § 677 BGB liegt hier demnach nicht vor.

c) Auch-fremdes Geschäft

Unbeschadet des Eigengeschäfts des Erbenermittlers könnte dennoch in seiner Tätigkeit ein fremdes Geschäft i.S.d. § 677 BGB liegen. Das ist der Fall, wenn die Voraussetzungen eines sog. auch-fremden Geschäfts erfüllt sind. Ein solches Geschäft besorgt der Handelnde, wenn die Geschäftsübernahme zugleich im eigenen und im Interesse eines anderen liegt.[282]

Zu diskutieren ist demnach, ob die Erbensuche durch den Erbenermittler auch dem Rechts- oder Interessenkreis der Miterben des unbekannten Erben zuzuordnen ist. Zweifel ergeben sich daraus, dass die Erbensuche an sich und das

---

279 S. dazu oben § 5 II. 1. a).

280 MünchKommBGB/*Seiler*, § 677 Rn. 6.

281 Vgl. RGZ 97, 61, 66; MünchKommBGB/*Seiler*, § 677 Rn. 4.

282 S. oben Fn. 233.

Auffinden ihres unbekannten Erben durch den Ermittler allein den Miterben nicht zu Gute kommen kann. Sie können nur dann Vorteile aus der Tätigkeit des Erbenermittlers ziehen, wenn er ihnen die Ergebnisse seiner Recherche übermittelt. Denn nur in diesem Fall sind sie in der Lage, die von ihnen verfolgten erbrechtlichen Interessen und Ziele in die Tat umzusetzen. Bis dahin stehen sie trotz der Erbensuche und ggf. des Auffindens ihres unbekannten Miterben durch den Ermittler genauso da, als wenn dieser gar nicht tätig geworden wäre. Der Erbenermittler gibt aber normalerweise keine Ermittlungsergebnisse preis, ohne dass ihm vorher dafür eine Vergütung zugesichert wird. Darum fehlt es an einer Tätigkeit des Erbenermittlers, die im Rechts- oder Interessenkreis der Miterben liegt, während er die Erbenermittlung ausführt. Aus diesem Grund sind die Voraussetzungen des auch-fremden Geschäfts nicht erfüllt, sodass in diesem Fall kein fremdes Geschäft i.S.d. § 677 BGB gegeben ist.

d) Ergebnis

Die Voraussetzungen einer Geschäftsführung ohne Auftrag i.S.d. § 677 BGB liegen mangels Fremdheit des Geschäfts des Erbenermittlers nicht vor. Die Vorschriften der §§ 677 ff. BGB sind also insgesamt nicht anwendbar. Aus diesem Grund wird insofern zwischen dem Erbenermittler und den Miterben des unbekannten Erben keine rechtliche Verbindung begründet, wenn der Ermittler die Erbensuche aufgreift.

2. Bereicherungsrechtliches Verhältnis gem. §§ 812 ff. BGB

Ein bereicherungsrechtliches Verhältnis i.S.d. §§ 812 ff. BGB entsteht zwischen den Miterben und dem professionellen Erbenermittler in aller Regel ebenso wenig. Ansprüche des Ermittlers aus allgemeiner Leistungskondiktion gem. § 812 Abs. 1 Satz 1 Alt. 1 BGB oder aus einer Zweckverfehlungskondiktion gem. § 812 Abs. 1 Satz 2 Alt. 2 BGB kommen deshalb nicht in Betracht. Gegenstand der Bereicherung könnte allenfalls die Mitteilung der Ermittlungsergebnisse von dem Erbenermittler an die Miterben sein. Der Ermittler legt seine Rechercheergebnisse aber nicht vor, ohne sich vorher insbesondere durch den Abschluss eines entgeltlichen Vertrages zu vergewissern, dass er dafür honoriert wird.[283] Schließen die Miterben mit dem Erbenermittler keinen entgeltlichen Vertrag, erhalten sie keine Ermittlungsergebnisse. Die Anwendung der Vorschriften der §§ 812 ff. BGB wird

---

283 S. dazu oben unter § 6 I. 2.

deshalb grundsätzlich bereits an dem Fehlen einer Bereicherung der Miterben des unbekannten Erben scheitern.[284]

III. Ergebnis

Der Erbenermittler hat nur dann einen Zahlungsanspruch und erhält damit eine Vergütung aufgrund der Einschaltung zwecks Erbensuche durch die Miterben des unbekannten Erben, wenn zwischen beiden Parteien ein entgeltlicher Vertrag zustande kommt, der in Form eines Geschäftsbesorgungsvertrags gem. § 675 BGB geschlossen wird. Andernfalls kann sich der Erbenermittler nicht mit Erfolg an die Miterben zwecks Zahlung wenden.

284 Anders ist es, wenn der Erbenermittler den Miterben seine Rechercheergebnisse im Hinblick auf die Erfüllung seiner Verpflichtung aus einem mit den Miterben geschlossenen entgeltlichen Vertrag vorlegt und der Vertrag sich als unwirksam herausstellt. In diesem Fall kommt ein bereicherungsrechtlicher Anspruch des Ermittlers aus allgemeiner Leistungskondiktion gegen die Miterben durchaus in Betracht. Auf der Rechtsfolgenseite wäre der Bereicherungsgegenstand nach der Norm des § 818 Abs. 2 BGB herauszugeben und folglich Wertersatz zu leisten.

§ 7 Der professionelle Erbenermittler und der unbekannte Erbe in Deutschland

Professionelle Erbenermittler bestreiten mit ihrem Honorar ihren Lebensunterhalt. Befasst sich der Erbenermittler mit der Suche des unbekannten Erben, so möchte er für seine Ermittlungstätigkeit in jedem Fall vergütet werden. Steht ihm nicht bereits eine Vergütung oder ein anderer Zahlungsanspruch aufgrund anderweitiger Rechtsverhältnisse zu, so etwa wenn er zum Nachlasspfleger bestellt[285] wird oder mit den Miterben des unbekannten Erben einen entgeltlichen Vertrag[286] schließt, steht zur Diskussion, ob er aufgrund seiner (Rechts-)Beziehung zu dem von ihm gesuchten Erben sein Honorar sichern und sich dementsprechend an diesen wenden kann. Um dieses Problem klären zu können, muss sein Verhältnis zu dem unbekannten Erben rechtlich qualifiziert werden. Insofern kommt sowohl ein vertragliches Rechtsverhältnis (dazu unter *I.*) als auch ein solches kraft Gesetzes (dazu unter *II.*) in Betracht.

Wenn der Erbenermittler die Erbensuche aufnimmt, ist es für ihn meistens nicht absehbar, ob ihn seine Spur über die Grenze ins Ausland führt. In den Konstellationen, in denen offensichtlich ein Erbfall mit Bezug zum Ausland, insbesondere zu Russland, vorliegt, mag das anders sein. Jedenfalls können die Ermittlungen einen reinen Inlandsfall oder einen Sachverhalt mit Auslandsbezug betreffen. Im Folgenden wird zunächst das Rechtsverhältnis des Erbenermittlers zu dem innerhalb der deutschen Grenzen gesuchten und gefundenen Erben erörtert.

Da der professionelle Erbenermittler an den unbekannten Erben entweder in seiner reinen Ermittlereigenschaft oder auch in der Position des Nachlasspflegers herantreten kann, wird dementsprechend im Rahmen der Prüfung einzelner Rechtsverhältnisse zwischen den beiden Eigenschaften des Erbenermittlers differenziert.

I. Vertragliches Rechtsverhältnis

Dem Erbenermittler steht grundsätzlich die Option offen, mit dem unbekannten Erben einen entgeltlichen Vertrag zu schließen, um sich auf diese Weise einen Vergütungsanspruch zu sichern.

285 S. dazu oben unter § 4 I., § 4 II.

286 S. dazu oben unter § 6 I. 1.

1. Vertragsverhältnis des Erbenermittlers in seiner Ermittlereigenschaft

Wenn der professionelle Erbenermittler in seiner reinen Ermittlereigenschaft zwecks Suche des unbekannten Erben tätig wird, kann er mit diesem nur dann einen entgeltlichen Vertrag schließen, wenn er ihn tatsächlich findet. Bis dahin hat er keine Möglichkeit, irgendwelche Vertragsbeziehungen in Bezug auf den Erben zu begründen: Er ist weder sein gesetzlicher Vertreter, wie dies aufgrund der Nachlasspflegschaft der Fall ist,[287] noch ist er in sonstiger Weise zum Vertragsschluss berechtigt.

Zur Realisierung einer Vergütung ist der Erbenermittler gut beraten, zunächst an den Erben heranzutreten und ihn über dessen Erbenstatus zu informieren, ohne ihn direkt in Kenntnis zu setzen, wessen Erbe er geworden ist.[288] Da der Ermittler den Erben nur schlecht dazu bewegen kann, ihm eine Vergütung für die (bereits abgeschlossene) Suche dieses Erben als solche zu gewähren, weil der Erbe durch die Ermittlungstätigkeit an sich wenig Gewinnbringendes erfährt und an etwas handfesterem und lukrativerem interessiert ist, wird der Erbenermittler anschließend dem Erben anbieten, diesem die gesamten Informationen über die Erbschaft gegen Entrichtung des Honorars preiszugeben.[289] Nur so kann der Ermittler versuchen, seine Vergütung zu sichern.[290] Dem Erben steht also die Möglichkeit offen, mit dem Erbenermittler einen entgeltlichen Vertrag abzuschließen, dessen Gegenstand die Vorlage der Erbschaftsinformationen gegen Vergütungsentrichtung ist. Geht der Erbe eine solche Vertragsbeziehung mit dem Ermittler ein, so stellt sich die Frage, um welche Vertragsart es sich dabei handelt und folglich woraus sich ggf. der dementsprechende Zahlungsanspruch des Erbenermittlers ergibt.

a) Dienstvertrag gem. § 611 BGB

Gem. § 611 Abs. 1 BGB wird durch den Dienstvertrag derjenige, welcher Dienste zusagt, zur Leistung der versprochenen Dienste, der andere Teil zur Gewährung der vereinbarten Vergütung verpflichtet.

Einen Dienstvertrag zeichnet der Dauercharakter des auf ihm basierten Verhältnisses aus. Denn ein Dienstverhältnis ist ein Dauerschuldverhältnis zwischen dem Dienstberechtigten und dem Dienstverpflichteten, das durch den

287 S. zu der Rechtsstellung des Nachlasspflegers oben unter § 2 II. 4. a).
288 *Forkert*, ZEV 2012, 414, 415.
289 *Brox/Walker*, Erbrecht, Rn. 636; *Forkert*, ZEV 2012, 414, 415.
290 *Forkert*, ZEV 2012, 414 f.

Dienstvertrag begründet wird.[291] Ein Dauerschuldverhältnis ist dadurch gekennzeichnet, dass der Umfang der vertragstypischen Hauptleistung erst mit Hilfe der Zeit qualifizierbar ist.[292]

Einen solchen Dauercharakter weist das Verhältnis zwischen dem Erbenermittler und dem Erben durch den Abschluss des Vertrages mit dem Gegenstand der Vorlage der Erbschaftsinformationen gegen Entgelt nicht auf. Es fehlt das notwendige zeitliche Merkmal. Denn die Erbschaftsinformationen liegen dem Ermittler bei dem Abschluss des Vertrages bereits vor, sonst hätte er sich nicht mit dem Erben in Kontakt setzen können, um ihm die Informationen anzubieten. Demnach muss er diese Erkenntnisse nicht erst beschaffen, um sie dem Erben zu übermitteln. Vielmehr kann die Übermittlung sofort erfolgen. Ein Dauerschuldverhältnis wird zwischen dem Erbenermittler und dem Erben also nicht durch den Abschluss des Vertrages begründet, sodass zwischen ihnen kein Dienstvertrag gem. § 611 BGB zustande kommt.[293]

b) Werkvertrag gem. § 631 BGB

Allerdings ist es denkbar, dass der professionelle Erbenermittler und der Erbe einen Werkvertrag gem. § 631 BGB schließen. Es ist zu diskutieren, ob die Vorlage der Informationen über die Erbschaft ein Werk i.S.d. § 631 Abs. 1 BGB darstellt. Zweifel entstehen auch an dieser Stelle, weil die Norm des § 631 Abs. 2 BGB voraussetzt, dass das durch den Werkvertrag geschuldete Werk durch eine Arbeit oder Dienstleistung herbeigeführt wird. Die Erbschaftsinformationen liegen dem Erbenermittler jedoch zum Zeitpunkt des Abschlusses des Vertrages bereits vollständig vor. Einer (erneuten) vorangehenden Ermittlung bzgl. dessen bedarf es demnach nicht. Selbst wenn der Ermittler eine dementsprechende Recherche vornehmen musste, so fand diese schon vor dem Abschluss des Vertrages statt,

---

291 Palandt/*Weidenkaff*, Einf v § 611 Rn. 2.

292 MünchKommBGB/*Gaier*, § 314 Rn. 5; *Wiese*, FS Nipperdey, Bd. I, S. 837; ähnlich Prütting/Wegen/Weinreich/*Stürner*, § 314 Rn. 4.

293 So etwa auch *Kossek*, S. 90, und *Späth*, S. 198, die das Vorliegen des Dienstvertrages jedoch deshalb verneinen, weil sie davon ausgehen, dass durch den Vertrag dem Erben von dem Erbenermittler Informationen als Werk geschuldet seien, die aus einer noch vor dem Abschluss des Vertrages hervorgegangenen Ermittlung resultieren und deshalb zeitlich von der Entstehung der Hauptleistungspflicht abweichen würden. Vgl. auch *Reitz*, S. 29, der die Entstehung eines Dienstvertrages zumindest hinsichtlich der eigentlichen Ermittlungstätigkeit des Erbenermittlers verneint, ohne weiter darauf einzugehen und das Vorliegen des Dienstvertrages bzgl. der Verschaffung der Erbschaftsinformationen zu prüfen.

sodass sie nicht Vertragsgegenstand sein kann, da sie bereits vollständig beendet war. Eine Arbeit oder Dienstleistung i.S.d. § 631 Abs. 2 BGB sieht der Vertrag zwischen dem Erben und dem professionellen Erbenermittler mithin nicht vor. Er hat vielmehr die Vorlage der Erbschaftsinformationen zum Gegenstand, denen keine weitere Tätigkeit des Ermittlers vorauszugehen braucht.

Die Voraussetzungen eines Werkvertrages i.S.d. § 631 BGB liegen hiermit nicht vor, sodass zwischen dem Erbenermittler und dem Erben auch insofern kein rechtliches Verhältnis begründet wird.[294]

c) Geschäftsbesorgungsvertrag gem. § 675 BGB

Mangels Dienst- oder Werkvertrages scheidet auch ein Geschäftsbesorgungsvertrag i.S.d. § 675 BGB aus, da es sich bei ihm allein um eine besondere Ausprägung dieser Vertragstypen handelt.

d) Kaufvertrag

Denkbar ist es weiterhin, dass zwischen dem Erbenermittler und dem gefundenen Erben ein Kaufvertrag geschlossen wird. Dabei ist zwischen dem Kaufvertrag gem. § 433 BGB, dessen Gegenstand eine Sache ist, (dazu unter *aa)*), und dem Kaufvertrag gem. § 453 BGB, der einen Kauf von Rechten oder sonstigen Gegenständen regelt (dazu unter *bb)*), zu unterscheiden.

aa) Kaufvertrag gem. § 433 BGB

Gem. § 90 BGB sind Sachen im Sinne des Gesetzes nur körperliche Gegenstände. Gibt der Erbenermittler an den Erben die Erbschaftsinformationen weiter, so können sie zwar beispielsweise in einem Schriftstück oder Datenträger verkörpert sein und deshalb in einem körperlichen Gegenstand festgehalten werden. Die Informationen als solche sind aber typischerweise nicht physischer Natur. Gerade sie sind aber vorliegend Vertragsgegenstand und nicht das körperliche Medium, in dem sie ggf. festgehalten werden. Aus diesem Grund fehlt es für den Abschluss eines Kaufvertrages i.S.d. § 433 BGB an einem tauglichen Vertragsgegenstand. Ein Kaufvertrag gem. § 433 BGB liegt demnach ebenfalls nicht vor.[295]

---

294 So etwa auch *Kossek*, S. 88 f., und *Späth*, S. 198; vgl. zudem *Reitz*, S. 29, der ebenfalls die Entstehung eines Werkvertrages hinsichtlich der eigentlichen Ermittlungstätigkeit des Erbenermittlers verneint, ohne im Einzelnen das Vorliegen der Werkvertragsvoraussetzungen bzgl. der Verschaffung der Erbschaftsinformationen zu prüfen.

295 So auch *Kossek*, S. 93.

bb) Kaufvertrag gem. § 453 BGB

Indessen kommt der Abschluss eines Kaufvertrages gem. § 453 BGB zwischen dem professionellen Erbenermittler und dem gefundenen Erben in Betracht. Gem. § 453 Abs. 1 BGB finden die Vorschriften über den Kauf von Sachen auf den Kauf von Rechten und sonstigen Gegenständen entsprechende Anwendung. Also setzt die Norm Rechte (Abs. 1 Alt. 1) oder sonstige Gegenstände (Abs. 1 Alt. 2) als Vertragsgegenstand voraus.

(1) Rechtskauf i.S.d. § 453 Abs. 1 Alt. 1 BGB

Problematisch ist zunächst, ob die Verpflichtung zur Übertragung der Erbschaftsinformationen an den Erben gegen Entgelt auf einen Rechtskauf i.S.d. § 453 Abs. 1 Alt. 1 BGB zurückgeht. Rechte in diesem Sinne sind die Befugnisse, die sich für den Berechtigten unmittelbar aus der geltenden Rechtsordnung ergeben.[296] Der Rechtskauf umfasst den Kauf aller Arten von übertragbaren Rechten, obligatorischer oder dinglicher Natur, unabhängig von der Art der aufgrund des Rechts zu fordernden Leistungen oder von der Art ihrer Nutzung.[297] Verkauft werden können auch künftige Rechte und solche, die durch den Erfüllungsakt des Verkäufers erst begründet werden.[298]

Der Erbenermittler verpflichtet sich, dem Erben die Erbschaftsinformationen vorzulegen. Zwar geben sie dem Erben die Möglichkeit, die Erbschaft anzunehmen oder auszuschlagen sowie weitere in diesem Zusammenhang stehende (Rechts-)Handlungen vorzunehmen, weil er erst dann von der Erbschaft konkretes Wissen erhält und dementsprechend agieren kann. Diese Rechte stehen dem Erben aber bereits vor und zu dem Zeitpunkt des Vertragsabschlusses zu. Denn sie entstehen kraft Gesetzes mit dem Eintritt des Erbfalls.[299] Dies bedeutet, dass durch die Übermittlung der Erbschaftsinformationen kein neues Recht des Erben begründet wird, sondern nur die Kenntnis von den Umständen, die ihn zur Ausübung seiner Erbrechte berechtigen. Ein Rechtskauf liegt infolgedessen nicht vor.[300]

296 Palandt/*Weidenkaff*, § 453 Rn. 3.

297 MünchKommBGB/*Westermann*, § 453 Rn. 3; Palandt/*Weidenkaff*, § 453 Rn. 3.

298 Bamberger/Roth/*Faust*, § 453 Rn. 2; MünchKommBGB/*Westermann*, § 453 Rn. 3; Staudinger/*Beckmann*, § 453 Rn. 4.

299 Einzelheiten zu den erbrechtlichen Hintergründen der professionellen Erbenermittlung s. oben unter § 2.

300 So auch *Kossek*, S. 94.

(2) Kauf eines sonstigen Gegenstands i.S.d. § 453 Abs. 1 Alt. 2 BGB

Es bleibt klärungsbedürftig, ob die Erbschaftsinformationen ein sonstiger Gegenstand i.S.d. § 453 Abs. 1 Alt. 2 BGB sind. Ausschlaggebend für das Merkmal des sonstigen Gegenstandes i.S.d. § 453 Abs. 1 Alt. 2 BGB ist, dass es um ein verkehrsfähiges Gut geht,[301] welches also für den allgemeinen Handel zulässig ist.[302] Der Begriff umfasst unter anderem Informationen, die keine Rechte, jedoch übertragbar sind.[303] Darunter fallen insbesondere solche Immaterialgüter wie Know-How, Domain-Adressen, Ideen für bestimmte Aktivitäten und Informationen, die z.B. in einer Software enthalten sind.[304] Das Anwendungsspektrum der Vorschrift ist weit.

Die Erbschaftsinformationen sind keine Rechte, jedoch sind sie übertragbar. Denn sie können zum Adressaten und damit zu dem für sie bestimmten Nutzer – hier dem Erben – transportiert werden, um von ihm in Gebrauch genommen zu werden.[305] Ob sie dabei beispielsweise in einem Schriftstück oder einem Datenträger festgehalten sind, ist ohne Belang. Die Verkörperung der Informationen ist keine Voraussetzung, damit diese im Einklang mit der Vorschrift des § 453 Abs. 1 Alt. 2 BGB verkauft werden können.[306] Es reicht vielmehr aus, dass sie überhaupt übertragbar sind. Demnach ist auch eine mündliche Weitergabe möglich. Es kommt allein auf ihre Übertragungsfähigkeit an.

Außerdem stellen die Erbschaftsinformationen ein verkehrsfähiges Gut dar und sind damit für den allgemeinen Handel zulässig. Denn es finden sich keine Anhaltspunkte, warum sie den gesetzlichen Anforderungen nicht entsprechen sollten.

Die Informationen über die Erbschaft sind also ein sonstiger Gegenstand i.S.d. § 453 Abs. 1 Alt. 2 BGB.[307] Folglich ist im Ergebnis festzuhalten, dass zwischen dem professionellen Erbenermittler und dem von ihm gefundenen Erben ein Kaufvertrag i.S.d. § 453 BGB geschlossen wird, wenn sich der Ermittler und der Erbe darauf einigen, dass der Erbenermittler dem Erben die Erbschaftsinformationen gegen eine Vergütung – die insofern die Kaufpreiszahlung darstellt – übermittelt.

---

301 Vgl. *Brox/Walker*, Schuldrecht, § 1 Rn. 7; Hk-BGB/*Saenger*, § 453 Rn. 3.

302 Vgl. etwa LG München I MMR 2008, 563 ff.

303 Palandt/*Weidenkaff*, § 453 Rn. 9; vgl. auch *Spindler/Klöhn*, VersR 2003, 273 ff.

304 MünchKommBGB/*Westermann*, § 453 Rn. 6.

305 Vgl. *Redeker*, CR 2011, 634 ff.

306 Vgl. *Redeker*, CR 2011, 634 ff.

307 So ähnlich auch *Kossek*, S. 94 ff., die jedoch nicht die Erbschaftsinformationen als solche als sonstigen Gegenstand qualifiziert, sondern diese zunächst unter den Begriff des Know-How subsumiert.

(3) Zahlungsanspruch des Erbenermittlers

Gem. §§ 453 Abs. 1, 433 Abs. 2 BGB ist der Erbe in erster Linie zur Kaufpreiszahlung gegenüber dem Erbenermittler als Verkäufer verpflichtet. Die Höhe des Kaufpreises wird in der Regel zwischen dem Ermittler und dem Erben genau vereinbart und beträgt einen prozentualen Teil des Wertes des dem Erben zustehenden Nachlasses. Diese befindet sich im Rahmen der von der Rechtsprechung festgelegten üblichen Vergütungssätze, wenn deren Höhe 30 % des Wertes des Erbennachlasses nicht übersteigt.[308] Wird diese Grenze nicht überschritten, ist dies ein Indiz für die Angemessenheit der Honorarhöhe.[309]

Übersteigt indes die Kaufpreishöhe 30 % des Wertes des dem Erben zustehenden Nachlasses, muss im Einzelfall das Verhältnis zwischen der Leistung des Erbenermittlers, die den Vertragsgegenstand ausmacht, und der vereinbarten Vergütung, die der Erbe laut Vertrag entrichten muss, näher geprüft werden. Denn eine solche Vereinbarung kann nach § 138 Abs. 1 oder Abs. 2 BGB unwirksam sein, wenn ein besonders grobes Missverhältnis zwischen dem Wert der Leistung des Erbenermittlers und der Gegenleistung des Erben, welches ggf. das Bestehen einer verwerflichen Gesinnung indizieren würde, besteht.[310]

Der Erbenermittler und der Erbe können außerdem im Rahmen der Vertragsautonomie die Entrichtung der Kaufpreiszahlung so vereinbaren, dass der Nachlass nicht belastet wird. Insoweit handelt es sich um eine übliche Kaufpreiszahlungsvereinbarung. Die Bestimmung der Höhe obliegt den Parteien.

2. Vertragsverhältnis des Erbenermittlers in der Position des Nachlasspflegers

Wird ein Erbenermittler vom Nachlassgericht zum Nachlasspfleger zwecks Erbenermittlung bestellt, richtet sich seine Vergütung, wie bereits oben näher erörtert,[311] nach derjenigen eines Nachlasspflegers.[312] Diese bestimmt sich wiederum materiellrechtlich nach den Vorschriften des Vormundschaftsrechts, weil die Nachlasspflegschaft eine Pflegschaft i.S.d. § 1915 Abs. 1 BGB ist.[313] Wie ebenfalls bereits

---

308 Vgl. LG Darmstadt NJW-RR 2001, 1015, 1016; LG München I ZErb 2006, 171 f.; LG Nürnberg-Fürth BeckRS 2009, 10155, beck-online; LG München I IPRax 2014, 438, 443; OLG Brandenburg NJW-Spezial 2008, 648.

309 Vgl. OLG Brandenburg NJW-Spezial 2008, 648.

310 Vgl. OLG Brandenburg NJW-Spezial 2008, 648.

311 S. dazu oben unter § 4 II.

312 *Niewerth/Neun/Schnieders*, Rpfleger 2009, 121, 122.

313 S. dazu oben unter § 2 II. 4. a).

festgestellt,[314] erhält der Erbenermittler-Nachlasspfleger allerdings keine Vergütung für seine Dienste, wenn seine Berufsmäßigkeit[315] durch das Nachlassgericht nicht festgestellt wird und der Nachlass mittellos[316] ist. Ist dies der Fall, geht der Nachlasspfleger – und damit auch der in seiner Position tätige Erbenermittler – bzgl. der Vergütung leer aus. Ihm steht in diesem Fall gem. §§ 1915 Abs. 1 Satz 1, 1835a Abs. 1 BGB lediglich eine Aufwandsentschädigung zu, die sehr gering ausfällt und deshalb den Lebensunterhalt des Erbenermittlers nicht gewährleisten kann.[317]

Das wirft die Frage auf, ob der Erbenermittler-Nachlasspfleger einen entgeltlichen Vertrag mit dem Erben, für den er die Pflegschaft ausübt, schließen kann, um auf diesem Wege für seine Ermittlungsbemühungen vergütet zu werden. Insoweit sind zwei Konstellationen des Vertragsschlusses möglich, und zwar der Abschluss eines Vertrages vor dem Auffinden des unbekannten Erben (dazu unter *a)*) sowie danach (dazu unter *b)*).

a) Vor dem Auffinden des unbekannten Erben begründetes Vertragsverhältnis

Hat der professionelle Erbenermittler in der Stellung des Nachlasspflegers den unbekannten Erben noch nicht gefunden, jedoch bereits aufwendige Ermittlungen angestellt, um diesen ausfindig zu machen, so ist zu problematisieren, ob er mit dem Erben noch vor dessen Auffinden einen entgeltlichen Vertrag wirksam schließen kann, der die Ermittlungstätigkeit des Erbenermittlers in Bezug auf den unbekannten Erben gegen Vergütung durch diesen zum Gegenstand hat. Diese Fallkonstellation erscheint deshalb möglich, weil der Erbenermittler als Nachlasspfleger aufgrund seiner Personenpflegschaft gesetzlicher Vertreter des unbekannten Erben ist.[318] Er hat die unbeschränkte Vertretungsmacht[319] und Verfügungsbefugnis (vgl. §§ 1960, 1915 Abs. 1 Satz 1, 1793 Abs. 1 Satz 1 BGB). Demnach kann er den Erben vertreten, berechtigen und verpflichten.[320] Schließt der Nachlasspfleger also im Namen des unbekannten Erben einen Vertrag, so wird der

314 S. dazu oben unter § 4 II. 1.

315 S. dazu oben unter § 4 II. 2. a).

316 S. dazu oben unter § 4 II. 2. c).

317 S. zu der Aufwandsentschädigung des Erbenermittler-Nachlasspflegers oben unter § 4 III.

318 S. dazu oben unter § 2 II. 4. a).

319 Hk-BGB/*Hoeren*, § 1960 Rn. 9; *Zimmermann*, ZEV 2014, 76, 79.

320 *Zimmermann*, S. 125.

Erbe grundsätzlich aufgrund dieses Vertragsverhältnisses unmittelbar berechtigt und verpflichtet (vgl. § 164 Abs. 1 Satz 1 BGB).

Diese Grundsätze könnten dem Erbenermittler in seiner Eigenschaft des Nachlasspflegers zu Gute kommen und es ihm ermöglichen, einen Vertrag mit dem unbekannten Erben mit dem Gegenstand der Erbenermittlungstätigkeit als solcher gegen Entgelt zu begründen, ohne den Erben vorher gefunden zu haben. Dabei könnte es sich um einen Geschäftsbesorgungsvertrag gem. § 675 BGB handeln. Es ergeben sich aber Bedenken, ob der Vertrag mit einem solchen Inhalt wirksam geschlossen und damit seine Rechtswirkungen entfalten kann.

aa) Insichgeschäft gem. § 181 BGB

Zweifel wirft zunächst die Tatsache auf, dass im vorliegenden Fall der Erbenermittler einerseits selbst als Vertragspartei auftritt und andererseits als gesetzlicher Vertreter des unbekannten Erben agiert. Es könnte daher ein Fall des gesetzlich verbotenen Insichgeschäfts gem. § 181 BGB vorliegen. Nach dieser Vorschrift kann ein Vertreter, soweit nicht ein anderes ihm gestattet ist, im Namen des Vertretenen mit sich im eigenen Namen oder als Vertreter eines Dritten ein Rechtsgeschäft nicht vornehmen, es sei denn, dass das Rechtsgeschäft ausschließlich in der Erfüllung einer Verbindlichkeit besteht. Liegt ein solches Geschäft vor, werden ihm rechtliche Wirkungen grundsätzlich versagt.[321] Schon in den Gesetzesmaterialien wird betont, dass ein solches Geschäft keine Wirkungen entfalten soll, wenngleich die (schwebende) Unwirksamkeit in § 181 BGB nicht expressis verbis angeordnet ist. Nach der Vorstellung des Gesetzgebers ist es „unzulässig, daß ein Vertreter im Namen des Vertretenen mit diesem ein Rechtsgeschäft vornimmt; Niemand kann Berechtigter und Verpflichteter in einer Person sein.“[322]

(1) Vertragsschluss mit sich selbst

Der Erbenermittler-Nachlasspfleger nimmt im Namen des vertretenen Erben mit sich im eigenen Namen ein Rechtsgeschäft vor. Dieses Geschäft besteht nicht in der Erfüllung einer Verbindlichkeit. Es soll vielmehr noch nicht gegebene Verpflichtungen begründen. Damit liegt darin ein Insichgeschäft in Form des Selbstkontrahierens[323] i.S.d. § 181 BGB.

321 Vgl. MünchKommBGB/*Schubert*, § 181 Rn. 56 f.

322 Motive, Bd. I, S. 225.

323 Zum Begriff s. *Schack*, BGB, Rn. 499; Staudinger/*Schilken*, § 181 Rn. 1, 10.

(2) Teleologische Reduktion

Für das Insichgeschäft gem. § 181 BGB sind in der Rechtsprechung und Literatur einige Ausnahmefälle entwickelt worden, bei denen trotz der Tatbestandsmäßigkeit des § 181 BGB das Rechtsgeschäft dennoch als wirksam gelten soll. Dies kann aus einer teleologischen Reduktion des Anwendungsbereichs des § 181 BGB resultieren.[324] Die Norm des § 181 BGB bezweckt nämlich in erster Linie die Vermeidung der Gefahr von Interessenkollisionen[325] und dient damit der Wahrung der Verkehrssicherheit.[326] Es kann aber sein, dass zwar ein Insichgeschäft im Sinne der Vorschrift gegeben ist, es aber an einer Interessenüberschneidung mangelt und die Verkehrssicherheit deshalb gar nicht gefährdet ist. Insbesondere liegt keine Interessenkollision vor, wenn der Vertretene durch das Insichgeschäft lediglich einen rechtlichen Vorteil erlangt.[327]

(a) Lediglich rechtlicher Vorteil

Schließt der Erbenermittler-Nachlasspfleger mit dem Erben im Wege der Vertretung einen entgeltlichen Vertrag mit dem Inhalt, dass der Erbe sich für die Ermittlungsbemühungen des Erbenermittlers zu einer Zahlung verpflichtet, bringt der Vertrag keinen lediglich rechtlichen Vorteil für den Erben mit sich. Durch ihn wird der Erbe zur Zahlung verpflichtet, was nicht einmal ein rechtlich neutrales Geschäft, sondern ein rechtlicher Nachteil für den Erben ist. Deshalb kann der Anwendungsbereich des § 181 BGB nicht aus diesem Grund teleologisch eingegrenzt werden.

(b) Interessenparallelität

Die teleologische Reduktion des § 181 BGB könnte indessen aus anderen Gründen geboten sein. Es könnte zwischen dem Erbenermittler und dem Erben im Ergebnis eine Interessenparallelität bestehen. Für eine Interessenkollision wäre damit kein Raum.

---

324 Staudinger/*Schilken*, § 181 Rn. 30.

325 *Flume*, S. 812; *Medicus/Petersen*, Rn. 112.

326 Staudinger/*Schilken*, § 181 Rn. 5.

327 H.M., BGHZ 59, 236, 240; 94, 232, 235; BGH NJW 1975, 1885, 1886; 1985, 2407 f.; 1989, 2542, 2543; BFH NJW 1981, 141, 142; BayObLGZ 1998, 139, 142; *Baetzgen*, RNotZ 2005, 193, 195 ff.; Bamberger/Roth/*Valentin*, § 181 Rn. 19; *Blomeyer*, AcP 172 (1972), 1, 11 ff.; *Giesen*, JR 1973, 62; *Gubitz*, ZEV 2006, 333, 336; *Medicus/Petersen*, Rn. 115; *Reuter*, JuS 1973, 184 f.; *Schubert*, WM 1978, 290, 291 f.; Staudinger/*Schilken*, § 181 Rn. 32; *Stürner*, JZ 1973, 286; dazu eingehend *Säcker/Klinkhammer*, JuS 1975, 626 ff.

Es ist zunächst daran zu denken, dass der Abschluss des Vertrages dem Erbenermittler-Nachlasspfleger eine Vergütung für die Ermittlung des Erben sichern soll und damit die Motivationsbasis für den Ermittler, den Erben zu suchen, darstellen kann. Dies könnte für den Erben die Chancen steigern, zumindest an die 70 % des ihm zustehenden Nachlasswertes zu gelangen, weil die Honorarhöhe des Ermittlers in der Regel 30 % des Erbennachlasses nicht übersteigt.[328] Diese Tatsache könnte für eine Interessenparallelität zwischen dem Ermittler und dem Erben sprechen. Allerdings ist der Erbenermittler-Nachlasspfleger aufgrund seiner Pflegerbestellung unter anderem zur Erbensuche verpflichtet.[329] Kommt er seinen Ermittlungsverpflichtungen nicht vollständig nach, kann er gegenüber dem Erben als seinem Pflegling einen Haftungsfall auslösen.[330] Deshalb wird der pflichtgemäß handelnde Erbenermittler als Nachlasspfleger in aller Regel nicht aufgrund des Abschlusses eines entgeltlichen Vertrages mit dem Erben ermittelnd tätig, sondern vielmehr wegen seiner ohnehin bestehenden Nachlasspflegerpflichten. Durch den Abschluss des Vertrages mit dem Ermittler tritt für den Erben aus diesem Grund keine Verbesserung ein. Es soll vielmehr lediglich sein Nachlassanteil um die Höhe der Zahlungsverpflichtung reduziert werden, ohne dass die Interessen des Erben in irgendeiner Weise gewahrt werden, wohingegen der Erbenermittler sich seine Vergütung sichert und damit in eine für ihn bessere Position eintritt. Eine Interessenparallelität besteht zwischen dem Ermittler und dem Erben folglich nicht. Ihre Interessen kollidieren vielmehr miteinander.

Es mangelt infolgedessen insgesamt nicht an einer Interessenkollision, die eine teleologische Reduktion des § 181 BGB rechtfertigen könnte. Denn vorliegend überschneiden sich die Interessen des Erbenermittlers an dem Erhalt einer Vergütung mit denjenigen des von ihm vertretenen Erben, verpflichtungsfrei zu bleiben und den Nachlass vollständig zu erhalten.

(c) Zwischenergebnis

Es liegt kein Ausnahmefall des § 181 BGB vor. Die Norm entfaltet mithin ihre Verbotswirkung auf den entgeltlichen Vertrag zwischen dem professionellen Erbenermittler in der Stellung des Nachlasspflegers und dem unbekannten Erben.

---

328 S. dazu oben unter § 7 I. 1. d) bb) (3).

329 Zu den Aufgaben der Nachlasspfleger s. oben unter § 2 II. 4. c).

330 S. dazu oben unter § 3 I. 2. b).

(3) Ergebnis

Als Folge werden dem Rechtsgeschäft zwischen dem Erbenermittler-Nachlasspfleger und dem Erben von der Vorschrift des § 181 BGB zwar rechtliche Wirkungen versagt.[331] Daraus folgt allerdings nicht unmittelbar eine endgültige Unwirksamkeit des Vertrages. Wie bei vollmachtloser Vertretung gem. § 177 Abs. 1 BGB treten die schwebende Unwirksamkeit und hiermit die Genehmigungsfähigkeit hinsichtlich der Insichgeschäfte i.S.d. § 181 BGB ein.[332] Dies gilt also auch für den hier maßgebenden entgeltlichen Vertrag zwischen dem Erbenermittler-Nachlasspfleger und dem Erben. Eine Genehmigung durch den Erben bleibt also möglich, es sei denn, die Vereinbarung ist bereits aufgrund anderer gesetzlicher Vorschriften insgesamt nichtig.

bb) Gesetzliches Verbot gem. § 134 BGB

Der entgeltliche Vertrag zwischen dem Erbenermittler als Nachlasspfleger und dem unbekannten Erben könnte aus anderen Gründen nicht nur schwebend, sondern von vornherein endgültig unwirksam sein. Das Rechtsgeschäft könnte aufgrund der Norm des § 134 BGB unheilbar[333] nichtig sein. Gem. § 134 BGB ist ein Rechtsgeschäft, das gegen ein gesetzliches Verbot verstößt, nichtig, wenn sich nicht aus dem Gesetz ein anderes ergibt. Ein gesetzliches Verbot im Sinne der Vorschrift kann in jedem Gesetz im formellen Sinn enthalten sein.[334] Jedoch nicht jedes Gesetz, das Rechtsgeschäfte beschränkt oder an bestimmte Voraussetzungen bindet, ist ein Verbotsgesetz im Sinne der Norm.[335] Ob dies der Fall ist, muss vielmehr durch Auslegung der fraglichen Vorschrift ermittelt werden. Dabei ist insbesondere der Sinn und Zweck des Gesetzes maßgebend, mit dem das Rechtsgeschäft kollidiert.[336]

Im vorliegenden Fall ist der Vertrag zwischen dem Erbenermittler in der Stellung des Nachlasspflegers und dem unbekannten Erben darauf gerichtet, dass der Ermittler für seine Ermittlungstätigkeit in Bezug auf den Erben von diesem

331 S. schon oben bei Fn. 321.

332 H.M., RGZ 56, 104, 107 f.; 119, 114, 116; BGHZ 21, 229; 30, 67, 71; 65, 123, 125; BGH NJW-RR 1994, 291, 292 f.; Bamberger/Roth/*Habermeier*, § 181 Rn. 29; Erman/*Maier-Reimer*, § 181 Rn. 32; Staudinger/*Schilken*, § 181 Rn. 45.

333 Vgl. BGHZ 62, 234, 241 f.; *Medicus*, Rn. 487 f.

334 MünchKommBGB/*Armbrüster*, § 134 Rn. 30.

335 MünchKommBGB/*Armbrüster*, § 134 Rn. 41.

336 BGHZ 93, 264, 267; 118, 142, 144; BGH NJW 1981, 399, 400; *Beater*, AcP 197 (1997), 505, 511 f.; MünchKommBGB/*Armbrüster*, § 134 Rn. 41; Staudinger/*Sack*/*Seibl*, § 134 Rn. 31.

vergütet wird. Da der Erbenermittler in dieser Fallkonstellation in seiner Eigenschaft als Nachlasspfleger auftritt, dessen Honorar sich grundsätzlich nach den Regelungen über die Vergütung der Nachlasspfleger richtet,[337] kollidiert der hier maßgebende Vertrag mit den Vorschriften der §§ 1915 Abs. 1 Satz 1, Satz 2, 1836 Abs. 1 und Abs. 2 BGB. Ob diese Kollision dazu führt, dass der Vertrag i.S.d. § 134 BGB nichtig ist, ist danach zu beurteilen, ob zumindest eine der o.g. Vorschriften eine solche entgeltliche Vertragsvereinbarung wie diejenige zwischen dem Erbenermittler-Nachlasspfleger und dem Erben verbietet. Dabei ist insbesondere auf deren Sinn und Zweck abzustellen.

(1) Verbotswirkung der Vergütungsregelung gem. §§ 1915 Abs. 1 Satz 1, 1836 Abs. 1 Satz 1 BGB

Eine der o.g. Vergütungsvorschriften in Bezug auf die Honorargestaltung der Nachlasspfleger ist die Regelung der §§ 1915 Abs. 1 Satz 1, 1836 Abs. 1 Satz 1 BGB. Sie stellt klar, dass die Pflegschaft für den Fall unentgeltlich geführt wird, dass der Nachlass mittellos ist und die Berufsmäßigkeit des Nachlasspflegers nicht festgestellt wird – so, wie dies zumeist der Fall ist, wenn der Erbenermittler-Nachlasspfleger mit dem Erben einen entgeltlichen Vertrag abschließen will. Die Anwendbarkeit der Vorschrift auf die Fallkonstellation fehlender Berufsmäßigkeit in Kombination mit der Mittellosigkeit des Nachlasses folgt aus ihrer systematischen Stellung. Denn für alle anderen Fälle ist die Vergütung in §§ 1915 Abs. 1 Satz 1, Satz 2, 1836 Abs. 1 Satz 2 und Abs. 2 BGB gesondert geregelt.

Die Norm der §§ 1915 Abs. 1 Satz 1, 1836 Abs. 1 Satz 1 BGB steht an erster Stelle der gesamten Vergütungsregelungen und besagt, dass die Pflegschaft im Grundsatz unentgeltlich und damit ehrenamtlich geführt werden soll.[338] Sie ist vor allem an das Nachlassgericht für die Ausübung seiner Kompetenzen gerichtet und gibt ihm damit den Rahmen seiner Vorgehensweise vor. Denn der Nachlasspfleger hat einen Vergütungsanspruch – der sich gegen den Erben richtet – nur dann, wenn das Nachlassgericht ihm eine Vergütung bewilligt (vgl. §§ 1915 Abs. 1 Satz 1, 1836 Abs. 1 Satz 2 und Abs. 2 BGB). Die Norm der §§ 1915 Abs. 1 Satz 1, 1836 Abs. 1 Satz 1 BGB stellt aber klar, dass im Falle der fehlenden Berufsmäßigkeit bei einem mittellosen Nachlass keine Vergütung vorgesehen ist und damit keine Vergütungsbewilligung durch das Nachlassgericht ergehen darf. Mit anderen Worten verbietet die Norm dem Nachlassgericht, eine Vergütung für diesen bestimmten Fall zu bewilligen und damit den Vergütungsanspruch des

337 S. dazu oben unter § 4 II.

338 Staudinger/*Coester*, § 1836 Rn. 10; *Wagenitz/Engers*, FamRZ 1998, 1273, 1274.

Nachlasspflegers gegen den Erben zu begründen. Insoweit stellt die Vorschrift der §§ 1915 Abs. 1 Satz 1, 1836 Abs. 1 Satz 1 BGB nach ihrem Sinn und Zweck also eine Verbotsnorm dar. Allerdings richtet sich ihre Verbotswirkung in erster Linie gegen das Vorgehen des Nachlassgerichts. Fraglich ist, ob sich diese Verbotswirkung auch auf das Vorgehen des Erbenermittler-Nachlasspflegers bezieht und damit für ihn eine Verbotsnorm darstellen kann.

(a) Verbotswirkung für Nachlasspfleger

Es ist festzustellen, ob die Norm der §§ 1915 Abs. 1 Satz 1, 1836 Abs. 1 Satz 1 BGB nach ihrem Sinn und Zweck ein gesetzliches Verbot in Bezug auf die Nachlasspfleger als allgemeine Regelung entfaltet.

Wenn ein Nachlasspfleger im Falle eines mittellosen Nachlasses ohne die Feststellung der Berufsmäßigkeit einen entgeltlichen Vertrag mit dem unbekannten Erben, für den er die Pflegschaft unter anderem in Form der anzustellenden Ermittlungen führt, abschließt, soll damit ein Zahlungsanspruch für die zur Pflegschaftsaufgabe gehörenden Dienste begründet werden. Damit wird genau die Rechtsfolge herbeigeführt, deren Auslösung bei Nachlasspflegschaften ausschließlich dem Kompetenzbereich des Nachlassgerichts obliegt. Denn mit der gerichtlichen Bewilligung des Vergütungsanspruchs des Nachlasspflegers (vgl. §§ 1915 Abs. 1 Satz 1, 1836 Abs. 1 Satz 2 und Abs. 2 BGB) entsteht dieser erst und richtet sich gegen den Erben.[339] Mit dem Abschluss des Vertrages will der Nachlasspfleger also genau die Rechtsfolge herbeiführen, die dem Nachlassgericht aufgrund der Norm der §§ 1915 Abs. 1 Satz 1, 1836 Abs. 1 Satz 1 BGB im Falle fehlender Berufsmäßigkeit des Nachlasspflegers bei einem mittellosen Nachlass strikt untersagt ist. Folglich umgeht er hiermit die Regelung der Norm und schafft damit exakt die Situation, welche die Vorschrift der §§ 1915 Abs. 1 Satz 1, 1836 Abs. 1 Satz 1 BGB gerade verhindern will. Aus diesem Grund verbietet die Norm nach ihrem Sinn und Zweck den Abschluss solcher entgeltlichen Verträge, die den Zahlungsanspruch des Nachlasspflegers bei einem mittellosen Nachlass ohne die Feststellung der Berufsmäßigkeit gegen den Erben für seine Pflegschaftstätigkeiten – die auch in der Erbenermittlung bestehen können – zum Gegenstand haben. Insofern erstreckt sich die Verbotsnorm auch auf das Vorgehen der Nachlasspfleger.

339 S. dazu oben unter § 4 II. 1.

(b) Folge der Verbotswirkung für den Erbenermittler-Nachlasspfleger

Aus alledem folgt, dass sich die Verbotsnorm auch gegen das Vorgehen solcher Nachlasspfleger richtet, die als professionelle Erbenermittler den unbekannten Erben suchen, wenn sie ohne die Feststellung der Berufsmäßigkeit und bei mittellosem Nachlass handeln. Schließt der Ermittler mit dem unbekannten Erben, für den er die Pflegschaft führt, einen entgeltlichen Vertrag mit dem Gegenstand, dass der Erbe zur Zahlung seiner Ermittlungstätigkeiten verpflichtet wird, so entspricht diese Fallkonstellation genau derjenigen, welche die Regelung der §§ 1915 Abs. 1 Satz 1, 1836 Abs. 1 Satz 1 BGB verhindern will und verbietet. Der Abschluss dieses Vertrages soll schließlich den Zahlungsanspruch des Erbenermittler-Nachlasspflegers gegen den Erben für seine eigentliche Pflegschaftstätigkeit, die Ermittlung dieses Erben, begründen, obwohl die Vorschrift der §§ 1915 Abs. 1 Satz 1, 1836 Abs. 1 Satz 1 BGB insoweit eine Unentgeltlichkeit vorsieht. Aus diesem Grund verstößt der entgeltliche Vertrag zwischen dem Erbenermittler-Nachlasspfleger und dem unbekannten Erben gegen die Verbotsnorm der §§ 1915 Abs. 1 Satz 1, 1836 Abs. 1 Satz 1 BGB.

(2) Verbotswirkung der Vergütungsnormen der §§ 1915 Abs. 1 Satz 1, Satz 2, 1836 Abs. 1 Satz 1 und Abs. 2 BGB im Ganzen

Außerdem umgehen solche Vereinbarungen die Summe der Vorschriften der §§ 1915 Abs. 1 Satz 1, Satz 2, 1836 Abs. 1 und Abs. 2 BGB, welche die Vergütung der Nachlasspfleger normieren. Denn sie dienen allesamt in erster Linie dem Interesse einer zuverlässigen Pflegschaftsführung als Amtsführung einerseits und dem Schutz des Pflegschaftsadressaten andererseits.[340] Um diese Interessen wahren zu können, muss ein einheitlicher Vergütungsmaßstab gelten, der nicht der Disposition der Beteiligten unterliegt: Der Anspruch auf Vergütung muss als gesetzlicher Anspruch der Führung eines öffentlichen Amtes entsprechen und nicht auf einem privaten Rechtsverhältnis, das die an ihm Beteiligten einvernehmlich regeln könnten, beruhen.[341] Eine andere Vorgehensweise, die den Zweck der Regelungen vereitelt, ist demnach untersagt. Dies gilt folglich für alle Verträge der Nachlasspfleger mit ihren Pfleglingen, die eine Vergütung für Pflegschaftstätigkeiten vertraglich vorsehen.

340 OLG Celle ZEV 2011, 647, m. Anm. *Rudolf*, ZEV 2011, 647 f.
341 OLG Celle ZEV 2011, 647, m. Anm. *Rudolf*, ZEV 2011, 647 f.

Der Abschluss eines entgeltlichen Vertrages zwischen dem Erbenermittler-Nachlasspfleger und dem Erben mit dem Gegenstand der Zahlungsverpflichtung des Erben für die Ermittlungstätigkeiten des Ermittlers ist ein aus der Disposition der Beteiligten entstandenes privates Rechtsverhältnis und damit nicht auf die Wahrung der durch die o.g. Vorschriften geschützten Interessen gerichtet. Auch insofern liegt infolgedessen ein Verstoß gegen gesetzliche Verbotsvorschriften vor.

(3) Zwischenergebnis

Der hier maßgebende entgeltliche Vertrag zwischen dem Erbenermittler in der Position des Nachlasspflegers und dem unbekannten Erben verstößt gegen gesetzliche Verbotsnormen und ist damit gem. § 134 BGB endgültig nichtig.

cc) Ergebnis

Die vertragliche Vereinbarung, welche die Vergütungsentrichtung durch den unbekannten Erben an den Erbenermittler in der Stellung des Nachlasspflegers für dessen Ermittlungsdienste zum Gegenstand hat und die vor dem Auffinden des Erben begründet wird, ist zum einen gem. § 181 BGB (schwebend) unwirksam und unterliegt zum anderen der Nichtigkeitswirkung des § 134 BGB. Es bleibt deshalb festzuhalten, dass der professionelle Erbenermittler als Nachlasspfleger insofern kein vertragliches Rechtsverhältnis mit dem von ihm gesuchten Erben vor dessen Auffinden wirksam begründen kann und damit aus dieser Rechtsgrundlage keine Vergütungsansprüche gegen diesen hat.

b) Nach dem Auffinden des unbekannten Erben begründetes Vertragsverhältnis

Findet der Erbenermittler-Nachlasspfleger den von ihm gesuchten Erben, ist gleichermaßen die Frage nach der Wirksamkeit eines Vertrages mit ihm aufgeworfen.

Es ist wahrscheinlich, dass der Erbenermittler in der Eigenschaft des Nachlasspflegers, wenn er den unbekannten Erben ausfindig macht, genauso agiert wie der Erbenermittler in seiner reinen Ermittlerposition. Das heißt, er tritt an den Erben heran, informiert ihn über den Bestand der Erbschaft und bietet ihm anschließend an, ihm die gesamten Erbschaftsinformationen gegen Entrichtung des Honorars preiszugeben. Der Vertragsgegenstand in dieser Fallkonstellation ist also – anders als bei Vertragschluss vor dem Auffinden des Erben – die Informationen über die Erbschaft und nicht die Ermittlungstätigkeit des Erbenermittlers als solche.[342]

Geht der Erbe eine Vertragsbeziehung mit dem Erbenermittler-Nachlasspfleger mit dem Gegenstand der Vorlage der Erbschaftsinformationen gegen Vergütungsentrichtung ein, wird zwischen ihnen ein Kaufvertrag gem. § 453 BGB begründet. Diese Fallkonstellation entspricht derjenigen in Bezug auf das Vertragsverhältnis des Erbenermittlers in seiner reinen Ermittlereigenschaft mit dem gefundenen Erben. Mithin kann an dieser Stelle auf die obigen Ausführungen zur rechtlichen Einordnung des Vertrages verwiesen werden.[343]

Das führt zu der Prüfung, ob ein solcher Vertrag zwischen dem Erbenermittler-Nachlasspfleger und dem gefundenen Erben wirksam geschlossen werden kann. Bedenken treten deshalb zu Tage, weil der Erbenermittler auch hier in seiner Position des Nachlasspflegers auftritt, dessen Vergütungsregulierung sich grundsätzlich nach den Vorschriften der §§ 1915 Abs. 1 Satz 1, Satz 2, 1836 Abs. 1 und Abs. 2 BGB richtet. Diese Normen regeln das Honorar des Nachlasspflegers jedoch nur für seine Dienste, die er im Rahmen seiner Pflegschaft ausübt. Es ist also fraglich, ob der hier maßgebende Kaufvertrag, der die Übermittlung der Erbschaftsinformationen zum Gegenstand hat, im Zusammenhang mit den Pflegschaftstätigkeiten des Erbenermittler-Nachlasspflegers steht. Ist dies nämlich der Fall, so kollidiert der Vertrag mit den Regelungen der §§ 1915 Abs. 1 Satz 1, Satz 2, 1836 Abs. 1 und Abs. 2 BGB und ist von ihrer Verbotswirkung erfasst. Denn die Vorschriften verbieten den Nachlasspflegern nach ihrem Sinn und Zweck jegliche entgeltliche Vereinbarungen für ihre Pflegschaftsdienste mit ihren Pfleglingen.[344]

---

342 Ein Vertrag, der die Ermittlungstätigkeit als solche gegen Vergütungsentrichtung durch den Erben zum Gegenstand hätte, wäre zum einen für den Erben, wie bereits oben erwähnt (s. dazu unter § 7 I. 1.), wenig interessant und damit fern liegend, weil die Ermittlung bereits abgeschlossen ist und dem Erben ohne die Informationen über die Erbschaft wenig bietet. Zum anderen hat sich gezeigt, dass eine solche Vereinbarung ohnehin gem. § 134 BGB unwirksam wäre. Das oben hierzu Ausgeführte gilt auch für den Fall, dass der Erbenermittler-Nachlasspfleger den Vertrag nicht durch die Vertretung des Erben abschließt, sondern mit dem Erben selbst: Insofern sind allein der Inhalt des Vertrages und seine Auswirkungen maßgebend. Denn auch hier würde es sich um einen entgeltlichen Vertrag handeln, der die Zahlungsverpflichtung des Erben für die Ermittlungsdienste des Erbenermittler-Nachlasspflegers zum Gegenstand hätte. Insoweit kann auf die bereits gewonnenen Erkenntnisse zur Nichtigkeit einer solchen Vereinbarung gem. § 134 BGB zurückgegriffen werden (s. dazu oben unter § 7 I. 2. a) bb)).

343 S. dazu oben unter § 7 I. 1. d) bb).

344 S. dazu oben unter § 7 I. 2. a) bb), § 7 I. 2. b).

Insbesondere untersagt dies die Vorschrift der §§ 1915 Abs. 1 Satz 1, 1836 Abs. 1 Satz 1 BGB für den Fall einer nicht berufsmäßigen Nachlasspflegschaft bei einem mittellosen Nachlass.[345] Trifft dies auf den hier relevanten Kaufvertrag i.S.d. § 453 BGB zu, so ist er gem. § 134 BGB unwirksam.

Zum Kompetenzkreis des Erbenermittler-Nachlasspflegers gehört, wenn er (auch) für die Erbenermittlung bestellt wird, die Ermittlung des Erben. Wie oben bereits festgestellt,[346] geht der Nachlasspfleger seiner dementsprechenden Pflegschaftsverpflichtung vollständig nach, wenn er alles Erforderliche und ihm Zumutbare macht, um den Erben zu finden. Er ist also nicht verpflichtet, diesen tatsächlich ausfindig zu machen. Führen allerdings die Recherchebemühungen zu dem vom Erbenermittler-Nachlasspfleger gesuchten Erben unmittelbar und wird dieser gefunden, so erschöpfen sich seine Kompetenz und Pflicht nicht allein darin, diese Erkenntnisse für sich selbst zu verwerten. Vielmehr ist er verpflichtet, den Erben zu kontaktieren und ihm die Erbschaftsinformationen preiszugeben.[347] Dies folgt aus dem aufgrund der Personenpflegschaft zwischen dem Erben und dem Erbenermittler-Nachlasspfleger bestehenden gesetzlichen Schuldverhältnis, aus dem der Ermittler zudem bei pflichtwidrigem Verhalten dem Erben gegenüber haftet (vgl. §§ 1915 Abs. 1 Satz 1, 1833 Abs. 1 Satz 1 BGB). Gibt er dem Erben nicht die Erbschaftsinformationen weiter, kann der Erbe möglicherweise nicht rechtzeitig die hinsichtlich seiner Erbschaftsstellung notwendigen Schritte unternehmen. Er bleibt für das Nachlassgericht und ggf. für seine Miterben in diesem Fall vorerst[348] weiterhin unbekannt. Daraus kann die Gefahr folgen, dass z.B. der Staat gem. § 1964 Abs. 1 BGB als Erbe festgestellt wird oder die Erbauseinandersetzung ohne den Erben stattfindet. Wenn es in der Macht des Erbenermittler-Nachlasspflegers steht, muss er als gesetzlicher Vertreter des

---

345 S. dazu oben unter § 7 I. 1. a) bb) (1).

346 S. dazu oben unter § 2 II. 4. c) bb).

347 Dies gilt auch in Bezug auf das Nachlassgericht: Der Nachlasspfleger ist verpflichtet, bei Auffinden des Erben dem Nachlassgericht einen Bericht darüber zu erstatten. Diese Pflicht geht aus der Norm der §§ 1915 Abs. 1 Satz 1, 1840 Abs. 1 Satz 1, Satz 2 BGB hervor, nach welcher der Nachlasspfleger dem Nachlassgericht mindestens einmal jährlich über die persönlichen Verhältnisse des Erben und über seine persönlichen Kontakte zu diesem zu berichten hat. In der Regel erfolgt die Berichterstattung bei einer Nachlasspflegschaft im Zeitabstand von drei bis sechs Monaten (Schulz/*Hamberger*, § 4 Rn. 10).

348 Bis der Erbenermittler-Nachlasspfleger dem Nachlassgericht seinen Bericht nach §§ 1915 Abs. 1 Satz 1, 1840 Abs. 1 Satz 1, Satz 2 BGB vorlegt. Da die Berichterstattung grundsätzlich im Zeitabstand von drei bis sechs Monaten (s. Fn. 347) erfolgt, kann zunächst eine Zeit vergehen, bis das Gericht von dem Auffinden des Erben erfährt.

Erben dies verhindern. Nur dann handelt er dem gefundenen Erben gegenüber pflichtgemäß.

Infolgedessen gehört die Übermittlung der Erbschaftsinformationen an den Erben zu den Pflegschaftsaufgaben des Erbenermittler-Nachlasspflegers, für die er nach den Vorschriften der §§ 1915 Abs. 1 Satz 1, Satz 2, 1836 Abs. 1 und Abs. 2 BGB ggf. vergütet wird. Schließt er mit dem Erben einen Kaufvertrag gem. § 453 BGB, der die Vorlage der Erbschaftsinformationen gegen Zahlung durch den Erben zum Gegenstand hat, handelt er diesen Regelungen zuwider. Denn er schließt dann mit dem Erben einen entgeltlichen Vertrag mit dem Gegenstand der Vergütungsentrichtung durch seinen Pflegling für seine Pflegschaftsdienste. Hinzu kommt die Zuwiderhandlung speziell gegen die Norm der §§ 1915 Abs. 1 Satz 1, 1836 Abs. 1 Satz 1 BGB, wenn der Erbenermittler-Nachlasspfleger nicht berufsmäßig für einen mittellosen Nachlass handelt. Da die genannten Regelungen allesamt für solche Handlungen der Nachlasspfleger Verbotsnormen darstellen,[349] verstößt der Erbenermittler als Nachlasspfleger gegen diese, sodass die Voraussetzungen des § 134 BGB erfüllt sind.

Der Kaufvertrag gem. § 453 BGB zwischen dem Erbenermittler-Nachlasspfleger und dem Erben, der die Vorlage der Erbschaftsinformationen gegen Vergütungsentrichtung zum Gegenstand hat, ist gem. § 134 BGB insgesamt unwirksam.

c) Ergebnis

Der professionelle Erbenermittler kann, wenn er die Position des Nachlasspflegers einnimmt, auf keine Weise ein wirksames entgeltliches Vertragsverhältnis mit dem Erben, für den er die Pflegschaft führt, begründen. Folglich kann der Erbenermittler-Nachlasspfleger keine Zahlung von dem gesuchten und ermittelten Erben aus Vertrag verlangen.

II. Gesetzliches Rechtsverhältnis

Kommt kein Vertrag zwischen dem professionellen Erbenermittler und dem unbekannten Erben zustande, drängt sich die Diskussion darüber auf, ob zwischen ihnen möglicherweise ein Rechtsverhältnis kraft Gesetzes besteht, aus dem sich etwaige Zahlungsansprüche des Ermittlers gegen den Erben ergeben könnten.

---

349 S. dazu oben unter § 7 I. 2. a) bb).

1. Gesetzliches Rechtsverhältnis des Erbenermittlers in seiner Ermittlereigenschaft

a) Vorvertragliches Schuldverhältnis gem. §§ 311 Abs. 2, 241 Abs. 2 BGB

Unabhängig davon, ob es zum Abschluss eines Vertrages zwischen dem Erbenermittler und dem gefundenen Erben kommt oder nicht, könnte zwischen ihnen jedenfalls ein gesetzlich normiertes vorvertragliches Rechtsverhältnis gem. § 311 Abs. 2 BGB mit Pflichten nach § 241 Abs. 2 BGB (culpa in contrahendo) begründet sein. Dieses geht allerdings nicht bereits auf die Zeit der Erbenermittlungstätigkeiten durch den Ermittler noch vor dem Auffinden des Erben zurück. Dafür fehlt es zu dieser Zeit noch an dem für die Begründung eines vorvertraglichen Rechtsverhältnisses typischerweise notwendigen sozialen Kontakts zwischen dem Ermittler und dem Erben. Vielmehr kann ein solches Verhältnis erst entstehen, wenn der Ermittler den Erben kontaktiert und ihm die Möglichkeit des Kaufvertragsabschlusses gem. § 453 BGB in Aussicht stellt. Insofern kommen zwei Arten eines vorvertraglichen Rechtsverhältnisses in Betracht, und zwar in Form von Vertragsverhandlungen (§ 311 Abs. 2 Ziff. 1 BGB; dazu unter *aa)*) und einer Vertragsanbahnung (§ 311 Abs. 2 Ziff. 2 BGB; dazu unter *bb)*).

aa) Aufnahme von Vertragsverhandlungen gem. § 311 Abs. 2 Ziff. 1 BGB

Bei der Aufnahme von Vertragsverhandlungen geht es um einen tatsächlichen Vorgang, der alle Formen rechtsgeschäftlicher Kontakte einschließlich bloßer Vorgespräche zu einem beabsichtigten Vertragsabschluss umfasst, bei denen es aber nicht notwendig bereits um die Abgabe von Willenserklärungen gehen muss.[350] Entscheidend ist dabei, dass sie Verhandlungen darstellen und damit auf einem zweiseitigen Vorgang basieren.[351]

Ein solches Stadium könnte der vorvertragliche Kontakt zwischen dem Erbenermittler und dem Erben beispielsweise dann erreichen, wenn beide Seiten über die Modalitäten des Kaufvertrages verhandeln, etwa über die Art der Vorlage der Erbschaftsinformationen (schriftlich, mündlich oder auf einem Datenträger) oder über die Höhe des Preises. Dies würde einen zweiseitigen Vorgang darstellen, da beide Seiten aktiv an den Verhandlungen teilnehmen würden.

Ferner müsste – wie es die o.g. Definition der Vertragsverhandlungen i.S.d. § 311 Abs. 2 Ziff. 1 BGB voraussetzt – sowohl der Erbenermittler als auch der

350 MünchKommBGB/*Emmerich*, § 311 Rn. 43.

351 Vgl. Bamberger/Roth/*Gehrlein*/*Sutschet*, § 311 Rn. 44 f.; Erman/*Kindl*, § 311 Rn. 20; MünchKommBGB/*Emmerich*, § 311 Rn. 43; Palandt/*Grüneberg*, § 311 Rn. 22.

gefundene Erbe im Rahmen der Verhandlungen den Abschluss des Vertrages beabsichtigen.

Wenn die oben genannten Kriterien für die Aufnahme von Vertragsverhandlungen i.S.d. § 311 Abs. 2 Ziff. 1 BGB erfüllt sind, wird zwischen dem Erbenermittler und dem Erben ein vorvertragliches Rechtsverhältnis im Sinne der Vorschrift begründet.

bb) Anbahnung eines Vertrages gem. § 311 Abs. 2 Ziff. 2 BGB

Sind der Erbenermittler und der Erbe im Rahmen ihrer Kontaktaufnahme indes noch nicht so weit, dass sie bereits die Einzelheiten des Vertrages besprechen, und ist die Absicht – in der Regel des Erben –, den Vertrag überhaupt abzuschließen, noch nicht entstanden oder ersichtlich, so könnte zwischen ihnen ein vorvertragliches Rechtsverhältnis in Form einer Vertragsanbahnung bestehen.

Die Vertragsanbahnung i.S.d. § 311 Abs. 2 Ziff. 2 BGB ist der Grundtatbestand der gesetzlichen Regelung des § 311 Abs. 2 BGB, der grundsätzlich weit auszulegen ist.[352] Sie liegt bereits bei der Aufnahme einer Verbindung im Hinblick auf einen möglichen Vertragsschluss vor.[353]

Wenn der Erbenermittler den gefundenen Erben kontaktiert und ihm anbietet, ihm die Erbschaftsinformationen gegen Entgelt vorzulegen, nimmt er mit dem Erben eine Verbindung auf, die auf den Abschluss eines Kaufvertrages gem. § 453 BGB gerichtet ist. Nur diese Motivation bewegt den Ermittler zur Kontaktaufnahme mit dem Erben. Dass der Erbe in diesem für ihn wahrscheinlich überraschenden Moment noch nicht in der Lage ist, eine Entscheidung über den Abschluss eines Vertrages zu treffen, ist für die Begründung einer Vertragsanbahnung i.S.d. § 311 Abs. 2 Ziff. 2 BGB irrelevant. Den Grundstein einer solchen legt der Erbenermittler bereits dann, wenn er den Erben zwecks Vertragsschlusses kontaktiert und ihm die Option des Vertragsschlusses eröffnet. So gibt er außerdem dem Erben, wie dies die Norm des § 311 Abs. 2 Ziff. 2 BGB ebenfalls voraussetzt, die Möglichkeit zur Einwirkung auf seine Rechte, Rechtsgüter und Interessen. Denn diese Folge ist in der Regel zwangsläufig mit der Anbahnung eines Vertrages verbunden.[354]

Dies ist auch der Regelfall, wenn der Erbenermittler den unbekannten Erben ausfindig macht. Er sucht diesen gerade zu dem Zweck, mit ihm einen entgeltlichen Vertrag abzuschließen, um für seine Ermittlungstätigkeiten vergütet

352 MünchKommBGB/*Emmerich*, § 311 Rn. 45.

353 Hk-BGB/*Schulze*, § 311 Rn. 12.

354 MünchKommBGB/*Emmerich*, § 311 Rn. 45.

zu werden. Wenn der Erbenermittler den Erben also findet, nimmt er immer Kontakt mit diesem auf, sodass zwischen ihnen in diesem Fall stets ein vorvertragliches Rechtsverhältnis i.S.d. § 311 Abs. 2 Ziff. 2 BGB in Form einer Vertragsanbahnung begründet wird.

cc) *Zahlungsanspruch des Erbenermittlers / Schadensersatz wegen Pflichtverletzung gem. §§ 280 Abs. 1, 241 Abs. 2, 311 Abs. 2 BGB*

Aus dem vorvertraglichen Rechtsverhältnis als solchem kann ein Zahlungsanspruch des Erbenermittlers nicht resultieren. Diese Rechtsfolge sieht das Gesetz nicht vor. Vielmehr kann ein solcher Anspruch gegen den Erben nur dann in Bezug auf das vorvertragliche Schuldverhältnis entstehen, wenn eine aus diesem Rechtsverhältnis resultierende Pflicht durch den Erben schuldhaft verletzt wird. Dann hat der Erbenermittler gegen diesen einen Schadensersatzanspruch gem. §§ 280 Abs. 1, 241 Abs. 2, 311 Abs. 2 BGB. Sind die Voraussetzungen der genannten Normen erfüllt, erhält der Erbenermittler zwar keinen Vergütungsanspruch gegen den Erben. Allerdings könnte er für seine Ermittlungstätigkeiten und Ausgaben, die er in diesem Zusammenhang hatte, entschädigt werden, sodass seine Recherchebemühungen nicht ganz umsonst verliefen. Gem. § 249 Abs. 1 BGB hat nämlich derjenige, der zum Schadensersatz verpflichtet ist, den Zustand herzustellen, der bestehen würde, wenn der zum Ersatz verpflichtende Umstand nicht eingetreten wäre.

(1) Pflichtverletzung

Damit ein Schadensersatzanspruch aus §§ 280 Abs. 1, 241 Abs. 2, 311 Abs. 2 BGB entsteht, bedarf es zunächst der Verletzung einer Pflicht – einer solchen i.S.d. § 241 Abs. 2 BGB – seitens des Erben. Ernstlich in Betracht kommt allein eine solche, wenn der Erbe den entgeltlichen Vertrag mit dem Erbenermittler letztendlich nicht abschließt. Darin könnte eine Pflichtverletzung in Form eines Abbruchs von Vertragsverhandlungen liegen. Ein Schadensersatzanspruch, der wegen des Abbruchs von Vertragsverhandlungen geltend gemacht wird, kommt aber erst dann in Betracht, wenn ein Verhandlungspartner bei der Gegenseite zurechenbar das aus deren Sicht berechtigte Vertrauen erweckt hat, der Vertrag werde mit Sicherheit zustande kommen, dann aber die Vertragsverhandlungen ohne triftigen Grund abbricht.[355]

355 St. Rspr., vgl. BGH WM 1962, 936, 937; 1977, 619, 620; NJW-RR 1989, 627; WM 1996, 738; NJW-RR 2001, 381, 382.

Damit man eine solche Pflichtverletzung des Erben bejahen kann, müssen also mehrere Umstände zusammentreffen. Zum einen muss es bereits zu Vertragsverhandlungen zwischen dem Erbenermittler und dem Erben gekommen sein – eine Vertragsanbahnung wäre dazu typischerweise nicht ausreichend. Des Weiteren muss der Erbe ein Vertrauen bei dem Erbenermittler erwecken, dass der Vertrag zustande kommt. Schließlich muss der Erbe die Vertragsverhandlungen ohne triftigen Grund abbrechen. Dass diese Momente alle gleichzeitig aufeinander treffen, dürfte eher ein Ausnahmefall sein und kann nicht ohne Betrachtung des Einzelfalls pauschal bejaht werden.

(2) Schaden

Abgesehen davon werden die Voraussetzungen eines Schadensersatzanspruchs gem. §§ 280 Abs. 1, 241 Abs. 2, 311 Abs. 2 BGB jedenfalls daran scheitern, dass es an dem von der Regelung vorausgesetzten Schaden in der vorliegenden Fallkonstellation mangelt. Denn der Erbenermittler verfolgt das Ziel, für seine Ermittlungsbemühungen entschädigt zu werden. Alle Aufwendungen, die er in Bezug auf die Ermittlung des Erben macht, tätigt er jedoch noch vor dem Entstehen des vorvertraglichen Rechtsverhältnisses mit dem Erben, also bevor der soziale Kontakt zu dem Erben überhaupt aufgebaut wird, und damit auf eigenes Risiko. Der insoweit entstandene Schaden des Erbenermittlers folgt nicht aus der Verletzung einer Pflicht seitens des Erben aus dem vorvertraglichen Schuldverhältnis mit diesem. Es fehlt jeglicher Bezug dazu, weil die Ermittlungen und alle Aufwendungen, die der Ermittler im Hinblick auf diese tätigt, bereits abgeschlossen sind, wenn er den Erben gefunden hat und diesen zum ersten Mal kontaktiert.

(3) Zwischenergebnis

Der Schadensersatzanspruch des Erbenermittlers gem. §§ 280 Abs. 1, 241 Abs. 2, 311 Abs. 2 BGB wird, wenn nicht mangels geeigneter Pflichtverletzung, so jedenfalls aufgrund fehlenden Schadens des Erbenermittlers zu verneinen sein. Auch aus dieser Anspruchsgrundlage steht dem Ermittler also in aller Regel kein Zahlungsanspruch gegen den Erben zu.

dd) Ergebnis

Zwischen dem Erbenermittler und dem Erben entsteht zwar in der Regel ein vorvertragliches Schuldverhältnis i.S.d. §§ 311 Abs. 2, 241 Abs. 2 BGB. Dieses bringt indessen grundsätzlich keine Zahlungsansprüche des Erbenermittlers gegen den Erben mit sich, die den Ermittler in irgendeiner Weise für seine Ermittlungstätigkeiten vergüten oder entschädigen würden.

b) *Billigkeitsanspruch gem. § 242 BGB*

Schließt der Erbe keinen Vertrag mit dem Erbenermittler, bleibt ihm dennoch die von dem Ermittler anfangs mitgeteilte Information über den Bestand der Erbschaft erhalten. Aufgrund dieser Erkenntnis kann der Erbe eigene Ermittlungen anstellen und auf diesem Wege bei erfolgreicher Suche an das Erbe gelangen. Es drängt sich die Problematik auf, ob darin ein derart treuwidriges Verhalten des Erben gesehen werden kann, dass dieses einen Billigkeitsanspruch des Erbenermittlers gegen den Erben auslöst. Immerhin lehnt der Erbe den Abschluss des Vertrages ab, verwertet die vom Ermittler erhaltene Information aber dennoch und kommt trotz Ablehnung des Vertragsschlusses in den Genuss der Erbschaft.

Dass die Parteien nach Treu und Glauben mit Rücksicht auf die Verkehrssitte handeln müssen, regelt die Vorschrift des § 242 BGB. Deshalb könnte ein Billigkeitsanspruch mangels speziellerer Vorschrift aus dieser Norm hergeleitet werden. Zwar ist sie ihrer Natur nach in erster Linie keine Rechtsnorm, unter deren Tatbestand ein Sachverhalt zu subsumieren ist und aus deren Rechtsfolgenausspruch ein Zahlungsanspruch resultiert.[356] Allerdings wirkt sie einerseits rechtsbegründend und dient insoweit der Neuschöpfung von Rechten und Pflichten, andererseits wirkt sie rechtsbegrenzend und korrigiert auf diese Weise sowohl den Willen der Parteien als auch das Gesetz,[357] sodass sie in Ausnahmefällen durchaus eine Anspruchsgrundlage darstellen kann, um ihrem Sinn und Zweck gerecht zu werden. Insoweit kann die Regelung des § 242 BGB als Schranke dazu dienen, dass ein mit Recht und Gerechtigkeit offensichtlich unvereinbares Ergebnis verhindert wird.[358] Denn sie ist in ihrem unmittelbaren Anwendungsbereich ein geeignetes Mittel zur Lösung vom Gesetzgeber nicht speziell berücksichtigter Interessenkollisionen und enthält eine Regel der Risikoverteilung.[359]

Wird die Vorschrift des § 242 BGB als Anspruchsgrundlage für die Begründung eines Billigkeitsanspruchs herangezogen, setzt sie als Tatbestandsmerkmal ein treuwidriges Verhalten einer Partei voraus, damit ein Anspruch entsteht.[360] Dies folgt daraus, dass die Norm ein Verhalten gemäß Treu und Glauben mit Rücksicht

356 MünchKommBGB/*Schubert*, § 242 Rn. 2; Palandt/*Grüneberg*, § 242 Rn. 2.

357 MünchKommBGB/*Schubert*, § 242 Rn. 2; vgl. auch *Fikentscher/Heinemann*, Rn. 201, 211.

358 Vgl. *Kossek*, S. 122 f.

359 *Rüßmann*, AcP 186 (1986), 291, 295; Staudinger/*Looschelders/Olzen*, § 242 Rn. 206; vgl. auch *Fikentscher/Heinemann*, Rn. 213.

360 Vgl. *Kossek*, S. 122 f.

auf die Verkehrssitte vorschreibt. Nur wenn eine Partei entgegen diesem Grundsatz handelt, ist für ein Ausgleichsbedürfnis und damit einen Billigkeitsanspruch Raum.

Ein treuwidriges Verhalten und damit eine unzulässige Rechtsausübung können unter anderem dann vorliegen, wenn eine Partei sich in Widerspruch zu ihrem früheren Verhalten setzt (venire contra factum proprium).[361] Dies könnte auf die hier maßgebende Konstellation zutreffen, weil der Erbe einerseits keine vertragliche Verbindung, die die Vorlage der Erbschaftsinformationen gegen Honorar zum Gegenstand hat, mit dem Erbenermittler eingeht und dann andererseits aufgrund der vom Ermittler mitgeteilten Information über den Bestand der Erbschaft durch eigene Recherchen trotzdem an das Erbe gelangt. Entscheidend ist, ob dieses Verhalten als treuwidrig qualifiziert werden kann.

Das Verhalten ist nur dann widersprüchlich und treuwidrig, wenn ein schutzwürdiges Vertrauen auf eine bestimme Sach- oder Rechtslage bei der Gegenpartei hervorgerufen wurde.[362] Der vertrauensbegründende Tatbestand kann dabei in einem aktiven Handeln oder auch in einem Unterlassen liegen.[363] Hier kommt das Hervorrufen eines berechtigten Vertrauens durch den Erben bei dem Erbenermittler, dass der Vertrag mit Sicherheit zustande kommen wird, in Betracht. Eine solche Situation dürfte indes in den seltensten Fällen vorliegen. Denn in aller Regel erhält der Erbe zunächst die ihm ungefragt mitgeteilte Information über den Bestand der Erbschaft und entscheidet dann, ob er den Vertrag abschließt und weitere Erbschaftsinformationen erhält oder nicht.[364] Damit übt er seine Privatautonomie aus und gibt dem Erbenermittler bei Ablehnung des Vertragsangebots zu erkennen, dass er am Abschluss des Vertrages nicht interessiert ist. Für einen Vertrauenstatbestand im Hinblick auf den Vertragsabschluss ist damit kein Raum.[365] Recherchiert der Erbe dann auf eigene Faust und kommt er letztendlich in den Genuss der Erbschaft, liegt darin infolgedessen kein treuwidriges Handeln. Dies gilt auch, wenn man bedenkt, dass der Erbe erst aufgrund der Information des Ermittlers über den Bestand der Erbschaft ermittelnd tätig wird. Denn diese

---

361 Soergel/*Teichmann*, § 242 Rn. 312; Staudinger/*Looschelders/Olzen*, § 242 Rn. 284; *Wolf*, AcP 153 (1954), 97, 135 f.

362 BGH NJW 2009, 435; OLG Köln NJW-RR 1998, 343, 344; Bamberger/Roth/*Sutschet*, § 242 Rn. 110; Erman/*Böttcher/Hohloch*, § 242 Rn. 106; *Fikentscher/Heinemann*, Rn. 202; *Hohmann*, JA 1982, 112, 114; *Singer*, NZA 1998, 1309, 1311; Staudinger/*Looschelders/Olzen*, § 242 Rn. 290; s. auch *Teichmann*, JA 1985, 497, 500 f.

363 Soergel/*Teichmann*, § 242 Rn. 317 ff.; Staudinger/*Looschelders/Olzen*, § 242 Rn. 290; *Teichmann*, JA 1985, 497, 501.

364 *Kossek*, S. 124.

365 So auch BGH NJW 2000, 72; *Kossek*, S. 124; *Reitz*, S. 34; *Späth*. S. 201.

Erkenntnis teilt der Ermittler dem Erben ungefragt mit und geht damit bewusst das Risiko ein, dass der Erbe danach bei Ablehnung des Vertragsangebots weiter recherchiert.[366] Realisiert sich dieses Risiko, kann dem Erben kein widersprüchliches und treuwidriges Verhalten zur Last gelegt werden.[367]

Der Erbenermittler hat folglich keinen Billigkeitsanspruch gem. § 242 BGB gegen den Erben.

c) Geschäftsführung ohne Auftrag gem. §§ 677 ff. BGB

Ferner bleibt zu prüfen, ob der Erbenermittler derart mit dem in Deutschland lebenden Erben rechtlich verbunden ist, dass auf ihr außervertragliches Verhältnis die Vorschriften über die Geschäftsführung ohne Auftrag gem. §§ 677 ff. BGB Anwendung finden. Wäre das der Fall, könnten Ansprüche aus §§ 677, 683 Satz 1, 670 BGB (berechtigte Geschäftsführung ohne Auftrag) oder aus §§ 687 Abs. 2 Satz 2, 684 Satz 1 BGB (angemaßte Eigengeschäftsführung) bestehen. Charakteristisch für das Berufsbild der professionellen Erbenermittlung ist die Beantwortung dieser Frage durch die Rechtsprechung. Deshalb soll die Entwicklung der Judikatur zu dieser Problemstellung im Folgenden detailliert vorgeführt werden.

aa) Entwicklung und heutiger Stand der Rechtsprechung

Am meisten Aufmerksamkeit hat die Entscheidung des III. Zivilsenats des BGH vom 23. September 1999[368] erfahren, durch die das Gericht dem Erbenermittler sämtliche Ansprüche aus der Geschäftsführung ohne Auftrag gegen den von ihm gefundenen Erben unter Hinweis auf die „aus den Grundsätzen des bürgerlichen Rechts folgende Risikoverteilung“[369] versagt hat. Anders als teilweise dargestellt,[370] erschöpft sich die Rechtsprechung zu den Ansprüchen des professionellen Erbenermittlers aus der Geschäftsführung ohne Auftrag indessen nicht in diesem Urteil. Betrachtet man vielmehr die vorangegangene Entwicklung der Judikatur, so lässt sich aus ihr die obige Entscheidung erklären.

366 *Späth*, S. 201.
367 *Späth*, S. 201.
368 BGH NJW 2000, 72.
369 BGH NJW 2000, 72, 73.
370 Vgl. *Reitz*, S. 60 ff.; *Späth*, S. 281.

Bereits knapp zehn Jahre zuvor hat die Frage den BGH beschäftigt.[371] Der auch damals zuständige III. Zivilsenat ließ es unbeantwortet dahinstehen, ob die Erbenermittlung ein ausschließlich fremdes oder ein sog. auch-fremdes Geschäft ist. Legt man die ständige Rechtsprechung zu Grunde, so wird der Fremdgeschäftsführungswille in beiden Fällen vermutet.[372] Diese Vermutung sah der BGH im konkreten Fall als widerlegt an. Die Entscheidung basiert auf einer Würdigung des konkreten Sachverhalts. Aus dem Beschluss des BGH lässt sich deshalb nicht entnehmen, dass es in allen Fällen der Erbenermittlung stets an dem Fremdgeschäftsführungswillen fehlen soll. Vielmehr ist die Entscheidung so zu verstehen, dass dies eine Frage des Einzelfalls ist. Gleiches gilt für den Anspruch gem. §§ 687 Abs. 2 Satz 2, 684 Satz 1 BGB. Dieser scheiterte im zu entscheidenden Fall daran, dass der Erbe von seiner Wahlmöglichkeit aus § 687 Abs. 2 Satz 1 BGB keinen Gebrauch gemacht hatte.

In der Instanzrechtsprechung ist die Entscheidung wohl deswegen auch nicht wahrgenommen worden. So entschied das OLG Frankfurt,[373] dass es sich bei der Erbenermittlungstätigkeit um kein fremdes, sondern vielmehr um ein eigenes Geschäft der Erbenermittler handele, weil sie im konkreten Fall die Tätigkeit aufgenommen hätten, um eine Vergütungsvereinbarung zu treffen. Die Tätigkeit gehöre nach dem äußeren Erscheinungsbild zu ihrem beruflichen Wirkungskreis. Ganz anders entschied nur wenige Monate später das OLG Celle.[374] Es stellte ohne ausführliche Begründung fest, es handele sich bei der Erbenermittlung um die Besorgung eines auch-fremden Geschäfts. Dem Erbenermittler stünden deshalb aus dem Aufwendungsersatzanspruch 20 % des Nachlasswertes als Vergütung zu. Zu dem Fremdgeschäftsführungswillen enthalten die Entscheidungsgründe nichts. Keine dieser beiden Entscheidungen setzt sich mit dem Beschluss des BGH auseinander.

Für die Praxis war diese Situation ungünstig, weil keine Klarheit darüber bestand, ob der professionelle Erbenermittler auch ohne Vergütungsvereinbarung zu honorieren war. Vielmehr wurde die Rechtslage nach der oberlandesgerichtlichen Rechtsprechung als uneinheitlich angesehen und der BGH stellte für die Prüfung des Fremdgeschäftsführungswillens auf den jeweiligen Einzelfall ab.

Klarheit wurde dann durch das bereits zitierte Urteil des BGH vom 23. September 1999[375] geschaffen. Das Gericht stellte klar, dass es nach seiner zuvor vertretenen

---

371 BGH, Beschl. v. 26.4.1990 – III ZR 294/88, juris.

372 BGHZ 65, 354, 357; 70, 389, 396; 98, 235, 240.

373 OLG Frankfurt, Beschl. v. 11.9.1997 – 13 W 38/98, juris.

374 OLG Celle ZEV 1999, 449.

375 BGH NJW 2000, 72.

Auffassung stets darum gehe, ob die tatsächliche Vermutung für einen Fremdgeschäftsführungswillen im Streitfall widerlegt sei. Daran werde nun nicht mehr festgehalten. Vielmehr seien die Vorschriften über die Geschäftsführung ohne Auftrag nach der Risikozuordnung des Privatrechts von vornherein unanwendbar. Dem liegt der Gedanke zu Grunde, dass es sich bei der Erbenermittlung um die Vorbereitung und Anbahnung eines Vertrages handelt. Eigene Aufwendungen im Vorfeld eines Vertragsschlusses bleiben aber – so der BGH – unvergütet, wenn es nicht zum Vertragsschluss kommt.[376] Jede Seite trage das Risiko eines Scheiterns von Vertragsverhandlungen selbst. Die Anerkennung von Aufwendungsersatzansprüchen würde zu einem Unterlaufen dieser in der Privatautonomie begründeten Risikoverteilung führen. Auch Ansprüche aus angemaßter Eigengeschäftsführung lehnte der BGH mit der gleichen Begründung ab. Zudem sei § 684 Abs. 2 BGB auf auch-fremde Geschäfte nicht anwendbar.

Damit war der erste Schritt in Richtung einer ständigen Rechtsprechung getan. Wenig später schloss sich der I. Zivilsenat des BGH in einem obiter dictum dieser Auffassung an,[377] sodass auch spruchkörperübergreifend Einvernehmen hergestellt wurde. Das Gericht hat seine Meinung dann in den Jahren 2006[378] und 2014[379] erneut bestätigt. Für die Praxis ist die Rechtsfrage damit entschieden: Dem Erbenermittler stehen keinerlei Ansprüche aus Geschäftsführung ohne Auftrag gegen den gefundenen Erben zu. Die Vorschriften der §§ 677 ff. BGB finden keine Anwendung auf das außervertragliche Verhältnis zwischen dem Erbenermittler und dem von ihm gefundenen Erben.

bb) Akzeptanz der höchstrichterlichen Rechtsprechung in der Praxis

Im Schrifttum ist das Urteil des BGH vom 23. September 1999 insbesondere wegen seiner dogmatischen Begründung überwiegend auf Kritik gestoßen.[380] Abgesehen davon wird behauptet, es handele sich angesichts der Folgen dieser Rechtsprechung für die Erbenermittler um ein regelrechtes „Dilemma".[381] Denn wenn die Erbenermittler nach geleisteter Arbeit an einen „lachenden Erben" herantreten würden, sei dessen Bereitschaft, nachträglich ein angemessenes Honorar

376 BGH NJW 2000, 72, 73.

377 BGH BB 2003, 1751, 1753.

378 BGH NJW-RR 2006, 656.

379 BGH, Beschl. v. 18.6.2014 – III ZR 537/13, juris.

380 *Dornis*, JZ 2013, 592 ff., *Ehmann*, LM § 677 BGB Nr. 40; *Falk*, JuS 2003, 833, 838; *Hau*, NJW 2001, 2864 ff.; *Kossek*, S. 158 ff.; *Reitz*, S. 60 ff., 79 ff.; *Schulze*, JZ 2000, 523 ff.

381 *Dornis*, JZ 2013, 592, 598; *Falk*, JuS 2003, 833, 838.

zu zahlen, verständlicherweise sehr gering.[382] Diese Einschätzung erweist sich aber in der Praxis als nicht zutreffend; vielmehr ist das Gegenteil der Fall. Denn der Erbe wird in der Regel zunächst von dem Erbenermittler nur darüber in Kenntnis gesetzt, dass er überhaupt Erbe geworden ist. Er hat normalerweise ein großes Interesse daran, die Erbschaftseinzelheiten zu erfahren, um den Nachlass zu erhalten. Außerdem befindet er sich insoweit in einer psychologischen Zwangssituation.[383] Ihm wird nämlich bewusst, dass er eine ihm überraschend bekannt gewordene Erbschaft und den damit verbundenen Vermögenszuwachs nur dann erhalten kann, wenn er dem Honorarvereinbarungsvorschlag des Erbenermittlers zustimmt.[384] Denn in der Regel wird der Erbe selbst über keine genealogischen Fertigkeiten verfügen und ausschließlich mit der Kenntnis von dem Bestand der Erbschaft nicht in der Lage sein, an die Erbschaft selbst zu gelangen. Dies folgt daraus, dass es grundsätzlich nicht um einfache und überschaubare Familienverhältnisse gehen wird. In diesen Fällen wäre nämlich bereits das Nachlassgericht oder der Nachlasspfleger an den Erben herangetreten. Zu dem Kontakt mit einem professionellen Erbenermittler wäre es erst gar nicht gekommen. Denn der Ermittler wird erst tätig, wenn seine besonderen genealogischen Kompetenzen gefragt sind.[385] Aus diesem Grund ist der Erbe in der Praxis fast immer bereit, den Erbenermittler zu vergüten.[386] Dies ist zugleich der Grund dafür, dass die Praxis der Erbenermittler die Rechtsprechung des BGH akzeptiert hat und sie als gegeben annimmt. Es gehört nach dem Selbstverständnis seriöser Erbenermittler zum Berufsbild, dass eine Vergütung durch den Erben nicht erfolgt, wenn es mit diesem nicht zum Vertragsschluss kommt. Dabei handelt es sich um ein wohl jedem Erbenermittler bekanntes Berufsrisiko. So wird dem Namensgeber eines großen deutschen Erbenermittlerbüros *Henning Schröder* das Zitat zugeschrieben: „Geizhälse sind mein Risiko, ich weiß“[387]. Auf das (geringe) Risiko,

382 *Falk*, JuS 2003, 833, 838.

383 *Forkert*, ZEV 2012, 414, 415.

384 *Forkert*, ZEV 2012, 414, 415.

385 Der Erbenermittler wird beispielsweise durch den Nachlasspfleger (s. dazu oben unter § 3 I. 2.) oder die Miterben des unbekannten Erben (s. dazu oben unter § 3 II.) nach ihren eigenen gescheiterten Ermittlungen kontaktiert oder er wird aus eigener Initiative tätig (s. dazu oben unter § 3 III.), wenn z.B. eine öffentliche Aufforderung zur Anmeldung der Erbrechte gem. § 1965 Abs. 1 Satz 1 BGB erfolgt, aus der sinngemäß hervorgeht, dass der unbekannte Erbe nicht ohne Weiteres gefunden werden kann.

386 Vgl. *Forkert*, ZEV 2012, 414, 415; *Schrep*, Der Spiegel, Nr. 46 vom 13. November 2006, S. 52, 54; *Willmann*, Aktiv vererben, S. 56 („90 Prozent der Fälle“).

387 Zitiert bei *Schrep*, Der Spiegel, Nr. 46 vom 13. November 2006, S. 52, 54.

dass vereinzelt ein Erbe nicht zur Vergütung bereit ist, hat sich die Praxis also ganz bewusst eingelassen.

cc) Ergebnis

Durch die Rechtsprechung des BGH ist nunmehr Rechtssicherheit geschaffen. Dies ist uneingeschränkt zu begrüßen. Sowohl der Erbenermittler in seiner Ermittlereigenschaft als auch der gefundene Erbe können sich, anders als noch vor dem Urteil des BGH vom 23. September 1999, darauf einstellen, dass die Vorschriften über die Geschäftsführung ohne Auftrag auf ihr Verhältnis keine Anwendung finden und damit insgesamt keine Vergütungsansprüche des Erbenermittlers begründen.

d) Bereicherungsrechtliches Verhältnis gem. §§ 812 ff. BGB

Schließlich besteht zwischen dem Erbenermittler in seiner Ermittlereigenschaft und dem Erben kein bereicherungsrechtliches Verhältnis i.S.d. §§ 812 ff. BGB, das bereicherungsrechtliche Ansprüche des Ermittlers gegen den Erben aus allgemeiner Leistungskondiktion gem. § 812 Abs. 1 Satz 1 Alt. 1 BGB oder aus einer Zweckverfehlungskondiktion gem. § 812 Abs. 1 Satz 2 Alt. 2 BGB nach sich ziehen könnte. Zwar kämen die gelieferten Informationen über den Bestand der Erbschaft (ohne die Erbschaftseinzelheiten) als ein tauglicher Bereicherungsgegenstand i.S.d. § 812 Abs. 1 BGB in Betracht, dessen Herausgabe sich nach § 818 Abs. 2 BGB richten würde. Jedoch hat der BGH dies gleichermaßen unter Hinweis auf die Risikoverteilung in der Privatrechtsordnung entschieden abgelehnt.[388]

Ferner lässt sich dieses Ergebnis für den Grundtatbestand des § 812 Abs. 1 Satz 1 Alt. 1 BGB mit der Vorschrift des § 814 BGB begründen.[389] Denn liefert der Erbenermittler die Informationen über den Bestand der Erbschaft in Kenntnis davon, dass er dazu nicht verpflichtet ist, so greift die Kondiktionssperre i.S.d. § 814 BGB ein. Eine Zweckverfehlungskondiktion gem. § 812 Abs. 1 Satz 2 Alt. 2 BGB liegt bereits mangels Tatbestandsvoraussetzungen nicht vor.[390] Die Erlangung der Gegenleistung als allein verfolgter Zweck ist für die Bejahung der Zweckverfehlungskondiktion nicht ausreichend. Insoweit bleibt es vielmehr bei dem Tatbestand der Leistungskondiktion gem. § 812 Abs. 1 Satz 1 Alt. 1 BGB.[391]

---

388 BGH NJW 2000, 72, 73.

389 Ebenso zutreffend *Schulze*, JZ 2000, 523, 524.

390 Vgl. erneut *Schulze*, JZ 2000, 523, 524.

391 *Wandt*, § 10 Rn. 57.

e) *Ergebnis*

Der Erbenermittler hat in seiner Ermittlereigenschaft keinerlei Zahlungsansprüche gegen den in Deutschland lebenden Erben aus einem außervertraglichen Verhältnis. Zwischen dem Ermittler und dem Erben besteht kein gesetzliches Schuldverhältnis. Schließt er keinen entgeltlichen Vertrag mit dem Erben, geht er demnach leer aus.

2. Gesetzliches Rechtsverhältnis des Erbenermittlers in der Position des Nachlasspflegers

a) *Aufgrund der Personenpflegschaft bestehendes Rechtsverhältnis*

Wie bereits gesehen, nimmt der Erbenermittler, wenn er zum Nachlasspfleger bestellt wird, aufgrund seiner Personenpflegschaft die Stellung des gesetzlichen Vertreters des unbekannten Erben ein (vgl. §§ 1960 Abs. 2, 1915 Abs. 1 Satz 1 BGB). Aufgrund dessen besteht zwischen ihm und dem Erben ein gesetzliches Rechtsverhältnis. Insofern wird an dieser Stelle zu den Einzelheiten der Rechtsstellung des Nachlasspflegers auf die obigen Ausführungen verwiesen.[392]

Die Vergütung des Erbenermittler-Nachlasspflegers und ihre Höhe richten sich in diesem Fall nach §§ 1915 Abs. 1 Satz 1, Satz 2, 1836 Abs. 1 und Abs. 2 BGB.[393] Der Ermittler hat einen Vergütungsanspruch gegen den Erben, wenn das Nachlassgericht ihm eine Vergütung bewilligt.

b) *Vorvertragliches Schuldverhältnis gem. §§ 311 Abs. 2, 241 Abs. 2 BGB*

Ein vorvertragliches Rechtsverhältnis i.S.d. §§ 311 Abs. 2, 241 Abs. 2 BGB kommt zwischen dem Erbenermittler-Nachlasspfleger und dem von ihm gefundenen Erben zwar ebenfalls in Betracht – ungeachtet dessen, dass im Falle des

392 S. dazu oben unter § 2 II. 4. a).
393 S. dazu oben unter § 4 II.

Zustandekommens eines Vertrages zwischen ihnen dieser unwirksam ist.[394] Allerdings bringt ein solches Rechtsverhältnis letztendlich auch in dieser Fallkonstellation aus den angeführten Gründen keine Zahlungsansprüche des Erbenermittlers gegen den Erben mit sich, die ihn für seine Ermittlungstätigkeiten vergüten oder entschädigen würden.[395]

c) Billigkeitsanspruch gem. § 242 BGB

Auch ein Billigkeitsanspruch gem. § 242 BGB steht dem Erbenermittler-Nachlasspfleger nicht zu, wenn der Erbe aufgrund der ihm mitgeteilten Information über den Bestand der Erbschaft an diese durch eigene Recherchen gelangt. Denn der Erbe schafft, wie bereits gesehen, keinen Vertrauenstatbestand, der ein widersprüchliches und treuwidriges Verhalten des Erben begründen würde.[396]

d) Geschäftsführung ohne Auftrag gem. §§ 677 ff. BGB

Die Vorschriften über die Geschäftsführung ohne Auftrag gem. §§ 677 ff. BGB kommen im Verhältnis des Erbenermittler-Nachlasspflegers zu dem Erben nicht zur Anwendung. Mit seiner gerichtlichen Bestellung aufgrund der Personenpflegschaft wird der Erbenermittler-Nachlasspfleger zu allen Tätigkeiten in Bezug auf die Erbenermittlung gesetzlich legitimiert. Denn sie liegen in seinem Kompetenzbereich. Davon wird die dementsprechende Berechtigung kraft Gesetzes (§§ 1915 Abs. 1 Satz 1, 1773 ff. BGB) abgeleitet, sodass sie nicht fehlt, wie die Vorschriften der §§ 677 ff. BGB es erfordern.

---

394 Ein vorvertragliches Rechtsverhältnis entsteht auch dann, wenn der abgeschlossene oder in Aussicht genommene Vertrag unwirksam ist (Staudinger/*Feldmann/Löwisch*, § 311 Rn. 96). Außerdem kommt das vorvertragliche Schuldverhältnis stets unabhängig davon zustande, ob es zum Vertragsschluss kommt oder nicht (*Larenz*, Schuldrecht, S. 109). Dies muss auch für den Fall der Nichtigkeit eines Vertrages gelten, wie dies etwa bei einem Verstoß gegen ein gesetzliches Verbot i.S.d. § 134 BGB der Fall ist. Denn die Nichtigkeit hindert schon ein wirksames Zustandekommen des Rechtsgeschäfts; das Rechtsgeschäft ist damit ex tunc unwirksam (*Medicus*, Rn. 487). Zur Unwirksamkeit des entgeltlichen Vertrages zwischen dem Erbenermittler-Nachlasspfleger und dem Erben s. oben unter § 7 I. 2.

395 Ein vorvertragliches Rechtsverhältnis mag im Ausnahmefall anzunehmen sein. Ein Anspruch des Erbenermittler-Nachlasspflegers aus §§ 280 Abs. 1, 241 Abs. 2, 311 Abs. 2 BGB scheitert ungeachtet dessen in jedem Fall an dem Fehlen eines Schadens i.S.d. § 280 Abs. 1 Satz 1 BGB (s. dazu oben unter § 7 II. 1. a) cc) (2)).

396 S. dazu oben unter § 7 II. 1. b).

e) Bereicherungsrechtliches Verhältnis gem. §§ 812 ff. BGB

Bereicherungsrechtliche Normen der §§ 812 ff. BGB sind im vorliegenden Fall nicht einschlägig. Dies folgt ebenfalls daraus, dass die Personenpflegschaft den Erbenermittler als Nachlasspfleger zur Erbenermittlung und allen Handlungen, die mit ihr im Zusammenhang stehen – damit auch die Lieferung der Informationen über den Bestand der Erbschaft –[397], legitimiert und verpflichtet. Hiermit besteht für diese Tätigkeiten ein Rechtsgrund, sodass die Voraussetzungen des Grundtatbestands des § 812 Abs. 1 BGB, der das Fehlen eines Rechtsgrundes vorsieht, nicht erfüllt sind.

III. Ergebnis

Der Erbenermittler kann sich in seiner Ermittlereigenschaft nur dann an den Erben zwecks Zahlungsentrichtung wenden, wenn er mit ihm einen entgeltlichen Vertrag in Form eines Kaufvertrages gem. § 453 BGB abschließt. Ist er zugleich Nachlasspfleger, so richtet sich seine Vergütung ausschließlich nach den Regelungen gem. §§ 1915 Abs. 1 Satz 1, Satz 2, 1836 Abs. 1 und Abs. 2 BGB. Er hat demnach nur einen Vergütungsanspruch gegen den Erben, wenn das Nachlassgericht ihm eine Vergütung bewilligt.

397 Ausführlich dazu, dass die Vorlage der gesamten Informationen über die Erbschaft zu den Pflegschaftsaufgaben des Erbenermittler-Nachlasspflegers gehört, s. oben unter § 7 I. 2. b).

§ 8 Der professionelle Erbenermittler und der unbekannte Erbe in Russland

Nicht immer führt die Recherche des professionellen Erbenermittlers zu einem Erben, der in Deutschland wohnt. Häufig erfolgt die Ermittlung grenzüberschreitend, insbesondere wenn es um einen Erbfall in einer über die deutschen Grenzen hinaus zersplitterten Familie geht. In diesem Fall muss der Erbenermittler seine Suche ausweiten und sich ins Ausland begeben. So geschieht es nicht selten, dass ihn seine Recherchen zu einem unbekannten Erben in der Russischen Föderation führen, weil der unbekannte Erbe dort seinen Lebensmittelpunkt hat. Wie einleitend bereits ausgeführt,[398] geht dies auf die geschichtlichen Hintergründe zwischen Deutschland und Russland zurück.

Auch für diesen Fall ist zu klären, wie die Vergütung bzw. andere Zahlungsansprüche des Erbenermittlers geregelt sind. Für die Beantwortung dieser Frage ist nicht nur maßgebend, wie die vertraglichen (dazu unter *III. 1.*) und gesetzlichen (dazu unter *III. 2.*) Rechtsverhältnisse des materiellen Rechts zwischen dem Erbenermittler und dem in Russland lebenden Erben einzuordnen sind. Vielmehr muss zunächst geklärt werden, welche Rechtsordnung anwendbar ist (dazu unter *II.*), bevor die materiellrechtliche Prüfung der einzelnen Rechtsverhältnisse erfolgen kann. Diese Problematik drängt sich deshalb auf, weil hier der deutsche professionelle Erbenermittler auf den in Russland lebenden Erben trifft, sodass sowohl das deutsche als auch das russische Recht Anwendung finden könnte. Die Lösung liefert das Kollisionsrecht. Die vorgeschaltete Frage danach, welches Kollisionsrecht ausschlaggebend ist, hängt unmittelbar mit der internationalen Zuständigkeit des im Streitfall angerufenen Gerichts zusammen. Das hat seinen Grund darin, dass aus der Sicht des Richters der Ausgangspunkt aller internationalprivatrechtlichen Überlegungen immer das Kollisionsrecht des Staates ist, dessen Gerichte den Rechtsstreit zu entscheiden haben.[399] Besteht also ein Gerichtsstand in Deutschland, greift der Richter des deutschen Gerichts auf das in Deutschland geltende Internationale Privatrecht zurück; sind Gerichte der Russischen Föderation international zuständig, wendet der russische Richter russische Kollisionsnormen an. Darum ist im Folgenden (sogleich unter *I.*) zunächst die internationale Zuständigkeit deutscher und russischer Gerichte für

398 S. dazu oben unter § 1 II.

399 Statt aller *Schack*, IZVR, Rn. 244.

die Klage des deutschen Erbenermittlers gegen den Erben, der in Russland ansässig ist, zu prüfen.

I. Internationale Zuständigkeit

1. Internationale Zuständigkeit deutscher Gerichte

a) Allgemeines

Wenn das europäische Unionsrecht keine Anwendung findet und auch keine Staatsverträge eingreifen, richtet sich die internationale Zuständigkeit nach den doppelfunktionalen[400] Vorschriften der Zivilprozessordnung über die örtliche Zuständigkeit.[401] Dies wird durch Art. 6 Abs. 1 EuGVO[402] bestätigt, wonach sich die Zuständigkeit grundsätzlich nach dem eigenen Recht eines jeden Mitgliedstaats richtet, wenn der Beklagte keinen Wohnsitz im Hoheitsgebiet eines Mitgliedstaats hat. In der vorliegend zu untersuchenden Konstellation hat der unbekannte Erbe seinen Lebensmittelpunkt in Russland. Die EuGVO findet also keine Anwendung.[403]

Allerdings könnte die sog. Europäische Erbrechtsverordnung[404] einschlägig sein. Sie ist am 17. August 2015 in Kraft getreten und enthält in ihrem Kapitel II Regelungen über die internationale Zuständigkeit für Entscheidungen in Erbsachen. Die Verordnung ist gem. Art. 1 Abs. 1 EuErbVO auf die Rechtsnachfolge

400 Vgl. etwa BGHZ 44, 46 f.; 134, 116, 117; Zöller/*Geimer*, IZPR Rn. 37; *Schack*, IZVR, Rn. 266.

401 S. nur Zöller/*Geimer*, IZPR Rn. 36f.

402 Verordnung (EU) Nr. 1215/2012 des Europäischen Parlaments und des Rates vom 12. Dezember 2012 über die gerichtliche Zuständigkeit und die Anerkennung und Vollstreckung von Entscheidungen in Zivil- und Handelssachen (Neufassung), ABl. Nr. L 351 S. 1. Die bis zum 10. Januar 2015 geltende Fassung der EuGVO (Verordnung (EG) Nr. 44/2001, ABl. Nr. L 12 S. 1) ist durch diese Verordnung aufgehoben worden (Art. 80).

403 Auf eine Gerichtsstandsvereinbarung, die Art. 6 Abs. 1 EuGVO als Durchbrechung dieses Grundsatzes nennt, wird sich der zahlungsunwillige Erbe nicht einlassen, zumal er dem Erbenermittler dadurch ausdrücklich die Möglichkeit eröffnen würde, ihn im Ausland zu verklagen.

404 Verordnung (EU) Nr. 650/2012 des Europäischen Parlaments und des Rates vom 4. Juli 2012 über die Zuständigkeit, das anzuwendende Recht, die Anerkennung und Vollstreckung von Entscheidungen und die Annahme und Vollstreckung öffentlicher Urkunden in Erbsachen sowie zur Einführung eines Europäischen Nachlasszeugnisses, Nr. L 201 S. 107 (im Folgenden EuErbVO). Zum Überblick über die dazu bereits zahlreich erschienene Literatur s. *Swane*, ErbR 2015, 191 ff.

von Todes wegen anzuwenden. Die Ansprüche des Erbenermittlers betreffen indessen nicht die Rechtsnachfolge von Todes wegen im Sinne des Übergangs von Vermögenswerten, Rechten und Pflichten von Todes wegen, wie sie Art. 3 Abs. 1 a) EuErbVO voraussetzt. Vielmehr stehen Ansprüche schuldrechtlicher Natur in Rede, die an die Tätigkeit des Erbenermittlers anknüpfen. Zwar findet die Tätigkeit ihren Ursprung stets in einem Erbfall, weil eine Erbenermittlung ohne den Tod einer Person nicht stattfindet. Jedoch sind von dem Anwendungsbereich der Verordnung erklärtermaßen alle Rechte ausgenommen, die auf andere Weise als durch Rechtsnachfolge von Todes wegen entstehen.[405] Zur Entstehung gelangt der Anspruch des Erbenermittlers nicht bereits durch den Erbfall und deshalb nicht durch Rechtsnachfolge von Todes wegen im Sinne der Verordnung. Ansprüche kommen erst dann in Betracht, wenn der Ermittler tätig wird.

Gegen die Eröffnung des Anwendungsbereichs spricht auch Art. 23 EuErbVO. Diese Vorschrift betrifft zwar nicht unmittelbar die internationale Zuständigkeit, sondern bestimmt als Qualifikationsnorm den Umfang des nach der Verordnung ermittelten Erbstatuts.[406] Zugleich ist sie aber als ergänzende Bestimmung über den sachlichen Anwendungsbereich der Verordnung zu verstehen.[407] In Art. 23 Abs. 2 EuErbVO ist aufgeführt, was vom Erbstatut insbesondere erfasst ist. Daraus lassen sich folglich Rückschlüsse auch auf den Anwendungsbereich der Verordnung ziehen. Die dort genannten Rechtsinstitute haben nichts mit der Entstehung von Ansprüchen eines Erbenermittlers zu tun. Selbst wenn man davon ausgeht, dass die materielle Erbberechtigung der ermittelten Person Auswirkungen auf die Entstehung des Anspruchs haben könnte, handelt es sich bei der Frage nach der Erbenstellung nur um eine erbrechtliche Vorfrage. Es sind aber ausschließlich solche Streitigkeiten der Europäischen Erbrechtsverordnung zuzuordnen, bei denen die erbrechtlichen Ansprüche nicht Vorfragen, sondern die Hauptfrage bilden.[408] Die Entscheidung des Gerichts, dessen internationale Zuständigkeit in Rede steht, ist also keine solche in Erbsachen. Aus diesen Gründen ist auch die EuErbVO an dieser Stelle nicht anwendbar.

Schließlich besteht auch kein Staatsvertrag über die gerichtliche Zuständigkeit zwischen der Bundesrepublik Deutschland und der Russischen Föderation. Maßgeblich sind folglich die Vorschriften der §§ 13 ff. ZPO.

405 Vgl. Erwägungsgründe Nr. 11, Nr. 14.

406 MünchKommBGB/*Dutta*, Art. 23 EuErbVO Rn. 1.

407 MünchKommBGB/*Dutta*, Art. 23 EuErbVO Rn. 1 f.; Palandt/*Thorn*, Art. 23 EuErbVO Rn. 1.

408 MünchKommBGB/*Dutta*, Art. 1 EuErbVO Rn. 4; *Seyfarth*, S. 247; in diese Richtung auch EuGH VersR 2009, 1512, 1515; OLG München AG 2012, 220.

b) *Besonderer Gerichtsstand der Erbschaft gem. § 27 ZPO*

Für bestimmte erbrechtliche Streitigkeiten begründet § 27 Abs. 1 ZPO einen Gerichtsstand dort, wo der Erblasser zur Zeit seines Todes den allgemeinen Gerichtsstand hatte. Damit knüpft die Norm die örtliche und internationale Zuständigkeit für Klagen mit einem bestimmten Gegenstand an den letzten Wohnsitz des Erblassers an. Der in Deutschland eintretende Erbfall, auf dem die Tätigkeit des Erbenermittlers beruht, könnte folglich eine inländische Zuständigkeit begründen. Allerdings sind Gegenstand solcher Rechtsstreitigkeiten i.S.d § 27 Abs. 1 ZPO nur solche Ansprüche und Rechtsverhältnisse, die durch den Erbfall als solchen entstanden sind.[409] Dies trifft auf die aus der Erbenermittlung möglicherweise entstandenen Ansprüche des Erbenermittlers gegen den Erben nicht zu. § 27 Abs. 1 ZPO ist deshalb nicht einschlägig.

c) *Erweiterter Gerichtsstand der Erbschaft gem. § 28 ZPO*

Gleiches gilt für die Vorschrift des § 28 ZPO. Denn auch diese Norm setzt einen unmittelbaren Zusammenhang mit dem Erbfall voraus, weil sie Nachlassverbindlichkeiten betrifft, die vom Erblasser selbst herrühren.[410] Auch handelt es sich bei einem etwaigen Anspruch des Erbenermittlers nicht um Nachlasserbenschulden, die von der Norm des § 28 ZPO gleichermaßen erfasst sind.[411] Denn er entsteht nicht unmittelbar anlässlich des Erbfalls, wie es für § 28 ZPO verlangt wird.[412]

d) *Besonderer Gerichtsstand der Vermögensbelegenheit gem. § 23 ZPO*

aa) *Erbfall und Vermögensbelegenheit*

Von erheblicher praktischer Bedeutung für Klagen gegen Ausländer[413] – und auch in der vorliegend maßgebenden Konstellation möglicherweise einschlägig – ist der besondere Gerichtsstand der Vermögensbelegenheit gem. § 23 ZPO. Die Norm eröffnet dem Kläger einen Gerichtsstand an dem Ort, an dem sich das Vermögen des Beklagten, der im Inland keinen Wohnsitz hat, befindet, und verfolgt

409 Zöller/*Vollkommer*, § 27 Rn. 3.
410 Zöller/*Vollkommer*, § 28 Rn. 2.
411 Vgl. MünchKommZPO/*Patzina*, § 28 Rn. 2.
412 MünchKommZPO/*Patzina*, § 28 Rn. 2.
413 *Schack*, ZZP 97 (1984), 46, 48, spricht von einem „Ausländerforum".

den Zweck einer erleichterten Rechtsverfolgung von Personen, die im Ausland wohnen.[414]

Der in Russland ansässige unbekannte Erbe ist als eine Person, die nicht in Deutschland wohnt, eine Person im Sinne der Vorschrift. Ein Teil des Vermögens des Erben wird demnach an dessen Wohnsitz – in Russland – belegen sein. Dieser Teil des Vermögens hilft dem Erbenermittler nicht weiter. Allerdings tritt der Erbe mit dem Erbfall in die Rechtsstellung des in Deutschland verstorbenen Erblassers ein. Dadurch wird er Eigentümer der Sachen, die dem Erblasser gehörten; auch ist er nunmehr Inhaber von Forderungen, die vor dem Erbfall dem Erblasser zustanden. Diese Vermögenspositionen werden sich in aller Regel am Wohnort des Erblassers befinden, mithin in Deutschland. Die Rechtsinhaberschaft an ihnen vermittelt dem Erben also inländisches Vermögen i.S.d. § 23 ZPO. Für Forderungen greift gem. § 23 Satz 2 ZPO zur Bestimmung des Belegenheitsortes die Fiktion, dass sie sich an dem Ort befinden, wo der Schuldner seinen Wohnsitz hat. Immer dann, wenn also der Erblasser (wie fast immer) ein Bankkonto bei einer Bank mit Hauptsitz in Deutschland hatte, und sei das Guthaben auch noch so gering,[415] greift folglich § 23 ZPO ein, weil der Erbe durch den Erbfall eine Forderung gegen die Bank erwirbt. Das Vermögen des vom Erbenermittler verklagten Erben wird sich deshalb in wohl fast jedem Fall in Deutschland befinden und dadurch die internationale Zuständigkeit deutscher Gerichte begründen.

bb) Hinreichender Inlandsbezug

Offen bleiben kann an dieser Stelle, ob die Vorschrift des § 23 ZPO ein ungeschriebenes Tatbestandsmerkmal enthält, wonach ein hinreichender Inlandsbezug bestehen muss.[416] Denn selbst wenn diese Voraussetzung entgegen dem Wortlaut des Gesetzes gefordert wird, so reicht es aus, dass der Kläger seinen Wohn-, Geschäftssitz oder seinen dauernden Aufenthalt in der Bundesrepublik Deutschland hat.[417]

---

414 BGHZ 94, 156, 157 ff.; 120, 334, 346; MünchKommZPO/*Patzina*, § 23 Rn. 1; Thomas/Putzo/*Hüßtege*, § 23 Rn. 1; Zöller/*Vollkommer*, § 23 Rn. 1.

415 *Schack*, IZVR, Rn. 370; im gleichen Sinne auch MünchKommZPO/*Patzina*, § 23 Rn. 16; Thomas/Putzo/*Hüßtege*, § 23 Rn. 6; einschränkend für geringwertige Gegenstände allerdings Zöller/*Vollkommer*, § 23 Rn. 7; ähnlich *Zeiss/Schreiber*, Rn. 81. Entscheidend ist indessen, dass das Bankkonto nicht debitorisch geführt wird, sondern überhaupt ein Guthaben aufweist (*Schack*, IPRax 1990, 19).

416 So BGHZ 115, 90; dagegen *Schack*, JZ 1992, 54 ff.; *ders*., IZVR, Rn. 368.

417 BGH NJW 1997, 324, 325; NJW 1997, 2885, 2886; MünchKommZPO/*Patzina*, § 23 Rn. 15; Zöller/*Vollkommer*, § 23 Rn. 13.

Die vorliegende Untersuchung ist inhaltlich auf eben diesen Fall beschränkt.[418] An dem Fehlen eines derartigen Inlandsbezugs scheitert mithin die internationale Zuständigkeit deutscher Gerichte nicht.

cc) Doppelrelevante Tatsache

Nicht ausschlaggebend ist für die internationale Zuständigkeit, ob der Beklagte materiellrechtlich wirklich Erbe geworden ist oder der Erbenermittler, möglicherweise ohne es zu wissen, nur einen Scheinerben gefunden hat. Da es sich bei der internationalen Zuständigkeit um eine Zulässigkeitsvoraussetzung der Klage handelt, ist die Erbenstellung eine sog. doppelrelevante Tatsache. Daraus folgt, dass im Rahmen der Zulässigkeitsprüfung das Gericht nur den Klägervortrag auf seine Schlüssigkeit prüft und die betreffende Tatsache als zutreffend unterstellt.[419] Die Verteidigung des Beklagten, er sei gar nicht Erbe, kann erst im Rahmen der Begründetheit erheblich werden.

dd) Erbrechtsstatut

Eine andere Frage ist allerdings diejenige, nach welchem Recht das Gericht, wenn es die vorgetragenen Tatsachen als richtig unterstellt, im Rahmen der Zulässigkeit darüber befindet, ob der Beklagte Erbe geworden ist. Insoweit könnte sich die Erbfolge entweder nach deutschem oder nach russischem Sachrecht richten. Dies betrifft das Erbrechtsstatut und folglich einen kollisionsrechtlichen Gegenstand. Bis zum 17. August 2015 war gem. Art. 25 EGBGB für die Rechtsnachfolge von Todes wegen das Recht des Staates berufen, dem der Erblasser zum Zeitpunkt seines Todes angehörte. Wie bereits ausgeführt, ist an jenem Tage die. Europäische Erbrechtsverordnung[420] in Kraft getreten. Seitdem unterliegt im Grundsatz nach der allgemeinen Kollisionsnorm des Art. 21 Abs. 1 EuErbVO die gesamte Rechtsnachfolge von Todes wegen dem Recht des Staates, in dem der Erblasser im Todeszeitpunkt seinen gewöhnlichen Aufenthalt hatte. Damit wird in dem hier maßgeblichen Fall, in dem der Erblasser in Deutschland stirbt, in aller Regel das deutsche Sachrecht anwendbar sein. Die Erbfolge richtet sich deshalb nach §§ 1922 ff. BGB. Trägt der Kläger Tatsachen vor einem deutschen Gericht vor, aus denen sich nach diesen Vorschriften die Erbenstellung des Beklagten ergibt, so eröffnet der Klägervortrag also den Gerichtsstand nach § 23 ZPO.

---

418 S. oben Fn. 2.

419 Allgemein dazu RGZ 29, 371, 372 ff.; MünchKommZPO/*Patzina*, § 12 Rn. 56; *Schack*, IZVR, Rn. 446.

420 S. oben Fn. 404.

ee) Ergebnis

Für die Klage des professionellen Erbenermittlers gegen den in Russland lebenden Erben sind in aller Regel deutsche Gerichte international zuständig. Die internationale Zuständigkeit in der Bundesrepublik Deutschland führt dazu, dass in einem Rechtsstreit vor einem deutschen Spruchkörper im Ausgangspunkt die in Deutschland geltenden Kollisionsnormen der internationalprivatrechtlichen Prüfung zu Grunde zu legen sind.

2. Internationale Zuständigkeit russischer Gerichte

In Russland hat die internationale Zuständigkeit eine explizite gesetzliche Regelung[421] erfahren. Die einschlägigen Vorschriften finden sich in den Art. 402 ff. ZPGB[422]. Gem. Art. 402 Abs. 2 ZPGB sind die Gerichte der Russischen Föderation für Rechtsstreitigkeiten international zuständig, wenn der Beklagte seinen Wohn- oder Geschäftssitz im Inland hat.[423] Ist der aufgefundene Erbe – wie in der vorliegend zu untersuchenden Konstellation – in Russland wohnhaft, erfüllt dies die Voraussetzungen der Vorschrift. Daraus resultiert die internationale Zuständigkeit auch russischer Gerichte. Verklagt also der Erbenermittler den Erben vor einem russischen Gericht, so beginnt der russische Richter seine internationalprivatrechtliche Prüfung mit den Kollisionsregeln der Russischen Föderation.

3. Berücksichtigung ausländischer Rechtshängigkeit

Aus der internationalen Zuständigkeit sowohl deutscher als auch russischer Gerichte ergibt sich die Folgefrage, ob der Erbenermittler den Erben mit Erfolg

---

421 Die im Folgenden in Bezug genommenen russischen Gesetzestexte sind in der Originalfassung und in deutscher Übersetzung im Anhang abgedruckt.

422 Zivilprozessgesetzbuch der Russischen Föderation vom 14. November 2002 Nr. 138-FZ (im Folgenden ZPGB), zuletzt geändert durch das Föderale Gesetz vom 30. Dezember 2015 Nr. 425-FZ „Über die Einführung von Änderungen in einzelne Gesetzgebungsakte der Russischen Föderation", abrufbar unter http://base.garant.ru/12128809/.

423 Aufgrund der Explizität der Norm werden ihre Tatbestandsvoraussetzungen im Rahmen der Bestimmung der internationalen Zuständigkeit russischer Gerichte soweit ersichtlich weder von der Rechtsprechung (vgl. Moskovskiy Oblastnoy Sud, Festst. v. 2.12.2015 Nr. 33-29706/2015, System Garant; Volgogradskiy Oblastnoy Sud, Festst. v. 18.11.2015 Nr. 33-13319/2015, System Garant; Odinzovskiy Gorodskoy Sud Moskovskoy Oblasti, Festst. v. 3.12.2015 Nr. 11-193/2015, System Garant) noch von der Literatur (vgl. *Gujev*, Kommentar zum ZPGB, Art. 402, Rn. 1; *Mochov*, Art. 402 Rn. 2; *Zhilina*, Art. 402 Rn. 1 Abs. 14 f.) problematisiert.

parallel in beiden Ländern verklagen kann oder ob dem der Einwand anderweitiger Rechtshängigkeit entgegensteht.

Gem. § 261 Abs. 3 Ziff. 1 ZPO kann die Streitsache während der Dauer der Rechtshängigkeit nicht anderweitig rechtshängig gemacht werden. Diese Vorschrift ist nicht auf Auslandsfälle zugeschnitten.[424] Gleichwohl wird die Einrede anderweitiger Rechtshängigkeit nach allgemeiner Auffassung auch dann zugelassen, wenn ein Prozess vor einem ausländischen Gericht geführt wird und die zu erwartende Entscheidung in Deutschland anerkannt würde. Damit hängt der Erfolg der Einrede ausländischer Rechtshängigkeit von einer Anerkennungsprognose ab.[425] Die Anerkennung russischer Gerichtsentscheidungen in Deutschland[426] richtet sich mangels Staatsvertrags nach der Vorschrift des § 328 Abs. 1 ZPO. Entscheidend ist insofern vor allem die Frage nach der Verbürgung der Gegenseitigkeit i.S.d. § 328 Abs. 1 Ziff. 5 ZPO.[427] Es kommt also aus deutscher Sicht darauf an, ob deutsche Gerichtsentscheidungen in Russland anerkannt werden. Ausreichend ist die Anerkennungsbereitschaft.[428] Ist diese zu bejahen, kann sich der Erbe mit Erfolg darauf berufen, dass in der Russischen Föderation bereits ein Rechtsstreit geführt wird. Die Klage in Deutschland wäre dann unzulässig.[429]

Die gerichtliche Praxis in Russland hat soweit ersichtlich noch keine deutschen Urteile anerkannt. Bekannt geworden sind vielmehr zwei Beschlüsse in Familiensachen, in denen das Oberste Gericht Russlands (Verchovniy Sud Rossijskoy Federazii) deutsche Gerichtsentscheidungen nicht berücksichtigt hat.[430] Auf der anderen Seite ist zu sehen, dass das Oberste Wirtschaftsgericht der Russischen Föderation (Visschiy Arbitrazhniy Sud Rossijskoy Federazii) immerhin die Anerkennung eines niederländischen Urteils durch die Vorinstanz[431] bestätigt hat.[432] Ob daraus auf eine anerkennungsfreundliche Tendenz geschlossen werden kann,[433] ist

---

424 *Kropholler*, S. 657.

425 RGZ 49, 340, 344; BGH RIW 1986, 218; NJW 2001, 524 f.; *Schack*, IZVR, Rn. 840.

426 Dazu umfassend *Gerasimchuk*, S. 8, 23, 135 ff., 157 ff.; vgl. ferner *Kopylov*, IPRax 2011, 195 ff.; *C. Schreiber*, Glagol pravosudija 2013, 7 ff., 11 ff. (zweisprachig).

427 Allgemein dazu *Kropholler*, S. 674 ff.; *Schack*, IZVR, Rn. 964 ff.

428 KG SchiedsVZ 2007, 100.

429 BGH NJW 1986, 2195; Thomas/Putzo/*Reichold*, § 261 Rn. 15.

430 Beschl. v. 3.11.2009 Nr. 5-G09-112; Beschl. v. 1.12.2009 Nr. 4-G09-27, zitiert bei *Kopylov*, IPRax 2011, 195, 197 Fn. 37; *C. Schreiber*, Glagol pravosudija 2013, 11, 14 Fn. 6.

431 Federalniy Arbitrazhniy Sud Moskovskogo Okruga, Beschl. v. 29.7.2009 Nr. KG-A41/6930-09, im Internet unter www.mpipriv.de/files/pdf3/2009_11_19_033.pdf.

432 Beschl. v. 7.12.2009 Nr. VAS 13688/09, IPRax 2011, 194.

433 So *C. Schreiber*, Glagol pravosudija 2013, 7, 10, 11, 14.

allerdings fraglich.[434] Der Beschluss betraf die Anerkennung keiner deutschen, sondern einer niederländischen Entscheidung. Die Ablehnung deutscher Entscheidungen hingegen ist mehrfach ausdrücklich ausgesprochen worden.[435]

Auch in Russland wird die Anerkennung von dem Erfordernis der Gegenseitigkeit abhängig gemacht.[436] Deutsche Rechtsprechung zur Anerkennung russischer Entscheidungen nach autonomem Recht ist nicht ersichtlich.[437] Die Problematik entspricht damit derjenigen in Deutschland.

So wünschenswert die Anerkennung von gerichtlichen Entscheidungen im deutsch-russischen Zivilrechtsverkehr auch sein mag[438] – die Praxis ist noch weit davon entfernt. Die derzeitigen politischen Spannungen mögen erahnen lassen, dass eine Annäherung in naher Zukunft nicht absehbar ist. Für den Erben bedeutet dies, dass die Verteidigung mit dem Einwand ausländischer Rechtshängigkeit mit Ungewissheit verbunden ist. Der Erbenermittler hingegen kann auf Erfolg hoffen, wenn er zwei Prozesse parallel führt – sicher ist auch dies allerdings nicht. Es bleibt allein abzuwarten, wie sich die Anerkennungspraxis in beiden Ländern entwickeln wird.

II. Kollisionsrechtliche Prüfung

1. Internationales Privatrecht bei Anrufung deutscher Gerichte

Bei Anrufung deutscher Gerichte werden die in Deutschland geltenden Kollisionsnormen der internationalprivatrechtlichen Prüfung zu Grunde gelegt. Die folgende Untersuchung richtet sich demnach zunächst nach diesen Vorschriften.

a) Anwendbares Recht bei Abschluss eines Vertrages

Findet der professionelle Erbenermittler den von ihm gesuchten Erben in Russland und schließt er mit ihm einen entgeltlichen Vertrag, der die Übermittlung der Erbschaftsinformationen gegen Zahlung durch den Erben zum Gegenstand

434 Ausdrücklich offen gelassen zuletzt durch LG Augsburg, Urt. v. 9.7.2013 – 81 O 3956/12, juris.

435 S. Fn. 430.

436 Verchovniy Sud RF, Festst. v. 7.6.2002 Nr. 5-G02-64; Visschiy Arbitrazhniy Sud RF, Beschl. v. 7.12.2009 Nr. VAS 13688/09, IPRax 2011, 194; *Gerasimchuk*, S. 135 ff., 160; *Nußberger*, S. 306 ff.; ferner *Steinbach*, S. 71 ff.

437 Vgl. allerdings LG Augsburg, Urt. v. 9.7.2013 – 81 O 3956/12, juris, zu § 31 Abs. 3 des Übereinkommens über den Beförderungsvertrag im internationalen Straßengüterverkehr (CMR).

438 Zu rechtspolitischen Erwägungen s. näher *Gerasimchuk*, S. 157 ff.

hat, stellt sich die Frage, nach welchem Recht die Einordnung des Vertrages zu erfolgen hat und sich dementsprechend die vertraglichen Rechtsfolgen richten, wenn der Erbenermittler den Erben vor einem deutschen Gericht auf Zahlung verklagt. Für Fälle mit Auslandsberührung muss zunächst das Vertragsstatut ermittelt werden. Dies ist das auf die vertraglichen Beziehungen der Parteien anzuwendende Sachrecht, das im Grundsatz das gesamte Vertragsverhältnis einschließlich des Zustandekommens, der Gültigkeit, des Inhalts der Ansprüche und deren Erlöschen beherrscht.[439]

aa) Europäisches Kollisionsrecht der vertraglichen Schuldverhältnisse

Vorbehaltlich besonderer staatsvertraglicher Normen, die zwischen Russland und Deutschland aber insoweit nicht bestehen, gelten für die Mitgliedstaaten der Europäischen Union[440] und damit für Deutschland die Vorschriften der Art. 1 ff. der Verordnung (EG) Nr. 593/2008 des Europäischen Parlaments und des Rates vom 17. Juni 2008 über das auf vertragliche Schuldverhältnisse anzuwendende Recht (Rom I-VO)[441]. Die Vorschriften der Rom I-VO sind unmittelbar und gem. Art. 2 Rom I-VO universell – also auch im Verhältnis zu Russland als Nichtmitgliedstaat – anzuwenden. Sie verdrängen das nationale Kollisionsrecht der Mitgliedstaaten.[442]

Unter dem nach der Rom I-VO anzuwendenden Recht eines Staates sind die in diesem Staat geltenden Rechtsnormen unter Ausschluss derjenigen des Internationalen Privatrechts zu verstehen, soweit in dieser Verordnung nichts anderes bestimmt ist (Art. 20 Rom I-VO). Dies bedeutet, dass die Verweisung grundsätzlich nicht die Kollisionsnormen dieser Rechtsordnungen umfasst.[443] Es sind nur die jeweils geltenden Sachvorschriften maßgebend.[444] Zwischen den Mitgliedstaaten, auf die die Rom I-VO anzuwenden ist, und den Drittstaaten wird insoweit nicht unterschieden.[445]

Es stellt sich vorab die Frage, ob die Prüfung, welches Recht in dem hier konkret vorliegenden Fall auf den Vertrag zwischen dem professionellen Erbenermittler und dem Erben anwendbar ist, nach den Vorschriften der Rom I-VO zu erfolgen hat. Dies ist der Fall, wenn der Anwendungsbereich der Verordnung eröffnet

---

439 MünchKommBGB/*Martiny*, Vorbemerkung zu Art. 1 Rom I-VO Rn. 8.
440 Ausgenommen Dänemark (Erwägungsgrund Nr. 46).
441 Im Folgenden Rom I-VO.
442 MünchKommBGB/*Martiny*, Vorbemerkung zu Art. 1 Rom I-VO Rn. 20; *Pfeiffer*, EuZW 2008, 622.
443 MünchKommBGB/*Martiny*, Art. 20 Rom I-VO Rn. 1.
444 MünchKommBGB/*Martiny*, Art. 20 Rom I-VO Rn. 3.
445 *Nehne*, S. 313 ff.

ist. Wann dieser eröffnet ist, regelt die Norm des Art. 1 Rom I-VO. Vorbehaltlich der hier nicht einschlägigen Bereichsausnahmen in Art. 1 Abs. 2 und Abs. 3 Rom I-VO gilt die Verordnung nach Art. 1 Abs. 1 Satz 1 Rom I-VO für vertragliche Schuldverhältnisse in Zivil- und Handelssachen, die eine Verbindung zum Recht verschiedener Staaten aufweisen.

(1) Schuldverhältnis in Zivil- und Handelssachen

Nach Art. 1 Abs. 1 Satz 1 Rom I-VO bestimmt die Verordnung das anwendbare Recht für Schuldverhältnisse auf dem Gebiet des Zivil- und Handelsrechts. Die Vorschriften der Rom II-VO[446] und diejenigen der EuGVO[447] beschränken ihren Anwendungsbereich ebenfalls auf Zivil- und Handelssachen. Da die drei Verordnungen gem. Erwägungsgrund Nr. 7 zur Rom I-VO im Einklang miteinander stehen sollen, kann für die Auslegung dieser Begriffe die Rechtsprechung des Europäischen Gerichtshofs zu Art. 1 Abs. 1 Satz 1 EuGVO herangezogen werden.[448] Danach kommt es nicht auf den materiellen Inhalt des Rechtsverhältnisses und auch nicht auf die Art der Gerichtsbarkeit an, sondern es ist vielmehr die inhaltliche Abgrenzung zum öffentlichen Recht entscheidend.[449] Es ist auf den Zusammenhang des Rechtsverhältnisses mit der Ausübung hoheitlicher Befugnisse abzustellen, nicht dagegen auf die Frage, ob eine Behörde oder öffentliche Stelle beteiligt ist.[450] Eine Ausübung hoheitlicher Befugnisse liegt vor, wenn eine öffentliche Stelle als Vertragspartei Rechte oder Befugnisse in Anspruch nehmen kann, die von denjenigen Privater abweichen.[451]

---

446 Verordnung (EG) Nr. 864/2007 des Europäischen Parlaments und des Rates vom 11. Juli 2007 über das auf außervertragliche Schuldverhältnisse anzuwendende Recht („Rom II"), ABl. Nr. L 199 S. 40, ber. 2012 Nr. L 310 S. 52.

447 Verordnung (EG) Nr. 44/2001 des Rates vom 22. Dezember 2000 über die gerichtliche Zuständigkeit und die Anerkennung und Vollstreckung von Entscheidungen in Zivil- und Handelssachen, ABl. 2001 Nr. L 12 S. 1, ber. Nr. L 307 S. 28 und 2010 Nr. L 328 S. 36.

448 Ferrari/Kieninger/Mankowski/*Kieninger*, Art. 1 Rom I-VO Rn. 3; vgl. Kropholler/v. Hein/*v. Hein*, Art. 1 EuGVO Rn. 2; Rauscher/*Mankowski*, Art. 1 Brüssel I-VO Rn. 2a.

449 Vgl. EuGH NJW 2012, 935; EuZW 2013, 503, 504; Ferrari/Kieninger/Mankowski/*Kieninger*, Art. 1 Rom I-VO Rn. 3.

450 Vgl. EuGH NJW 2012, 935, 937; EuZW 2013, 503, 506; Ferrari/Kieninger/Mankowski/*Kieninger*, Art. 1 Rom I-VO Rn. 3; *Magnus*, FS Kühne, S. 779, 787.

451 EuGH NJW 2012, 935; Ferrari/Kieninger/Mankowski/*Kieninger*, Art. 1 Rom I-VO Rn. 3; Kropholler/v. Hein/*v. Hein*, Art. 1 EuGVO Rn. 6; *Magnus*, FS Kühne, S. 779, 787; Rauscher/*Mankowski*, Art. 1 Brüssel I-VO Rn. 2g ff.

Kontaktiert der professionelle Erbenermittler den Erben und schließt er mit ihm einen Vertrag, handeln beide Parteien als Privatpersonen. Für die Ausübung hoheitlicher Befugnisse oder Rechte ist im vorliegenden Fall kein Raum. Selbst wenn der Erbenermittler zum Nachlasspfleger bestellt wird, tritt er an den Erben im eigenen Namen und damit ausschließlich in Ausübung seiner Tätigkeiten als Privatperson heran, sodass er auch bei Abschluss des Vertrages keine Befugnisse oder Rechte in Anspruch nimmt, die von denjenigen Privater abweichen.

Ein Schuldverhältnis auf dem Gebiet des Zivil- und Handelsrechts liegt also vor.

(2) Vertragliches Schuldverhältnis

Die Norm des Art. 1 Abs. 1 Satz 1 Rom I-VO setzt des Weiteren ein vertragliches Schuldverhältnis voraus. Eine diesbezügliche Legaldefinition findet sich in den Normen der Rom I-VO nicht.[452] Das Tatbestandsmerkmal bedarf vielmehr der Auslegung, die autonom erfolgen muss.[453] Das heißt, der Begriff muss einheitlich und unabhängig von einer nationalen Rechtsordnung ausgelegt werden.[454] Die Kommissionsbegründung verweist insofern auf die Rechtsprechung des Europäischen Gerichtshofs zu Art. 5 Ziff. 1 und 3 EuGVO und überlässt ihm auch die weitere Begriffspräzisierung.[455] Danach beruht ein schuldrechtlicher Vertrag auf der freiwilligen Verpflichtung einer Partei gegenüber einer anderen, die eine rechtsgeschäftliche Sonderverbindung zwischen diesen Parteien entstehen lässt.[456] Eine rechtsgeschäftliche Sonderverbindung entsteht in erster Linie dann, wenn sie aus einer Vereinbarung zum Leistungsaustausch zwischen den Parteien resultiert.[457]

Dem Vertrag zwischen dem Erbenermittler und dem Erben liegen zwei (synallagmatische und freiwillige) Verpflichtungen zu Grunde: Zum einen verpflichtet sich der Erbenermittler gegenüber dem Erben zur Übermittlung der Erbschaftsinformationen; zum anderen verpflichtet sich der Erbe dem Erbenermittler

452 Ferrari/Kieninger/Mankowski/*Kieninger*, Art. 1 Rom I-VO Rn. 5; dazu kritisch *Leible*, IPRax 2006, 365, 366; *Mankowski*, IHR 2008, 133, 134.

453 Statt aller Ferrari/Kieninger/Mankowski/*Kieninger*, Art. 1 Rom I-VO Rn. 5.

454 *Bitter*, IPRax 2008, 96, 97 ff.; MünchKommBGB/*Martiny*, Art. 1 Rom I-VO Rn. 7; vgl. auch *Martiny*, FS Magnus, S. 483 ff.

455 MünchKommBGB/*Martiny*, Art. 1 Rom I-VO Rn. 7; dazu kritisch *Leible*, IPRax 2006, 365, 366; *Mankowski*, IPRax 2006, 101.

456 EuGH JZ 1995, 90; IPRax 2000, 210 ff.; NJW 2002, 3159; EuZW 2004, 351, 352; NJW 2005, 811, 812 f.; dazu eingehend *Bitter*, IPRax 2008, 96, 97; *Dutta*, IPRax 2009, 293, 295; *Martiny*, FS Geimer, S. 641 ff.; s. auch *dens.*, FS Magnus, S. 483, 486; MünchKommBGB/*Martiny*, Art. 1 Rom I-VO Rn. 7; *Stadler*, FS Musielak, S. 569, 580 ff.

457 Vgl. MünchKommBGB/*Martiny*, Art. 1 Rom I-VO Rn. 8.

gegenüber als Gegenleistung zur Zahlung eines Honorars. Damit resultiert der Vertrag zwischen den Parteien in jedem Fall aus einer Vereinbarung zum Leistungsaustausch. Aus diesem Grund wird zwischen ihnen ein vertragliches Schuldverhältnis i.S.d. Art. 1 Abs. 1 Satz 1 Rom I-VO begründet, sodass dieses Tatbestandsmerkmal ebenfalls erfüllt ist.

(3) Verbindung zum Recht verschiedener Staaten

Auf reine Inlandsfälle sind die Vorschriften der Rom I-VO nicht anwendbar.[458] Die Norm des Art. 1 Abs. 1 Satz 1 Rom I-VO setzt eine Verbindung zum Recht verschiedener Staaten voraus. Für die Internationalität des Vertragsverhältnisses genügt es, dass aufgrund des Sachverhalts überhaupt in Frage steht, welche Rechtsordnung anzuwenden ist.[459] Dies kann aufgrund der Eigenschaften der Parteien oder der Durchführung des Vertrages der Fall sein.[460] Schon der Gebrauch einer fremden Sprache ist ausreichend, damit sich die Frage nach dem anzuwendenden Recht stellt.[461] Ist zumindest eine der Parteien Ausländer oder eine im Ausland wohnhafte Person, kann diese Tatsache ebenfalls als Indiz für den internationalen Bezug dienen.[462]

In den vorliegend interessierenden Fällen trifft der deutsche Erbenermittler auf den von ihm gesuchten Erben, der seinen Lebensmittelpunkt in der Russischen Föderation hat. Damit können ggf. sowohl verschiedene Nationalitäten der Parteien aufeinander treffen als auch unterschiedliche Sprachen zur Anwendung gelangen. Außerdem begibt sich der professionelle Erbenermittler in der hier relevanten Fallkonstellation auf russisches Staatsgebiet und überquert damit die deutschen Grenzen, um den Erben ausfindig zu machen und mit ihm einen Vertrag abzuschließen. Es sprechen also verschiedene Faktoren dafür, dass es hier aufgrund des internationalen Sachverhalts nicht klar ist, welche Rechtsordnung zur Anwendung kommt. Damit weist der hier maßgebende Vertrag eine Verbindung zum Recht verschiedener Staaten auf.

---

458 MünchKommBGB/*Martiny*, Art. 1 Rom I-VO Rn. 19; Staudinger/*Magnus*, Art. 1 Rom I-VO Rn. 10.

459 *E. Lorenz*, FS Kegel, S. 303, 311 f.; MünchKommBGB/*Martiny*, Art. 1 Rom I-VO Rn. 19; Staudinger/*Magnus*, Art. 1 Rom I-VO Rn. 11.

460 MünchKommBGB/*Martiny*, Art. 1 Rom I-VO Rn. 19; vgl. Staudinger/*Magnus*, Art. 1 Rom I-VO Rn. 11.

461 Vgl. *Magnus*, FS Kühne, S. 779, 790; MünchKommBGB/*Martiny*, Art. 1 Rom I-VO Rn. 19.

462 Staudinger/*Magnus*, Art. 1 Rom I-VO Rn. 11.

(4) Ergebnis

Alle Voraussetzungen des Art. 1 Abs. 1 Satz 1 Rom I-VO sind erfüllt, wenn der Erbenermittler und der in Russland lebende Erbe einen Vertrag schließen. Der Anwendungsbereich der Rom I-VO eröffnet.

bb) Bei Rechtswahl anwendbares Recht

(1) Grundsatz der Parteiautonomie

Den Parteien eines vertraglichen Verhältnisses steht zunächst die Option offen, die für ihr Rechtsverhältnis anwendbare Rechtsordnung frei zu wählen. Denn im internationalen Vertragsrecht herrscht in erster Linie der Grundsatz der Parteiautonomie als kollisionsrechtliche Freiheit der Rechtswahl (Verweisungsfreiheit).[463] Diese ist von der Privatautonomie zu unterscheiden, welche die materielle Vertragsfreiheit erfasst.[464] Die Parteiautonomie findet ihre Rechtfertigung darin, dass nur sie es den Parteien ermöglicht, ihre Beziehungen dem Recht zu unterstellen, das sie selbst für die Regelung ihrer Verhältnisse für am besten geeignet halten.[465] Außerdem fördert sie aufgrund der Voraussehbarkeit des anzuwendenden Rechts die – für das internationale Vertragsrecht besonders wichtige – Rechtssicherheit.[466]

Auf den Grundsatz der Parteiautonomie geht insbesondere die Vorschrift des Art. 3 Rom I-VO zurück. Sie regelt die Voraussetzungen und die Folgen einer freien Rechtswahl der Parteien. Gem. Art. 3 Abs. 1 Satz 1 Rom I-VO stellt sie klar, dass der Vertrag dem von den Parteien gewählten Recht unterliegt. Die Rechtswahl muss gem. Art. 3 Abs. 1 Satz 2 Rom I-VO ausdrücklich erfolgen oder sich eindeutig aus den Bestimmungen des Vertrags oder aus den Umständen des Falles ergeben. Die Rechtswahl ist vertraglicher Natur.[467] Sie erfolgt durch einen ausdrücklich oder stillschweigend geschlossenen Verweisungsvertrag, der regelmäßig

---

463 Ferrari/Kieninger/Mankowski/*Ferrari*, Art. 3 Rom I-VO Rn. 5; *Junker*, IPRax 1993, 1 f.; *Kropholler*, S. 293.

464 *Kropholler*, S. 293.

465 *Diedrich*, RIW 2009, 378, 379; Ferrari/Kieninger/Mankowski/*Ferrari*, Art. 3 Rom I-VO Rn. 5; *Junker*, IPRax 1993, 1, 2; *Kropholler*, RabelsZ 42 (1978), 634, 645; *Leible*, ZVglRWiss 97(1998), 286, 288; *Siehr*, FS Keller, S. 485, 498.

466 Ferrari/Kieninger/Mankowski/*Ferrari*, Art. 3 Rom I-VO Rn. 5; *Jayme*, Gerechtigkeit, S. 31, 33; *Kropholler*, RabelsZ 42 (1978), 634, 644 f.; *Leible*, ZVglRWiss. 97 (1998), 286, 289.

467 *Basedow*, RabelsZ 75 (2011), 32, 52 ff.; *Kroll-Ludwigs*, S. 148 ff.; MünchKommBGB/*Martiny*, Art. 3 Rom I-VO Rn. 14.

eine kollisionsrechtliche Verweisung enthält, die dazu führt, dass die Parteien die Geltung ausländischen Rechts vereinbaren.[468]

Schließen der Erbenermittler und der Erbe einen Vertrag, kann es für den Erben von Interesse sein, mit dem Ermittler zu vereinbaren, dass auf ihr Vertragsverhältnis als Ganzes die russische Rechtsordnung Anwendung findet. Denn dem in Russland lebenden Erben wird das russische Recht aufgrund seines Lebensmittelpunkts und wahrscheinlich der von ihm beherrschten russischen Sprache vertrauter wirken. Deshalb ist es durchaus wahrscheinlich, dass der Erbenermittler und der Erbe bei Abschluss eines Vertrages die Anwendung der russischen Rechtsordnung vereinbaren.

Kommt es dem Erben jedoch nicht darauf an, welche Rechtsordnung maßgebend sein soll, wird zwischen ihm und dem Erbenermittler in diesem Fall aufgrund dessen, dass der Ermittler aus Deutschland kommt, aller Voraussicht nach das deutsche Recht für die vertragliche Beziehung bestimmt.

Je nach dem, welches Recht der Erbenermittler und der Erbe im vorliegenden Fall wählen, russisches oder deutsches – die Bestimmung eines anderen Rechts ist auch möglich, jedoch fern liegend –, unterliegt der Vertrag gem. Art. 3 Abs. 1 Satz 1 Rom I-VO grundsätzlich dem von den Parteien gewählten Recht. Dies ist der Ausgangspunkt. Die Parteiautonomie und die Bestimmung der Rechtswahl stehen an erster Stelle im Europäischen Kollisionsrecht. Dies ist bereits der systematischen Stellung der Vorschrift des Art. 3 Rom I-VO zu entnehmen, die die erste Norm des Kapitels II „Einheitliche Kollisionsnormen" der Verordnung ist.

(2) Einschränkung der Parteiautonomie

Dort, wo es Grundsätze gibt, gibt es in der Regel auch Ausnahmen. Auch die Norm des Art. 3 Abs. 1 Satz 1 Rom I-VO kann in bestimmten Fällen Schranken unterliegen. Dies kann insbesondere bei Verbraucherverträgen i.S.d. Art. 6 Rom I-VO der Fall sein. Art. 6 Abs. 2 Satz 1 Rom I-VO unterstreicht zwar, dass bei Verbraucherverträgen die Parteien das auf einen Vertrag anzuwendende Recht nach Art. 3 Rom I-VO frei wählen können. Die Rechtswahl darf jedoch gem. Art. 6 Abs. 2 Satz 2 Rom I-VO nicht dazu führen, dass dem Verbraucher der Schutz entzogen wird. Das Schutzniveau wird durch diejenigen Bestimmungen definiert, die ohne Rechtswahl anwendbar wären. Vor diesem Hintergrund unterliegt gem. Art. 6 Abs. 1 a) Rom I-VO ein Vertrag, den eine natürliche Person zu einem Zweck, der nicht ihrer beruflichen oder gewerblichen Tätigkeit zugerechnet werden kann („Verbraucher"), mit einer anderen Person geschlossen hat, die in Ausübung ihrer

468 *Kroll-Ludwigs*, S. 148 f.; MünchKommBGB/*Martiny*, Art. 3 Rom I-VO Rn. 14.

beruflichen oder gewerblichen Tätigkeit handelt („Unternehmer"), dem Recht des Staates, in dem der Verbraucher seinen gewöhnlichen Aufenthalt hat, sofern der Unternehmer seine berufliche oder gewerbliche Tätigkeit in dem Staat ausübt, in dem der Verbraucher seinen gewöhnlichen Aufenthalt hat und der Vertrag in den Bereich dieser Tätigkeit fällt.

Es stellt sich die Frage, ob sich die Einschränkung des Art. 6 Abs. 2 Satz 2 Rom I-VO auf die Rechtswahlvereinbarung zwischen dem Erbenermittler und dem Erben erstrecken kann. Dazu müssen die Voraussetzungen eines Verbrauchervertrages i.S.d. Art. 6 Abs. 1 Rom I-VO erfüllt und das von der Vorschrift zur Anwendung bestimmte Recht – das Recht des gewöhnlichen Aufenthaltsstaates des Verbrauchers – feststehen, von dem schließlich durch die Rechtswahl abgewichen wird.

(a) Verbrauchervertrag i.S.d. Art. 6 Abs. 1 Rom I-VO

(aa) Erbe als Verbraucher

Ein Verbrauchervertrag setzt zunächst einen Verbraucher als Vertragspartei voraus. Der Begriff des Verbrauchers ist in der Vorschrift des Art. 6 Abs. 1 Rom I-VO legal definiert. Dies ist eine natürliche Person, die einen Vertrag zu einem Zweck schließt, der nicht ihrer beruflichen oder gewerblichen Tätigkeit zugerechnet werden kann. Im vorliegenden Fall kommt der von dem Erbenermittler gefundene Erbe als Verbraucher in Betracht.

Der Erbe muss eine natürliche Person sein, damit er die Verbrauchereigenschaft i.S.d. Art. 6 Abs. 1 Rom I-VO aufweisen kann. Die Anwendbarkeit der Norm auf juristische Personen ist ausgeschlossen.[469] Zwar sind juristische Personen des Privatrechts aufgrund ihrer Rechtsfähigkeit genauso wie natürliche Personen erbfähig und können damit Erbe werden,[470] was auch auf die ausländischen – mit Sitz in Russland – juristischen Personen zutrifft.[471] Sie oder ihr Sitz sind aber in der Regel nicht derart unbekannt, dass es ihrer Ermittlung durch den professionellen Erbenermittler bedarf. Da sie aufgrund ihrer Natur keine Abkömmlinge eines Erblassers und damit auch keine gesetzlichen Erben sein können, kommen sie als Erben nur dann in Betracht, wenn sie als solche vom Erblasser durch Verfügung von Todes wegen bestimmt werden. Durch eine solche Bestimmung wird ihre

469 Ferrari/Kieninger/Mankowski/*Staudinger*, Art. 6 Rom I-VO Rn. 23; zur Klauselrichtlinie 93/13/EWG (ABl. EWG 1993 Nr. L 95 S. 29) EuGH NJW 2002, 205; zu vorh. Bestimmungen vgl. *Loacker*, S. 55.

470 MünchKommBGB/*Leipold*, § 1923 Rn. 27.

471 Vgl. Art. 86 Satz 1 EGBGB; MünchKommBGB/*Leipold*, § 1923 Rn. 27.

„Bekanntheit" vom Erblasser selbst praktisch festgelegt, sodass es nicht ihrer Ermittlung durch aufwändige Recherchen bedarf. Damit lässt sich feststellen, dass der Erbe, den der professionelle Erbenermittler sucht, weil er unbekannt ist, und mit dem er nach dessen Auffinden einen Vertrag schließt, in der Regel eine natürliche Person ist.

Der Erbe muss mit dem Erbenermittler ferner einen Vertrag zu einem Zweck schließen, der nicht seiner beruflichen oder gewerblichen Tätigkeit zugerechnet werden kann. Ob dieser Zweck im Einzelfall gegeben ist, beurteilt sich nach den dem Schuldner objektiv erkennbaren Umständen des jeweiligen Geschäfts.[472] Der Erbe schließt einen entgeltlichen Vertrag mit dem Erbenermittler, um an die Erbschaftsinformationen zu gelangen und damit die praktische Möglichkeit der Ausübung seiner Erbrechte zu erreichen. Deshalb berührt der Abschluss des Vertrages mit dem Erbenermittler aus objektiver Perspektive ausschließlich die Privatsphäre des Erben. Der Vertrag hat nur mit seiner Stellung als Erbe und nicht mit seinen beruflichen oder gewerblichen Beschäftigungen zu tun.

Der Erbe erfüllt damit alle Voraussetzungen eines Verbrauchers i.S.d. Art. 6 Abs. 1 Rom I-VO.

(bb) Erbenermittler als Unternehmer

Der Erbenermittler muss Unternehmer i.S.d. Art. 6 Abs. 1 Rom I-VO sein. Nach dieser Norm ist dies die Person, die bei Vertragsabschluss mit dem Verbraucher in Ausübung ihrer beruflichen oder gewerblichen Tätigkeit handelt.

Schließt der Erbenermittler mit dem Erben einen Vertrag, so kommt es zu dessen Abschluss nur deshalb, weil er den Erben in Ausübung seiner beruflichen Tätigkeit als Erbenermittler gesucht hat und an diesen ebenfalls in Ausübung dieser Beschäftigung herangetreten ist. Der Zweck des Vertrages geht für den Ermittler nämlich dahin, sich eine Vergütung für seine berufliche Tätigkeit zu beschaffen. Infolgedessen schließt er mit dem Erben einen Vertrag immer in Ausübung seiner beruflichen Tätigkeit, sodass er damit die Voraussetzungen eines Unternehmers i.S.d. Art. 6 Abs. 1 Rom I-VO aufweist.

---

472 Bamberger/Roth/*Spickhoff*, Art. 6 Rom I-VO Rn. 20; Ferrari/Kieninger/Mankowski/*Staudinger*, Art. 6 Rom I-VO Rn. 13; MünchKommBGB/*Martiny*, Art. 6 Rom I-VO Rn. 10; Palandt/*Thorn*, Art. 6 Rom I-VO Rn. 5; *Ragno*, Rome I Regulation, S. 129, 134f.; *Rauscher*, Rn. 1191.

(cc) Ergebnis

Damit steht fest, dass zwischen dem Erbenermittler und dem in Russland lebenden Erben ein Verbrauchervertrag i.S.d. Art. 6 Abs. 1 Rom I-VO geschlossen wird.

(b) Recht des Staates des gewöhnlichen Verbraucheraufenthalts

Der Erbe hat seinen Lebensmittelpunkt und damit in der Regel den Wohnsitz in der Russischen Föderation. Deshalb ist Russland der Staat seines gewöhnlichen Aufenthalts, weil insofern der Wohnsitzstaat[473] des Verbrauchers maßgebend ist. Dass dieser außerhalb der Europäischen Union liegt, ist ohne Belang. Die Vorschrift beschränkt den Begriff des gewöhnlichen Aufenthalts nicht auf den Raum der Mitgliedstaaten der Europäischen Union, sondern greift auch über diesen hinaus.[474]

Art. 6 Abs. 1 a) Rom I-VO erfordert weiter, dass der Unternehmer seine Tätigkeit in diesem Staat ausübt. Unter dem Begriff der Ausübung der Tätigkeit ist jedes finale (auch) unternehmerische Tätigwerden zu verstehen.[475] Die Ausübung erfordert eine aktive Beteiligung am Wirtschaftsverkehr im Wohnsitzstaat des Verbrauchers.[476] Dazu genügen in der Regel die Abgabe des Angebots und/oder die Abwicklung von Leistungen.[477] Die Ausübung einer unternehmerischen Tätigkeit liegt etwa vor, wenn dem Vertragsabschluß ein ausdrückliches Angebot vorausgegangen ist und wenn der Verbraucher in diesem Staat die zum Abschluss des Vertrages erforderlichen Rechtshandlungen vorgenommen hat.[478] Dies ist der Fall, wenn der Vertrag in Russland zustande kommt.

Im Ergebnis lässt sich festhalten, dass die Voraussetzungen der Norm des Art. 6 Abs. 1 a) Rom I-VO erfüllt sind.

(c) Folge der Wahl des deutschen Rechts

Bestimmen der Erbenermittler und der Erbe die Anwendung des deutschen Rechts für ihre vertragliche Beziehung, so liegt insofern eine Abweichung von dem

---

473 Ferrari/Kieninger/Mankowski/*Staudinger*, Art. 6 Rom I-VO Rn. 46.

474 Rauscher/*Heiderhoff*, Art. 6 Rom I-VO Rn. 4.

475 Bamberger/Roth/*Spickhoff*, Art. 6 Rom I-VO Rn. 22.

476 Ferrari/Kieninger/Mankowski/*Staudinger*, Art. 6 Rom I-VO Rn. 46; Gebauer/Wiedmann/*Nordmeier*, Kap. 37 Rn. 71; *Leible/Lehmann*, RIW 2008, 528, 538; Prütting/Wegen/Weinreich/*Remien*, Art. 6 Rom I-VO Rn. 14.

477 *Mankowski*, IHR 2008, 133, 142; MünchKommBGB/*Martiny*, Art. 6 Rom I-VO Rn. 30; vgl. auch *Einsele*, WM 2009, 289, 292 f.

478 Bamberger/Roth/*Spickhoff*, Art. 6 Rom I-VO Rn. 22.

von der Vorschrift des Art. 6 Abs. 1 Rom I-VO für ein solches Verhältnis gesetzlich bestimmten Recht vor. Denn der Vertrag zwischen dem Ermittler und dem Erben unterliegt danach grundsätzlich dem Recht der Russischen Föderation.

Die hier durch die Wahl des deutschen Rechts resultierende Abweichung führt zur Einschränkung der Rechtswahl gem. Art. 6 Abs. 2 Satz 2 Rom I-VO, soweit die zwingenden Vorschriften aus dem Aufenthaltsstaat des Erben als Verbraucher für diesen günstiger sind.[479] Die Rechtswahlmöglichkeit wird damit vom Günstigkeitsprinzip überlagert.[480] Die Verbraucherschutzvorschriften des Aufenthaltsstaates des Verbrauchers – hier des Erben – sind demzufolge nicht nur weiterhin zu berücksichtigen, sondern kommen uneingeschränkt zur Anwendung.[481] Es erfolgt indessen keine starre Anknüpfung an das Recht des Aufenthaltsstaats; die Rechtswahl ist nicht unwirksam.[482] Vielmehr bestimmt das Recht im Aufenthaltsstaat des Verbrauchers nur das Minimum an zu gewährendem Schutz, weil kein für den Verbraucher ungünstigeres Ergebnis als nach dem Recht seines Aufenthaltsstaates erzielt werden darf.[483] Die Inhalte der in Frage kommenden Rechtsordnungen sind miteinander zu vergleichen.[484] Der Vergleich ist dann notwendig, wenn Rechtsfragen zu einer verbraucherschützenden Norm auftreten.[485] Der Ausgangspunkt für die Beurteilung ist das jeweilige Begehren des Verbrauchers.[486]

Der Erbenermittler und der Erbe können also die Anwendung der deutschen Rechtsordnung für ihr vertragliches Verhältnis durchaus wählen, dies führt jedoch nicht zur vollständigen Außerkraftsetzung des russischen Rechts. Vielmehr kommt es zur Anwendung, soweit es für den Erben hinsichtlich seines Begehrens günstiger ist.

---

479 Ferrari/Kieninger/Mankowski/*Staudinger*, Art. 6 Rom I-VO Rn. 72.

480 Vgl. BGH RIW 2013, 309 ff.; MünchKommBGB/*Martiny*, Art. 6 Rom I-VO Rn. 46; Rauscher/*Heiderhoff*, Art. 6 Rom I-VO Rn. 51 f.; *Rühl*, FS v. Hoffmann, S. 364, 368 f.

481 MünchKommBGB/*Martiny*, Art. 6 Rom I-VO Rn. 51.

482 MünchKommBGB/*Martiny*, Art. 6 Rom I-VO Rn. 51.

483 Vgl. Hk-BGB/*Staudinger*, Art. 6 Rom I-VO Rn. 14; s. auch MünchKommBGB/*Martiny*, Art. 6 Rom I-VO Rn. 51.

484 Hk-BGB/*Staudinger*, Art. 6 Rom I-VO Rn. 14; MünchKommBGB/*Martiny*, Art. 6 Rom I-VO Rn. 51; vgl. auch *Einsele*, WM 2009, 289, 293.

485 MünchKommBGB/*Martiny*, Art. 6 Rom I-VO Rn. 51.

486 *E. Lorenz*, RIW 1987, 569, 577; *ders.*, FS Kegel, S. 303, 336; *W. Lorenz*, IPRax 1994, 429, 431; Rauscher/*Heiderhoff*, Art. 6 Rom I-VO Rn. 52; vgl. auch *Schurig*, RabelsZ 54 (1990), 217, 225.

(d) Folge der Wahl des russischen Rechts

Bestimmen der Erbenermittler und der in Russland lebende Erbe die Anwendung der russischen Rechtsordnung für ihre vertragliche Beziehung, liegt keine Abweichung von dem von der Vorschrift des Art. 6 Abs. 1 Rom I-VO für ein solches Verhältnis gesetzlich bestimmten Recht vor. Denn auch gesetzlich ist vorgesehen, dass der Vertrag zwischen dem Ermittler und dem Erben dem Recht der Russischen Föderation unterliegt. Insofern bedarf es der Einschränkung durch Art. 6 Abs. 2 Satz 2 Rom I-VO nicht.

cc) Mangels Rechtswahl anwendbares Recht

Grundsätzlich regelt die Vorschrift des Art. 4 Rom I-VO, welches Recht anzuwenden ist, wenn keine Rechtswahl gem. Art. 3 Rom I-VO getroffen wird. Wenn es jedoch um Verbraucherverträge geht, wird die Norm durch die für solche Verträge speziellere Regelung des Art. 6 Rom I-VO verdrängt. Art. 6 Abs. 1 Rom I-VO bestimmt, dass der Verbrauchervertrag dem Recht des Staates, in dem der Verbraucher seinen gewöhnlichen Aufenthalt hat, unterliegt. Dies stellt eine Ausnahme vom Grundsatz der engsten Verbindung bzw. von der Anknüpfung an den Aufenthaltsort desjenigen dar, der die charakteristische Leistung nach Art. 4 Rom I-VO erbringt, da es gekünstelt wäre, die Leistung des Verbrauchers zu seinem Schutz immer als die charakteristische anzusehen.[487]

Wie sich gezeigt hat, liegt zwischen dem Erbenermittler und dem Erben ein Verbrauchervertrag i.S.d. Art. 6 Abs. 1 Rom I-VO vor. Treffen der Erbenermittler und der Erbe keine Rechtswahl, unterliegt der Vertrag also, wie ebenfalls bereits festgestellt, nach Art. 6 Abs. 1 Rom I-VO dem Sachrecht der Russischen Föderation, weil der Erbe dort seinen Lebensmittelpunkt und damit den gewöhnlichen Aufenthaltsort hat.

b) Anwendbares Recht bei außervertraglichem Rechtsverhältnis

Schließen der professionelle Erbenermittler und der in Russland lebende Erbe keinen Vertrag, ist zu prüfen, nach welchem Recht ihr Rechtsverhältnis außerhalb einer vertraglichen Beziehung zu beurteilen ist.

---

487 MünchKommBGB/*Martiny*, Art. 6 Rom I-VO Rn. 51.

aa) Europäisches Kollisionsrecht der außervertraglichen Schuldverhältnisse

Welche Rechtsordnung bei außervertraglichen Rechtsbeziehungen anwendbar ist, bestimmt das Internationale Privatrecht der außervertraglichen Schuldverhältnisse.[488] Auf europäischer Ebene ist dieses in der Verordnung (EG) Nr. 864/2007 des Europäischen Parlaments und des Rates vom 11. Juli 2007 über das auf außervertragliche Schuldverhältnisse anzuwendende Recht („Rom II")[489] als europäisches Kollisionsrecht der außervertraglichen Schuldverhältnisse erstmalig[490] vereinheitlicht.[491] Die Verordnung hat allgemeine Geltung, ist in allen ihren Teilen verbindlich und gilt unmittelbar und universell (Art. 3 Rom II-VO) in jedem Mitgliedstaat[492] der Europäischen Union.[493]

Auch unter dem nach dieser Verordnung anzuwendenden Recht eines Staates sind die in diesem Staat geltenden Rechtsnormen unter Ausschluss derjenigen des Internationalen Privatrechts zu verstehen (Art. 24 Rom II-VO). Die Kollisionsnormen der Rom II-VO enthalten folglich ebenfalls Sachnormverweisungen.[494] Ob das Kollisionsrecht der berufenen Rechtsordnung ggf. eine Rück- oder Weiterverweisung ausspricht, ist deshalb unbeachtlich.[495]

Gem. Art. 1 Abs. 1 Satz 1 Rom II-VO gilt die Verordnung für außervertragliche Schuldverhältnisse in Zivil- und Handelssachen, die eine Verbindung zum Recht verschiedener Staaten aufweisen – vorbehaltlich der Ausnahmen gem. Art. 1 Abs. 2 und Abs. 3 Rom II-VO. Damit der Anwendungsbereich der Verordnung eröffnet ist, müssen also die Voraussetzungen des Art. 1 Abs. 1 Satz 1 Rom II-VO erfüllt sein. Fraglich ist, ob dies hinsichtlich der außervertraglichen Beziehung zwischen dem Erbenermittler und dem Erben der Fall ist.

(1) Schuldverhältnis in Zivil- und Handelssachen

Da die Rom II-VO gem. Erwägungsgrund Nr. 7 im Einklang mit den Vorschriften der EuGVO und Rom I-VO, die ihren Anwendungsbereich ebenfalls auf

488 Vgl. *v. Hoffmann/Thorn*, § 11 Rn. 1.

489 ABl. Nr. L 199 S. 40, ber. 2012 Nr. L 310 S. 52 (im Folgenden Rom II-VO).

490 *Jayme/Kohler*, IPRax 2007, 493, 494; MünchKommBGB/*Junker*, Vorbemerkung zu Art. 1 Rom II-VO Rn. 1.

491 Bamberger/Roth/*Spickhoff*, Art. 1 Rom II-VO Rn. 1 ff.; *v. Hein*, VersR 2007, 440; *Heiss/Loacker*, JBl. 2007, 613, 614 f.; *Lehmann*, RIW 2007, 721; zur Entstehungsgeschichte s. *v. Hein*, FS Kropholler, S. 553, 555 ff., und *R. Wagner*, FS Kropholler, S. 715, 716 ff.

492 Ausgenommen Dänemark (Art. 1 Abs. 4 Rom II-VO).

493 MünchKommBGB/*Junker*, Vorbemerkung zu Art. 1 Rom II-VO Rn. 7.

494 Hk-BGB/*Dörner*, Art. 24 Rom II-VO Rn. 1.

495 MünchKommBGB/*Junker*, Art. 24 Rom II-VO Rn. 1.

Zivil- und Handelssachen beschränken, stehen soll, kann auch hier für die Auslegung des Begriffs die Rechtsprechung des Europäischen Gerichtshofs zu Art. 1 Abs. 1 Satz 1 EuGVO herangezogen werden. Es kommt insofern nicht auf den materiellen Inhalt des Rechtsverhältnisses und auch nicht auf die Art der Gerichtsbarkeit an, sondern es ist vielmehr die inhaltliche Abgrenzung zum öffentlichen Recht entscheidend.[496] Wie festgestellt, handeln der Erbenermittler und der Erbe, wenn sie in Kontakt zueinander treten, ausschließlich im privatrechtlichen Bereich. Insoweit ergibt sich kein Unterschied, ob sie einen Vertrag schließen oder letztendlich nicht. Deshalb kann auf die Ausführungen zu dem Schuldverhältnis in Zivil- und Handelssachen im Rahmen der Prüfung der Anwendung der Rom I-VO verwiesen werden.[497] Ein Schuldverhältnis in Zivil- und Handelssachen i.S.d. Art. 1 Abs. 1 Satz 1 Rom II-VO liegt hier jedenfalls vor.

(2) Außervertragliches Schuldverhältnis

Wann ein außervertragliches Schuldverhältnis gegeben ist, ist nicht legal definiert. In Art. 2 Rom II-VO, der die Überschrift „Außervertragliche Schuldverhältnisse" trägt, wird der Begriff des außervertraglichen Schuldverhältnisses lediglich konkretisiert, jedoch nicht definiert.[498] Gem. Erwägungsgrund Nr. 11 zur Rom II-VO sollte der Begriff autonom bestimmt werden, weil er von Mitgliedstaat zu Mitgliedstaat verschieden verstanden wird. Da die Anwendungsbereiche der Rom II-VO und Rom I-VO klar voneinander abzugrenzen sind (s. Erwägungsgrund Nr. 7) und vertragliche Schuldverhältnisse i.S.d. Rom I-VO dadurch charakterisiert werden, dass sie auf einer freiwillig eingegangenen Verpflichtung beruhen,[499] kann sich der Anwendungsbereich der Rom II-VO nur auf solche Schuldverhältnisse erstrecken, die nicht auf einen privatautonomen Akt der Beteiligten zurückgehen, sondern allein durch eine gesetzliche Anordnung bestimmt werden.[500]

Schließen der Erbenermittler und der Erbe keinen Vertrag, üben sie zwar die Privatautonomie insofern aus, als sie sich entschließen, keine vertragliche Beziehung zu begründen. Dieser privatautonome Akt begründet jedoch kein Schuldverhältnis zwischen ihnen, sodass die Rom I-VO nicht zur Anwendung kommt. Denn der Erbenermittler und der Erbe gehen hier überhaupt keine freiwilligen Verpflichtungen ein. Aus diesem Grund kann das Rechtsverhältnis zwischen

496 S. oben Fn. 449.

497 S. dazu oben unter § 8 II. 1. a) aa) (1).

498 Hk-BGB/*Dörner*, Art. 2 Rom II-VO Rn. 1.

499 EuGH NJW 2002, 3159; BGH NJW 2006, 230, 232; s. ausführlich zur Definition des vertraglichen Schuldverhältnisses oben unter § 8 II. 1. a) aa) (2).

500 Hk-BGB/*Dörner*, Art. 2 Rom II-VO Rn. 2.

ihnen nur aufgrund gesetzlicher Vorschriften bestimmt werden, sodass im vorliegenden Fall ein außervertragliches Schuldverhältnis i.S.d. Art. 1 Abs. 1 Satz 1 Rom II-VO gegeben ist.

(3) Verbindung zum Recht verschiedener Staaten

Wann eine Verbindung zum Recht verschiedener Staaten besteht, beurteilt sich in Bezug auf die Rom II-VO gleichermaßen wie für die Anwendung der Vorschriften der Rom I-VO.[501] Insofern ist also maßgebend, dass überhaupt in Frage steht, welche Rechtsordnung zur Anwendung kommt.[502] Wie im Rahmen der Prüfung des Anwendungsbereichs der Rom I-VO bereits festgestellt, ist dies in Bezug auf das Verhältnis zwischen dem Erbenermittler und dem Erben aufgrund der Internationalität des vorliegenden Sachverhalts der Fall.[503]

(4) Ergebnis

Die Voraussetzungen des Art. 1 Abs. 1 Satz 1 Rom II-VO hinsichtlich außervertraglicher Beziehungen zwischen dem Erbenermittler und dem Erben sind erfüllt. Die Ausschlussvorschrift des Art. 1 Abs. 2 und Abs. 3 Rom II-VO greift hier nicht ein. Der Anwendungsbereich der Rom II-VO ist damit eröffnet.

bb) Bei Rechtswahl anwendbares Recht

Gem. Art. 14 Abs. 1 Rom II-VO können die Parteien das Recht wählen, dem das außervertragliche Schuldverhältnis unterliegen soll. Auch die Rom II-VO trägt also dem Grundsatz der Parteiautonomie Rechnung.[504] Die Rechtswahl kann grundsätzlich nur nach der Entstehung des Schuldverhältnisses[505] getroffen werden (vgl. Art. 14 Abs. 1 a) Rom II-VO), es sei denn, es handelt sich um ein Rechtsverhältnis zwischen zwei Unternehmern (vgl. Art. 14 Abs. 1 b) Rom II-VO) – was vorliegend regelmäßig nicht der Fall ist. Die Rechtswahl kommt durch einen Vertrag zustande und muss ausdrücklich vorgenommen werden oder sich mit hinreichender Sicherheit aus den Umständen des Falles ergeben.[506]

---

501 Bamberger/Roth/*Spickhoff*, Art. 1 Rom II-VO Rn. 11.

502 S. oben Fn. 459.

503 S. dazu oben unter § 8 II. 1. a) aa) (3).

504 S. zu dem Grundsatz ausführlich oben unter § 8 II. 1. a) bb) (1).

505 Die Norm ist trotz ihres Wortlauts nicht nur auf Schuldverhältnisse aus Delikt und culpa in contrahendo anwendbar, sondern umfasst auch Rechtsverhältnisse aus ungerechtfertigter Bereicherung und Geschäftsführung ohne Auftrag (MünchKommBGB/*Junker*, Art. 14 Rom II-VO Rn. 19).

506 Hk-BGB/*Dörner*, Art. 14 Rom II-VO Rn. 4.

Dem Erbenermittler und dem in Russland lebenden Erben steht also die Option offen, für ihr außervertragliches Rechtsverhältnis die Anwendung einer bestimmten Rechtsordnung frei zu wählen. Liegt eine wirksame Rechtswahl vor, verdrängt sie alle anderen Anknüpfungen der Art. 4 bis Art. 12 Rom II-VO.[507]

In der Praxis werden der Erbenermittler und der Erbe in der Regel keine Rechtswahl hinsichtlich des außervertraglichen Rechtsverhältnisses treffen. Dies folgt daraus, dass der Kontakt zwischen ihnen, wenn sie keinen Vertrag miteinander schließen, normalerweise von kurzer Dauer sein wird, sodass es für sie nicht abschätzbar ist, ob zwischen ihnen überhaupt ein Rechtsverhältnis begründet wird, wenn sie keine vertragliche Beziehung eingehen. Außerdem müsste mangels solcher offensichtlicher Ereignisse wie diejenigen, die problemlos unter deliktische Handlungen oder andere Schadensereignisse fallen, der Sachverhalt zunächst rechtlich erfasst werden, um mit Sicherheit sagen zu können, ob ein Schuldverhältnis entstanden ist und eine Rechtswahl deshalb sinnvoll erscheint. Soweit werden der Erbenermittler und der Erbe indessen grundsätzlich nicht gehen.[508]

cc) Mangels Rechtswahl anwendbares Recht

Treffen der Erbenermittler und der Erbe keine Rechtswahl, muss erörtert werden, welche Rechtsordnung für diesen Fall zur Anwendung gelangt.

(1) Statut des vorvertraglichen Rechtsverhältnisses

Haben sich der Erbenermittler und der in Russland lebende Erbe im Rahmen der Vertragsverhandlungen gefunden und ist der Erbe die vertragliche Beziehung mit dem Erbenermittler doch nicht eingegangen, stellt sich die Frage, ob aus diesem Verhalten ein pflichtwidriges Verhalten in Gestalt des Abbruchs von Vertragsverhandlungen hervorgehen und zu einem Schadensersatzanspruch des Erbenermittlers führen kann.

Welche Rechtsordnung bei Verschulden im Rahmen der Vertragsverhandlungen anwendbar ist, bestimmt die Norm des Art. 12 Rom II-VO. Gem. Art. 12 Abs. 1 Rom II-VO ist auf außervertragliche Schuldverhältnisse aus Verhandlungen vor Abschluss eines Vertrags, unabhängig davon, ob der Vertrag tatsächlich geschlossen wurde oder nicht, das Recht anzuwenden, das auf den Vertrag anzuwenden

---

507 *Leible*, RIW 2008, 257, 259; *Leible/Lehmann*, RIW 2007, 721, 726; MünchKommBGB/*Junker*, Art. 14 Rom II-VO Rn. 38.

508 Eine Rechtswahlvereinbarung im Rahmen eines bereits anhängigen gerichtlichen Verfahrens ist möglich (vgl. Hk-BGB/*Dörner*, Art. 14 Rom II-VO Rn. 4) und mag im Einzelfall ratsam sein, um Klarheit über die anwendbare Rechtsordnung zu schaffen.

ist oder anzuwenden gewesen wäre, wenn er geschlossen worden wäre. Was unter dem Begriff des Verschuldens bei Vertragsverhandlungen zu verstehen ist, ist autonom auszulegen (s. Erwägungsgrund Nr. 30 Satz 1). Der Erwägungsgrund Nr. 30 Satz 2 zur Rom II-VO erleichtert die Auslegung insofern, als er explizit anordnet, dass der Begriff den Abbruch von Vertragsverhandlungen einschließen soll. Aus diesem Grund erfasst die Norm des Art. 12 Abs. 1 Rom II-VO die hier maßgebende Rechtfrage.

Als anzuwendendes Recht sieht die Regelung in erster Linie die Rechtsordnung vor, die unter anderem auf den Vertrag anzuwenden gewesen wäre, wenn er geschlossen worden wäre. Im Ergebnis wird das Rechtsverhältnis also dem Recht unterstellt, das die Parteien für ihren Vertrag ggf. gem. Art. 3 Rom I-VO gewählt haben oder das kraft objektiver Anknüpfung auf den Vertrag anzuwenden gewesen wäre.[509]

Haben der Erbenermittler und der Erbe bereits eine Rechtswahl gem. Art. 3 Rom I-VO für die Anwendung bzgl. des beabsichtigten Vertragsschlusses getroffen, findet das von ihnen gewählte Recht auf ihr vorvertragliches Schuldverhältnis Anwendung.

Wenn die Parteien indes kein Recht für ihre beabsichtigte vertragliche Beziehung bestimmt haben, wäre die russische Rechtsordnung kraft objektiver Anknüpfung auf den Vertrag zwischen ihnen gem. Art. 6 Abs. 1 Satz 1 Rom I-VO anzuwenden gewesen, weil hier ein Verbrauchervertrag im Sinne dieser Vorschrift zustande gekommen wäre.[510] Hat der Erbe also seinen gewöhnlichen Aufenthalt in der Russischen Föderation, ist auf die Frage nach einem Anspruch des Erbenermittlers aus der Verletzung eines vorvertraglichen Schuldverhältnisses russisches Sachrecht anzuwenden.

(2) Statut des Billigkeitsanspruchs

Legt der Erbenermittler im Hinblick auf den von ihm angestrebten Vertragsabschluss mit dem Erben diesem die Information über den Bestand der Erbschaft vor und kommt der Erbe aufgrund seiner eigenen Recherchen in den Genuss der Erbschaft, obwohl er das Vertragsangebot des Erbenermittlers ablehnt, ist nach dem für einen etwaigen Billigkeitsanspruch anwendbaren Recht zu fragen.

Eine Vorschrift, die das maßgebliche Recht für einen solchen Anspruch bestimmt, findet sich in der Rom II-VO nicht. Allerdings kann das Statut eines solchen Anspruchs nach der Norm des Art. 12 Abs. 1 Rom II-VO ermittelt werden.

---

509 Hk-BGB/*Dörner*, Art. 12 Rom II-VO Rn. 4.

510 S. dazu oben unter § 8 II. 1. a) cc).

Ihr Anwendungsbereich erstreckt sich auf Schuldverhältnisse aus Verhandlungen vor Abschluss eines Vertrags. Der Begriff des Verschuldens bei Vertragsverhandlungen ist für die Zwecke der Rom II-VO als autonomer Begriff zu verstehen und sollte daher nicht zwangsläufig im Sinne des nationalen Rechts ausgelegt werden (s. Erwägungsgrund Nr. 30 Satz 1). Gem. Erwägungsgrund Nr. 30 Satz 3 gilt Art. 12 Rom II-VO für außervertragliche Schuldverhältnisse, die in unmittelbarem Zusammenhang mit den Verhandlungen vor Abschluss eines Vertrags stehen. Der Anwendungsbereich der Norm beschränkt sich folglich nicht ausschließlich auf die Fälle der culpa in contrahendo. Er ist weiter gefasst. Es kommt darauf an, ob die Pflicht, um deren Verletzung es geht, in einem so engen Verhältnis zu dem geschlossenen oder angestrebten Vertrag steht, dass sie als vertragsnah bezeichnet werden kann.[511]

Die potentiellen Vertragsparteien trifft die Pflicht, im Verhältnis zueinander treugemäß zu handeln und den guten Glauben der Gegenseite zu wahren. Diese Pflicht besteht im engen Verhältnis zu dem von dem Erbenermittler dem Erben in Aussicht gestellten Vertrag. Denn sie entsteht im Hinblick auf diesen. Damit ist die hier maßgebende Pflicht des Erben zum Handeln nach Treu und Glauben, um deren Verletzung es geht, vertragsnah. Die Norm des Art. 12 Abs. 1 Rom II-VO umfasst daher die vorliegend relevante Rechtsfrage.

Als anzuwendendes Recht bestimmt Art. 12 Abs. 1 Rom I-VO die Rechtsordnung, die auf den Vertrag anzuwenden gewesen wäre, wenn er geschlossen worden wäre.

Haben der Erbenermittler und der Erbe eine Rechtswahl gem. Art. 3 Rom I-VO für die Anwendung auf den angestrebten Vertrag vereinbart, findet das von ihnen gewählte Recht auf ihr Rechtsverhältnis Anwendung.

Mangels Rechtswahl wäre die russische Rechtsordnung kraft objektiver Anknüpfung auf den Vertrag zwischen dem Ermittler und dem Erben gem. Art. 6 Abs. 1 Satz 1 Rom I-VO anwendbar gewesen. Denn zwischen ihnen wäre ein Verbrauchervertrag im Sinne dieser Norm geschlossen worden.[512] Über den Billigkeitsanspruch ist also nach dem russischen Sachrecht zu entscheiden.

(3) Statut der Geschäftsführung ohne Auftrag

Welche Rechtsordnung im Falle einer Geschäftsführung ohne Auftrag zur Anwendung kommt, bestimmt die Regelung des Art. 11 Rom II-VO. Der Begriff der Geschäftsführung ohne Auftrag ist nicht gesetzlich definiert und muss einheitlich

---

511 *Magnus*, IPRax 2010, 27, 29; MünchKommBGB/*Junker*, Art. 12 Rom II-VO Rn. 13.

512 S. dazu oben unter § 8 II. 1. a) cc).

europäisch ausgelegt werden.[513] Jedenfalls werden die Schuldverhältnisse aus der Geschäftsführung ohne Auftrag im Sinne dieser Norm in der Regel dadurch charakterisiert, dass jemand in einem fremden Rechts- oder Interessenkreis Verrichtungen im Bewusstsein und mit dem Willen vornimmt, für einen anderen tätig zu sein.[514] Da an die Auslegung der Begriffe im Kollisionsrecht wegen der Wahrung seiner Neutralität keine strengen Maßstäbe gesetzt werden dürfen, ist das o.g. Bewusstsein und der Wille in kollisionsrechtlicher Hinsicht bereits dann zu bejahen, wenn die Vornahme der Verrichtungen zumindest auch einen fremden Rechts- oder Interessenkreis berührt und dies dem Verrichtenden bewusst ist.[515]

Der Erbenermittler sucht den Erben, um ihn wegen einer bestehenden Erbschaft zu kontaktieren. Weil der Erbe bis zu seinem Auffinden noch keine Kenntnis von der Erbschaft hat, berührt dessen Ermittlung durch den Erbenermittler zumindest auch seinen Interessenkreis. Denn ohne die Ermittlung erlangt er die Kenntnis von der Erbschaft wahrscheinlich nie. Dies ist dem Erbenermittler bekannt, sodass er die Ermittlung des Erben mit diesem Bewusstsein vornimmt. Die damit verbundenen Rechtsfragen können mithin unter den Begriff der Geschäftsführung ohne Auftrag i.S.d. Art. 11 Rom II-VO subsumiert werden. Die Frage, welches Recht diesbezüglich zur Anwendung kommt, ist also nach dieser Regelung zu bestimmen.

Die in Art. 11 Rom II-VO geregelten Kollisionsnormen beruhen auf einer dreistufigen Anknüpfungsleiter, die sich aus der Reihenfolge der ersten drei Absätze ergibt.[516] Knüpft ein außervertragliches Schuldverhältnis aus der Geschäftsführung ohne Auftrag an ein zwischen den Parteien bestehendes Rechtsverhältnis – wie einen Vertrag oder eine unerlaubte Handlung – an, das eine enge Verbindung mit dieser Geschäftsführung ohne Auftrag aufweist, so ist das Recht anzuwenden, dem dieses Rechtsverhältnis unterliegt (Art. 11 Abs. 1 Rom II-VO). Kann das anzuwendende Recht nicht nach Abs. 1 bestimmt werden und haben die Parteien zum Zeitpunkt des Eintritts des schadensbegründenden Ereignisses ihren gewöhnlichen Aufenthalt in demselben Staat, so ist das Recht dieses Staates anzuwenden (Art. 11 Abs. 2 Rom II-VO). Kann das anzuwendende Recht nicht nach den Absätzen 1

513 *Lehmann/Duczek*, JuS 2012, 788, 789; MünchKommBGB/*Junker*, Art. 11 Rom II-VO Rn. 9; *Nehne*, IPRax 2012, 136, 137.

514 Hk-BGB/*Dörner*, Art. 11 Rom II-VO Rn. 3; *Lehmann/Duczek*, JuS 2012, 788, 789; *Nehne*, IPRax 2012, 136, 137.

515 Vgl. *Späth*, S. 264.

516 MünchKommBGB/*Junker*, Art. 11 Rom II-VO Rn. 3; *G. Wagner*, IPRax 2008, 1, 11; vgl. auch *Leible/Lehmann*, RIW 2007, 721, 732.

oder 2 bestimmt werden, so ist das Recht des Staates anzuwenden, in dem die Geschäftsführung erfolgt ist (Art. 11 Abs. 3 Rom II-VO).

Wenn zwischen dem Erbenermittler und dem Erben kein Vertrag oder ein sonstiges bestehendes Rechtsverhältnis besteht, das eine enge Verbindung zur Erbenermittlungstätigkeit des Erbenermittlers aufweist, und beide Parteien ihren gewöhnlichen Aufenthalt nicht in demselben Staat haben, ist die Frage, welche Rechtsordnung auf das hier maßgebende Rechtsverhältnis anzuwenden ist, nach der Vorschrift des Art. 11 Abs. 3 Rom II-VO zu bestimmen. Es ist demnach relevant, in welchem Staat die Erbenermittlung erfolgt ist. Wie der Geschäftsführungsort im Sinne der Norm zu bestimmen ist, ist nicht gesetzlich geregelt und umstritten. Einerseits wird auf den Schwerpunkt der Tätigkeit abgestellt.[517] Andererseits wird der Ort des Tätigkeitsbeginns, also der erste Geschäftsführungsort, für maßgeblich gehalten.[518] Fraglich ist, welche Sichtweise überzeugt.

Für die Bestimmung des Geschäftsführungsorts nach dem Schwerpunkt der Tätigkeitsvornahme spricht, dass sich die Geschäftsführungshandlung als solche in einigen Fällen erst danach bestimmen lässt, wo sie überwiegend erfolgt ist. Dies kann beispielsweise in den Fällen von sukzessiven Handlungen in mehreren Staaten der Fall sein, etwa wenn eine Person in einem Staat verletzt worden ist und die Hilfeleistung in einem anderem Staat erfolgt ist.[519] Unter Umständen kann jedoch der Schwerpunkt der Tätigkeit kaum zu bestimmen sein,[520] beispielsweise wenn sich eine Handlung gleichermaßen auf mehrere Orte erstreckt, zumal die Anzahl dieser Orte sich nicht nur auf zwei oder drei beschränken, sondern leicht unüberschaubar werden kann. Die Rechtssicherheit könnte deshalb gefährdet werden.[521] Um eine solche Gefahr erst gar nicht aufkommen zu lassen und von vornherein Klarheit zwischen den Parteien des Schuldverhältnisses zu schaffen, sollte zwecks Bestimmung des Geschäftsführungsorts auf den Ursprung und damit auf den

517 Bamberger/Roth/*Spickhoff*, Art. 11 Rom II-VO Rn. 6; gleichfalls zu vorh. Bestimmungen s. *Spickhoff*, NJW 1999, 2209, 2212; offen gelassen von *Pfeiffer*, NJW 1999, 3674, 3675.

518 MünchKommBGB/*Junker*, Art. 11 Rom II-VO Rn. 18; Palandt/*Thorn*, Art. 11 Rom II-VO Rn. 8; Prütting/Wegen/Weinreich/*Fehrenbacher*, Art. 11 Rom II-VO Rn. 4; zu vorh. Bestimmungen s. *Hohloch/Jaeger*, JuS 2000, 1133, 1134; *Kreuzer*, RabelsZ 65 (2001), 383, 411.

519 Bamberger/Roth/*Spickhoff*, Art. 11 Rom II-VO Rn. 6; *Spickhoff*, NJW 1999, 2209, 2212.

520 MünchKommBGB/*Junker*, Art. 11 Rom II-VO Rn. 18.

521 MünchKommBGB/*Junker*, Art. 11 Rom II-VO Rn. 18.

ersten Handlungsort abgestellt werden. Deshalb ist der Ansicht zu folgen, die den Ort des Tätigkeitsbeginns für maßgeblich hält.

Für den vorliegenden Untersuchungsgegenstand bedeutet das, dass für die Bestimmung des Geschäftsführungsorts i.S.d. Art. 11 Abs. 3 Rom II-VO der Staat als erster Handlungsort maßgebend ist, in dem die Erbenermittlung beginnt, mithin in dem der Erbenermittler die ersten Ermittlungshandlungen vornimmt. Der deutsche Erbenermittler nimmt seine ersten Ermittlungstätigkeiten stets in Deutschland auf. Denn er erfährt in diesem Staat von dem Erbfall und recherchiert, ob unbekannte Erben vorhanden sind und wenn ja, in welche Richtung die Erbensuche gehen soll. I.S.d Art. 11 Abs. 3 Rom II-VO erfolgt die Geschäftsführung also im vorliegenden Fall stets in Deutschland. Darum ist das Schuldverhältnis aufgrund der Geschäftsführung ohne Auftrag und dementsprechende Ansprüche des Erbenermittlers gegen den Erben regelmäßig nach deutschem Sachrecht zu beurteilen.

Allerdings kann im Einzelfall ausnahmsweise auch russisches Sachrecht anwendbar sein. Die Ausweichklausel des Art. 11 Abs. 4 Rom II-VO verweist auf die Rechtsordnung, mit der das Verhältnis aus der Geschäftsführung ohne Auftrag nach der Gesamtheit der Umstände eine offensichtlich engere Verbindung als mit der insbesondere nach Abs. 3 der Norm ermittelten Rechtsordnung aufweist. Daran könnte im Einzelfall etwa dann zu denken sein, wenn der Erblasser russischer Staatsbürger war, der Nachlass in Russland belegen ist, das Testament in russischer Sprache verfasst ist o.ä. Allerdings ist zu beachten, dass gleich mehrere Tatsachen für die Abweichung von dem nach Art. 11 Abs. 3 Rom I-VO ermittelten Recht sprechen müssen[522] und die engere Verbindung zur russischen Rechtsordnung „offensichtlich" enger sein muss. Im Ergebnis dürfte Art. 11 Abs. 4 Rom II-VO also nur ganz wenige Ausnahmefälle erfassen.

(4) Statut der ungerechtfertigten Bereicherung

Das anzuwendende Recht bei Schuldverhältnissen aufgrund ungerechtfertigter Bereicherung regelt die Norm des Art. 10 Rom II-VO. Der Begriff der ungerechtfertigten Bereicherung ist ebenfalls nicht legal definiert, sodass er einer einheitlichen europäischen Auslegung unterliegt.[523] Die autonome Begriffsbestimmung wird in der Regel an der rechtsordnungsübergreifend anerkannten Funktion des Bereicherungsrechts bestimmt: Es dient dazu, rechtsgrundlos erfolgte

522 MünchKommBGB/*Junker*, Art. 4 Rom II-VO Rn. 55, zur Parallelvorschrift des Art. 4 Abs. 3 Satz 1 Rom II-VO.

523 MünchKommBGB/*Junker*, Art. 10 Rom II-VO Rn. 11.

Vermögensverschiebungen rückabzuwickeln.[524] Damit steht im Fokus die Mehrung des Schuldnervermögens, die abgeschöpft werden soll.[525]

Es gilt die Frage zu beantworten, nach welcher Rechtsordnung darüber zu entscheiden ist, ob der Erbenermittler die Übermittlung der Information über den Bestand der Erbschaft rückabwickeln kann. Es geht darum, ob das, was der Erbe erlangt hat, auf ersatzartige Weise wieder dem Erbenermittler zufließen soll. Damit steht im Fokus, wie die Vermögensmehrung des Erben rückgängig gemacht und abgeschöpft werden soll. Aus diesem Grund erfasst die Norm des Art. 10 Rom II-VO die hier relevante Rechtsfrage.

Wenn zwischen dem Erbenermittler und dem Erben kein bestehendes Rechtsverhältnis in Betracht kommt, das eine enge Verbindung mit der vorliegenden ungerechtfertigten Bereicherung aufweisen würde (vgl. Art. 10 Abs. 1 Rom II-VO) und die beiden Parteien ihren gewöhnlichen Aufenthalt nicht in demselben Staat haben (vgl. Art. 10 Abs. 2 Rom II-VO), ist das anzuwendende Recht nach Art. 10 Abs. 3 Rom II-VO zu bestimmen. Danach ist das Recht des Staates anzuwenden, in dem die ungerechtfertigte Bereicherung eingetreten ist. Weil die Vermögensverschiebung in der Regel dort stattfindet, wo der Empfänger die sein Vermögen mehrende Leistung empfängt, ist im Allgemeinen die am Wohnort oder an der Niederlassung des Empfängers geltende Rechtsordnung maßgebend.[526] Der Erbe wird durch die Informationen des Erbenermittlers bereichert und zwar an dem Ort, an dem der Erbenermittler ihn findet und kontaktiert, nämlich in Russland. Dort hat der Erbe seinen gewöhnlichen Aufenthalt, sodass die ungerechtfertigte Bereicherung im vorliegenden Fall i.S.d. Art. 10 Abs. 3 Rom II-VO in der Russischen Föderation eintritt. Wenn – wie regelmäßig – keine offensichtlich engere Verbindung zu einem anderen Staat ersichtlich ist (vgl. Art. 10 Abs. 4 Rom II-VO), ist das Schuldverhältnis aufgrund ungerechtfertigter Bereicherung zwischen dem Erbenermittler und dem in Russland lebenden Erben nach dem russischen Sachrecht zu beurteilen.

---

524 MünchKommBGB/*Junker*, Art. 10 Rom II-VO Rn. 13.

525 Erman/*Hohloch*, Art. 10 Rom II-VO Rn. 11; MünchKommBGB/*Junker*, Art. 10 Rom II-VO Rn. 13; Rauscher/*Jakob*/*Picht*, Art. 10 Rom II-VO Rn. 10; Palandt/*Thorn*, Art. 10 Rom II-VO Rn. 2; zu vorh. Bestimmungen s. *Kegel*/*Schurig*, S. 713; *G. Fischer*, IPRax 2002, 1; *Kreuzer*, RabelsZ 65 (2001), 383, 405 ff.

526 Bamberger/Roth/*Spickhoff*, Art. 10 Rom II-VO Rn. 9; MünchKommBGB/*Junker*, Art. 10 Rom II-VO Rn 28.

c) Ergebnis

Führt die Spur des professionellen Erbenermittlers in die Russische Föderation und kommt es zum Vertragsschluss mit dem dort gefundenen Erben, so findet nach Maßgabe des in Deutschland geltenden Kollisionsrechts vorbehaltlich einer Rechtswahl russisches Sachrecht auf den Vertrag Anwendung. Gleiches gilt unabhängig vom Vertragsschluss auch für etwaige Ansprüche aus culpa in contrahendo und im Hinblick auf den Billigkeitsanspruch. Ansprüche aus ungerechtfertigter Bereicherung richten sich regelmäßig ebenfalls nach russischem Recht.

Die Rechtsfragen, die sich um das Schuldverhältnis aus der Geschäftsführung ohne Auftrag ranken, sind grundsätzlich nach deutschem Sachrecht zu beantworten. Ausnahmsweise kann bei einer offensichtlich engeren Verbindung aber russisches Recht berufen sein.

2. Internationales Privatrecht bei Anrufung russischer Gerichte

Verklagt der Erbenermittler den Erben vor einem russischen Gericht, werden die in der Russischen Föderation geltenden Kollisionsnormen der internationalprivatrechtlichen Prüfung zu Grunde gelegt.[527]

a) Anwendbares Recht bei Abschluss eines Vertrages

Wenn der professionelle Erbenermittler mit dem in Russland lebenden Erben einen Vertrag schließt, der die Übermittlung der Erbschaftsinformationen gegen Zahlung durch den Erben zum Gegenstand hat, stellt sich bei Anrufung russischer Gerichte gleichermaßen die Frage, nach welchem Recht die sachrechtliche Prüfung der Rechtsverhältnisse zu erfolgen hat.

Vorbehaltlich besonderer staatsvertraglicher Normen, die zwischen Russland und Deutschland insoweit nicht bestehen, gelten in der Russischen Föderation die in dem russischen Zivilgesetzbuch[528] verankerten internationalprivatrechtlichen Regelungen der Art. 1186 ff. ZGB.

Unter dem nach diesen Normen anzuwendenden Recht eines Staates sind gem. Art. 1190 Abs. 1 ZGB die in diesem Staat geltenden Rechtsnormen unter

527 S. dazu oben bei Fn. 399.

528 Zivilgesetzbuch der Russischen Föderation vom 30. November 1994 Nr. 51-FZ, vom 26. Januar 1996 Nr. 14-FZ, vom 26. November 2001 Nr. 146-FZ und vom 18. Dezember 2006 Nr. 230-FZ (im Folgenden ZGB), zuletzt geändert durch das Föderale Gesetz vom 31. Januar 2016 Nr. 7-FZ „Über die Einführung von Änderungen in einzelne Gesetzgebungsakte der Russischen Föderation", abrufbar unter http://base.garant.ru/10164072/.

Ausschluss derjenigen des Kollisionsrechts zu verstehen. Es sind demnach ausschließlich die jeweils geltenden Sachvorschriften maßgebend.[529]

aa) Bei Rechtswahl anwendbares Recht

(1) Grundsatz der Parteiautonomie

Den Grundsatz der Parteiautonomie (Verweisungsfreiheit) kennt auch das russische Kollisionsrecht. Es ist für vertragliche Rechtsverhältnisse in der Norm des Art. 1210 Abs. 1 ZGB enthalten. Danach können die Parteien bei Vertragsschluss oder später einvernehmlich eine Rechtswahl treffen, die für die Regulierung ihrer vertraglichen Rechte und Pflichten gelten soll. Die Rechtswahl muss von beiden Parteien klar und deutlich zum Ausdruck gebracht werden oder aus den Umständen des Einzelfalls hervorgehen (Art. 1210 Abs. 2 ZGB) und kann in dem von ihnen geschlossenen Vertrag enthalten sein oder in einem separaten Dokument festgehalten werden.[530] Es ist auch möglich, die Rechtswahl erst im Rahmen eines gerichtlichen Verfahrens zu treffen, indem sie im gerichtlichen Sitzungsprotokoll fixiert wird.[531]

Schließen der Erbenermittler und der Erbe einen Vertrag, besteht für sie die Möglichkeit, unter anderem deutsches oder russisches Recht für die Geltung in Bezug auf ihre vertragliche Vereinbarung zu bestimmen. Je nach dem, welches Recht sie wählen, unterliegt ihr Vertrag grundsätzlich dem festgelegten Recht.

(2) Einschränkung der Parteiautonomie

Gem. Art. 1212 Abs. 1 ZGB findet die Parteiautonomie bei vertraglicher Beteiligung von Verbrauchern ihre Einschränkung. Nach Art. 1212 Abs. 1 ZGB darf die Rechtswahl, wenn eine Vertragspartei Verbraucher im Sinne dieser Vorschrift ist, nicht die Folge nach sich ziehen, dass die den Verbraucher schützenden Normen des Staates seines Wohnortes abbedungen werden, wenn der Kontrahent des Verbrauchers (professionell handelnde Partei) seine Tätigkeiten im Staat des Verbraucherwohnorts ausübt und diese mit dem Vertrag im Zusammenhang stehen.

(a) Erbe als Verbraucher

Als Verbraucher kommt der Erbe in Betracht. Die Vorschrift des Art. 1212 Abs. 1 ZGB definiert den Begriff des Verbrauchers. Danach ist dies eine Person, die bewegliche Sachen (Arbeiten, Dienste) benutzt, erwirbt oder bestellt oder die Absicht

529 *Abova/Boguslavskiy/Svetlanov*, Art. 1190 Rn. 3.
530 *Abova/Boguslavskiy/Svetlanov*, Art. 1210 Rn. 2.
531 Vgl. *Rosenberg*, S. 16, 18 f.

hat, diese zu benutzen, zu erwerben oder zu bestellen, und zwar ausschließlich für persönliche, familiäre oder andere Bedürfnisse, die nicht mit der unternehmerischen Tätigkeit im Zusammenhang stehen.

Zwar stellt die Norm auf bewegliche Sachen als Vertragsgegenstand ab, was im vorliegenden Fall hinsichtlich der Erbschaftsinformationen als Gegenstand der hier maßgeblichen vertraglichen Vereinbarung zwischen dem Erbenermittler und dem Erben Bedenken aufwirft. Allerdings steht nach dem Sinn und Zweck der Norm des Art. 1212 Abs. 1 ZGB nicht die Eigenschaft des Vertragsgegenstands für die Bestimmung des Verbraucherbegriffs im Mittelpunkt. Denn der Sinn und Zweck der Vorschrift geht vielmehr dahin, den Verbraucher im Erhalt seiner Verbraucherrechte zu schützen.[532] Diese sind in Russland umfassend im Gesetz „Über den Schutz der Verbraucherrechte“[533] geregelt. Gem. Art. 1187 Abs. 1 ZGB sind alle juristischen Begriffe im Rahmen internationalprivatrechtlicher Prüfung im Einklang mit dem Recht Russlands auszulegen. Daraus wird geschlussfolgert, dass Art. 1212 Abs. 1 ZGB im Einklang mit dem russischen VerbrG ausgelegt werden muss.[534] So kann der Verbraucherschutz sichergestellt werden und dem Sinn und Zweck des Art. 1212 Abs. 1 ZGB Rechnung getragen werden.

Der Begriff des Verbrauchers i.S.d. VerbrG ist mit demjenigen des Art. 1212 Abs. 1 ZGB fast identisch. Gemäß der Präambel des VerbrG ist ein Verbraucher im Sinne des Gesetzes ein Bürger, der vorhat, Waren (Arbeiten oder Dienste) zu bestellen oder zu erwerben, oder diese bestellt oder erwirbt, und zwar ausschließlich für einen persönlichen, familiären, häuslichen oder anderen Zweck, der nicht mit seiner Unternehmenstätigkeit im Zusammenhang steht. Der Begriff der beweglichen Sache des Art. 1212 Abs. 1 ZGB ist demnach wie derjenige des VerbrG zum Schutze des Verbrauchers weit auszulegen und als allgemein gefasster Begriff

532 *Abova/Boguslavskiy/Svetlanov*, Art. 1212 Rn. 1.

533 Gesetz der Russischen Föderation vom 7. Februar 1992 Nr. 2300-I (im Folgenden VerbrG), zuletzt geändert durch das Föderale Gesetz vom 13. Juli 2015 Nr. 233-FZ „Über die Einführung von Änderungen in das Föderale Gesetz ‚Über allgemeine Prinzipien der Organisation der Gesetzgebungs- und Exekutivorgane der Staatsgewalt der Subjekte der Russischen Föderation‘ und in einzelne Gesetzgebungsakte der Russischen Föderation sowie über die Anerkennung einzelner Bestimmungen der Russischen Föderation als solche, die außer Kraft getreten sind“, abrufbar unter http://base.garant.ru/10106035/.

534 Sergeev/*Nikiforov*, Art. 1212 Rn. 5 f.; vgl. auch *Abova/Boguslavskiy/Svetlanov*, Art. 1212 Rn. 1.

der Ware zu verstehen.[535] Damit erstreckt sich die Bestimmung auf alle Vereinbarungen und Vertragsarten, die auf die Befriedigung von Bedürfnissen abzielen.[536]

Dies trifft auf den hier maßgeblichen Vertrag zwischen dem Erbenermittler und dem Erben zu. Denn die Erbschaftsinformationen dienen dazu, die Bedürfnisse des Erben hinsichtlich der Erbschaft zu befriedigen. Sie fallen damit unter den Begriff der Ware im Sinne des Gesetzes.

Entscheidend ist weiterhin, dass der Erbe den Vertrag nicht im Rahmen seiner Unternehmenstätigkeit abschließt. Eine Vereinbarung ist den Unternehmenshandlungen untergeordnet, wenn sie mit dem Ziel erfolgt, Gewinn zu erzielen und als systematische Vorgehensweise unternommen wird.[537] Da der Erbe den Abschluss des Vertrages über die Übermittlung der Erbschaftsinformationen ausschließlich zu seinen privaten Zwecken abschließt, um seine rein privaten Erbrechte ausüben zu können, und der Vertrag in jedem Fall eine einmalige Angelegenheit darstellt, ist keine Unternehmenshandlung des Erben ersichtlich. Aus diesem Grund erfüllt er die Voraussetzungen eines Verbrauchers im Sinne des VerbrG und zugleich des Art. 1212 Abs. 1 ZGB.

Der Erbe tritt bei Abschluss des Vertrages mit dem Erbenermittler, der die Vorlage der Erbschaftsinformationen gegen Zahlung zum Gegenstand hat, als Verbraucher i.S.d. Art. 1212 Abs. 1 ZGB auf.

(b) Erbenermittler als professionell handelnde Partei

Die Norm des Art. 1212 Abs. 1 ZGB setzt ferner voraus, dass der Kontrahent des Verbrauchers (professionell handelnde Partei) seine Tätigkeiten im Staat des Verbraucherwohnorts ausübt und diese mit dem Vertrag im Zusammenhang stehen. Der Erbenermittler müsste also bei Vertragsabschluss mit dem Erben in Ausübung seiner professionellen Tätigkeit handeln. Der Ermittler schließt den Vertrag mit dem Erben ausschließlich in seiner beruflichen Funktion als Erbenermittler. Der Zusammenhang der professionellen Tätigkeit des Ermittlers mit dem Vertrag liegt vor. Außerdem kommt es zum Vertragsschluss in Russland. Dort ist der Erbe wohnhaft. Damit übt der Erbenermittler seine professionellen Handlungen in dem Staat aus, in dem der Erbe als Verbraucher seinen Wohnsitz hat.

---

535 Vgl. *Abova/Boguslavskiy/Svetlanov*, Art. 1212 Rn. 2; *Gujev*, Kommentar zum ZGB, Art. 1212 Rn. 1, die den Begriff der beweglichen Sache als Ware interpretieren, ohne explizit auf die Definition einzugehen.

536 *Bogatirjova/Schevtschenko*, Komm. z. Präambel Abs. 5.

537 *Baluschkin/Michajlova/Pantjutschin/Smirnova*, S. 4; *Parziy*, S. 18.

(c) Ergebnis

Zwischen dem Erbenermittler und dem Erben wird ein Verbrauchervertrag i.S.d. Art. 1212 Abs. 1 ZGB geschlossen, wenn sie eine Vereinbarung mit dem Inhalt der Vorlage der Erbschaftsinformationen gegen Zahlung treffen. Dies hat zur Folge, dass sie zwar eine Rechtswahl gem. Art. 1210 Abs. 1 ZGB bestimmen und damit ihre Parteiautonomie ausüben können. Diese unterliegt jedoch der Einschränkung des Art. 1212 Abs. 1 ZGB, indem die den Erben als Verbraucher schützenden Normen des Staates seines Wohnortes – und damit der Russischen Föderation – nicht gänzlich abbedungen werden dürfen. Die Einschränkung greift indes erst ein, wenn ihm das Recht seines Wohnsitzstaates bei rechtlicher Verteidigung einen besseren Schutz bietet als dies nach der Rechtswahl vorgesehen ist.[538]

bb) Mangels Rechtswahl anwendbares Recht

Treffen der Erbenermittler und der Erbe keine Rechtswahl, unterliegt ihr Vertrag als Verbrauchervertrag i.S.d. Art. 1212 Abs. 1 ZGB gem. Art. 1212 Abs. 2 ZGB dem Recht des Staates, in dem der Erbe als Verbraucher seinen Wohnsitz hat. Dies ist vorliegend die Russische Föderation. Insoweit ist also das russische Sachrecht anwendbar.

b) Anwendbares Recht bei außervertraglichem Rechtsverhältnis

Wenn der professionelle Erbenermittler und der in Russland lebende Erbe keinen Vertrag schließen, ist zu untersuchen, nach welchem Recht ihr Rechtsverhältnis außerhalb einer vertraglichen Beziehung zu bestimmen ist.

aa) Bei Rechtswahl anwendbares Recht

Eine Ausprägung des Grundsatzes der Parteiautonomie für außervertragliche Rechtsverhältnisse enthält Art. 1210 Abs. 6 ZGB. Danach können die Parteien eines nicht auf einem Vertrag beruhenden Rechtsverhältnisses das auf ihr Verhältnis anzuwendende Recht selbst bestimmen, wenn die Rechtswahlmöglichkeit gesetzlich normiert ist. Daraus folgt, dass bei außervertraglichen Rechtsverhältnissen die Rechtswahl nicht nach Belieben der Parteien getroffen werden kann. Sie sind darauf angewiesen, dass das Gesetz dies ihnen explizit gestattet. Eine solche Rechtswahlmöglichkeit sieht allein die Vorschrift des Art. 1223.1 Abs. 1 ZGB vor. Die Norm stellt klar, dass die Parteien bei Verpflichtungen aus einer Schadenszufügung oder aufgrund ungerechtfertigter Bereicherung das auf

538 *Abova/Boguslavskiy/Svetlanov*, Art. 1212 Rn. 1; Sergeev/*Nikiforov*, Art. 1212 Rn. 1.

ihr Rechtsverhältnis anzuwendende Recht wählen können. Für andere außervertraglichen Beziehungen ist die Rechtswahlmöglichkeit nicht gesetzlich vorgesehen.

Treffen also der Erbenermittler und der Erbe eine Rechtswahl zu Gunsten des deutschen oder des russischen Rechts, hängt die Wirksamkeit der Rechtswahlvereinbarung davon ab, welches außervertragliche Rechtsverhältnis diese betrifft. Erstreckt sie sich auf die Verpflichtungen, die aus einer Schadenszufügung resultieren oder auf eine ungerechtfertigte Bereicherung zurückgehen, ist sie wirksam. Für andere Rechtsverhältnisse ist sie unbeachtlich.

In der Praxis werden der Erbenermittler und der Erbe – wie bereits ausgeführt – kaum jemals eine Rechtswahl in Bezug auf ihr außervertragliches Rechtsverhältnis treffen.[539]

bb) Mangels Rechtswahl anwendbares Recht

(1) Statut des vorvertraglichen Rechtsverhältnisses

Finden zwischen dem Erbenermittler und dem in Russland lebenden Erben Vertragsverhandlungen statt und lehnt der Erbe das Vertragsangebot ab, fragt sich, wie dieses Verhalten kollisionsrechtlich einzuordnen ist.

Welche Rechtsordnung bei Verschulden im Rahmen der Vertragsverhandlungen anwendbar ist, bestimmt die Vorschrift des Art. 1222.1 ZGB. Nach Abs. 1 der Norm ist für Verpflichtungen, die aufgrund nichtgewissenhafter Handlungen bei Vertragsverhandlungen entstehen, das Recht anzuwenden, das auf den Vertrag anwendbar ist oder, falls es zu keiner vertraglichen Vereinbarung gekommen ist, anwendbar gewesen wäre, wenn der Vertrag zustande gekommen wäre. Was unter einer nichtgewissenhaften Handlung bei Vertragsverhandlungen zu verstehen ist, regeln die internationalprivatrechtlichen Normen nicht. Es ist bereits auf Art. 1187 Abs. 1 ZGB hingewiesen worden.[540] Danach sind alle juristischen Begriffe im Rahmen internationalprivatrechtlicher Prüfung im Einklang mit dem Recht Russlands zu definieren und auszulegen. Fälle der culpa in contrahendo und die mit diesem Grundsatz verbundenen nichtgewissenhaften Handlungen bei Vertragsverhandlungen sind explizit in der Norm des Art. 434.1 Abs. 2 Satz 2 ZGB geregelt. Diese Vorschrift kann für die Definition und die Auslegung des Begriffs der nichtgewissenhaften Handlung i.S.d. Art. 1222.1 Abs. 1 ZGB dienlich sein, wenngleich die Begriffe nicht deckungsgleich sind. Gem. Art. 434.1 Abs. 1 Satz 2 Ziff. 2 ZGB ist eine nichtgewissenhafte Handlung während der Durchführung der

539 S. dazu oben unter § 8 II. 1. b) bb) und Fn. 508, 527.

540 S. dazu oben unter § 8 II. 2. a) aa) (2) (a).

Verhandlungen ein unerwarteter und nicht gerechtfertigter Abbruch der Verhandlungen über den Abschluss eines Vertrages unter solchen Umständen, bei denen die andere Partei dies nicht vernünftigerweise erwarten konnte. Damit steht fest, dass der Begriff der nichtgewissenhaften Handlung i.S.d. Art. 1222.1 Abs. 1 ZGB den Abbruch von Vertragsverhandlungen einschließt. Die Regelung erfasst also die hier maßgebende Rechtfrage.

Art. 1222.1 Abs. 1 ZGB verweist auf die Rechtsordnung, die auf den Vertrag anzuwenden gewesen wäre, wenn er geschlossen worden wäre. Das vorvertragliche Rechtsverhältnis unterliegt demnach dem Recht, das die Parteien für ihre in Aussicht genommene vertragliche Vereinbarung bereits gewählt haben oder das mangels Rechtswahl kraft objektiver Anknüpfung auf den Vertrag anzuwenden gewesen wäre.

Liegt zwischen dem Erbenermittler und dem Erben bereits eine Rechtswahlvereinbarung im Hinblick auf den angestrebten Vertrag gem. Art. 1210 Abs. 1 ZGB vor, findet das von ihnen gewählte Recht auf ihr vorvertragliches Rechtsverhältnis Anwendung.

Fehlt eine Vereinbarung über das auf den Vertrag anzuwendende Recht, wäre die russische Rechtsordnung kraft objektiver Anknüpfung auf ihr vertragliches Rechtsverhältnis gem. Art. 1212 Abs. 2 ZGB anzuwenden gewesen. Denn hier läge ein Verbrauchervertrag i.S.d. Art. 1212 Abs. 1 ZGB vor.[541] Demnach bestimmt sich die Frage nach einem Anspruch des Erbenermittlers aus der Verletzung eines vorvertraglichen Schuldverhältnisses mangels Rechtswahl nach dem russischen Sachrecht.

(2) Statut des Billigkeitsanspruchs

Eine Kollisionsnorm, die die Voraussetzungen eines Billigkeitsanspruchs regelt, gibt es auch in der russischen Rechtsordnung nicht. Allerdings könnte die Vorschrift des Art. 1222.1 Abs. 1 ZGB auf diesen Fall anwendbar sein. Die Norm bestimmt, welche Rechtsordnung auf nichtgewissenhafte Handlungen bei Vertragsverhandlungen anwendbar ist. Dass die Fälle der culpa in contrahendo von der Regelung erfasst sind, zeigt bereits die Auslegung der Norm im Einklang mit Art. 434.1 Abs. 1 Satz 2 ZGB, die auch von der Vorschrift des Art. 1222.1 Abs. 1 ZGB vorausgesetzte nichtgewissenhafte Handlungen bei Vertragsverhandlungen definiert. Die von der Regelung des Art. 1222.1 Abs. 1 ZGB erfassten Fälle erschöpfen sich indessen nicht allein in den Konstellationen der vorvertraglichen Schuldverhältnisse. Darauf lassen insbesondere die historischen Hintergründe der Norm des

541 S. dazu oben unter § 8 II. 2. a) bb).

Art. 1222.1 ZGB und derjenigen des Art. 434.1 ZGB schließen. Art. 1222.1 ZGB ist durch das Föderale Gesetz vom 30. September 2013 Nr. 260-FZ am 1. November 2013 in Kraft getreten. Zu diesem Zeitpunkt war das Institut der culpa in contrahendo der russischen Rechtsordnung in seiner jetzigen Fassung noch nicht bekannt. Erst seit dem Inkrafttreten der Norm des Art. 434.1 ZGB am 1. Juni 2015 durch das Gesetz der Russischen Föderation vom 8. März 2015 Nr. 42-FZ „Über die Einführung der Änderungen in den ersten Teil des Zivilgesetzbuches der Russischen Föderation"[542] haben vorvertragliche Rechtsverhältnisse ihren Weg in das russische Zivilgesetzbuch gefunden. Damit steht fest, dass der Gesetzgeber den Anwendungsbereich des Art. 1222.1 ZGB offensichtlich nicht allein auf vorvertragliche Schuldverhältnisse einzuschränken beabsichtigte. Dieser ist somit weiter gefasst.

Dem lässt sich entnehmen, dass die Norm des Art. 1222.1 ZGB alle Fälle erfasst, die aufgrund nichtgewissenhafter Handlungen bei Vertragsverhandlungen zu Verpflichtungen führen. Die Verpflichtungen müssen nicht zwingend aus einem vorvertraglichen Schuldverhältnis im Sinne des Sachrechts herrühren. Vielmehr sind alle Verpflichtungen aus Handlungen erfasst, die im vorvertraglichen Stadium den Gutglaubensschutz[543] beeinträchtigen. Folglich fällt unter nichtgewissenhafte Handlungen auch ein mit dem vorvertraglichen Stadium im Zusammenhang stehendes treuwidriges Verhalten. Lässt sich der Erbe im Vorfeld eines Vertragsschlusses mit dem Erbenermittler die Information über den Bestand der Erbschaft geben und gelangt er später trotz Ablehnung des Vertragsangebots zu der Erbschaft, ist der gute Glaube des Erbenermittlers, der die Information dem Erben mitteilte, weil er von dem Abschluss des Vertrages ausging, berührt. Denn der Erbe verwertet die Information des Ermittlers, obwohl er keinen Vertrag mit diesem abschließt. Die den Gutglaubensschutz berührende Handlung des Erben geht auf das vorvertragliche Stadium zurück, in welchem er die Information über den Bestand der Erbschaft entgegennimmt. Folglich erfasst die Norm des Art. 1222.1 Abs. 1 ZGB ein derartiges Handeln. Das Rechtsverhältnis ist somit nach dem Recht zu bestimmen, das die Parteien für ihre beabsichtigte vertragliche Vereinbarung bereits gewählt haben oder das kraft objektiver Anknüpfung auf den Vertrag anzuwenden gewesen wäre.

Haben der Erbenermittler und der Erbe eine Rechtswahl gem. Art. 1210 Abs. 1 ZGB im Hinblick auf den Vertrag getroffen, findet das von ihnen gewählte

542 Das Gesetz ist durch die staatliche Duma am 25. Februar 2015 angenommen, durch den Rat der Föderation am 4. März 2015 genehmigt und anschließend in der „Rossijskaja Gazeta" am 13. März 2015, Ausgabe Nr. 6623, veröffentlicht worden.

543 Vgl. *Mindach*, WiRO 2014, 53, 56.

Sachrecht auf die Regelung des Billigkeitsanspruchs Anwendung. Fehlt es an einer Rechtswahlvereinbarung, so unterliegt die Frage nach einem solchen Anspruch gem. Art. 1222.1 Abs. 2 ZGB der russischen Rechtsordnung. Denn hier käme es, wie oben ausgeführt, zu einem Verbrauchervertrag i.S.d. Art. 1212 Abs. 1 ZGB.

(3) Statut der Geschäftsführung ohne Auftrag

Im Folgenden ist aus der Sicht des russischen Kollisionsrechts zu diskutieren, nach welcher Rechtsordnung die Frage beantwortet wird, ob der Erbenermittler, obwohl ihn der Erbe weder zu dessen Suche beauftragt noch sonst berechtigt hat, an diesen zumindest zwecks Erstattung seiner Aufwendungen herantreten kann.

Welches Recht in den Fällen der Geschäftsführung ohne Auftrag anwendbar ist, ist in den russischen internationalprivatrechtlichen Regelungen nicht normiert. Auch lassen sich die mit der Geschäftsführung ohne Auftrag zusammenhängenden Rechtsfragen nicht mit denjenigen anderer normierter Institute vergleichen, sodass eine anderweitige Qualifikation ausscheidet. Deshalb muss an dieser Stelle auf die allgemeine Anknüpfung des Art. 1186 Abs. 2, Abs. 1 ZGB zurückgegriffen werden. Danach ist bei zivilrechtlichen Verhältnissen mit Beteiligung ausländischer Personen oder bei zivilrechtlichen Verhältnissen, die mit einem anderen ausländischen Element beschwert sind, das Recht des Staates anzuwenden, mit dem das Rechtsverhältnis am engsten verbunden ist, wenn sich das Recht nicht anders anhand russischer Gesetze ermitteln lässt.

Der Erbenermittler ist aus der Sicht Russlands eine ausländische Person, da er aus Deutschland stammt und damit im Regelfall keine Staatsbürgerschaft der Russischen Föderation hat, auf die bei der Bestimmung des Begriffs der ausländischen Person i.S.d. Art. 1186 Abs. 2, Abs. 1 ZGB abgestellt wird.[544] Das Rechtsverhältnis ist mithin mit einem ausländischen Element beschwert. Der Tatbestand des Art. 1186, Abs. 2, Abs. 1 ZGB ist erfüllt.

Entscheidend für die Festlegung des anwendbaren Rechts ist die engste Verbindung i.S.d. Art. 1186 Abs. 2, Abs. 1 ZGB. Zu welchem Staat diese besteht, bestimmt sich zunächst danach, um welche Art des Rechtsverhältnisses es sich handelt.[545] Bei nichtvermögensrechtlichen Verhältnissen ist deren Subjekt, bei sachenrechtlichen Beziehungen das Rechtsobjekt und bei Schuldverhältnissen ist deren Inhalt ausschlaggebend.[546] Weil es sich bei einem Rechtsverhältnis aus

544 Vgl. *Gujev*, Kommentar zum ZGB, Art. 1186 Rn. 2 b).
545 Sergeev/*Ivanov*, Art. 1186 Rn. 5.
546 Sergeev/*Ivanov*, Art. 1186 Rn. 5.

der Geschäftsführung ohne Auftrag um ein Schuldverhältnis handelt, ist folglich auf den Inhalt des Verhältnisses zwischen dem Erbenermittler und dem Erben abzustellen.

Den Schwerpunkt der Geschäftsführung ohne Auftrag stellen die Aufwendungen des Ermittlers dar. Denn für sie möchte er entschädigt werden. Damit muss der Inhalt des Verhältnisses anhand der getätigten Aufwendungen bestimmt werden. Es stellt sich die Frage, mit welchem Staat diese am engsten verbunden sind – mit Deutschland oder mit Russland. Insoweit könnte einerseits auf den Schwerpunkt der Tätigkeit abgestellt werden. Andererseits könnte der Ort des Tätigkeitsbeginns im Sinne des ersten Geschäftsführungsorts maßgeblich sein. Wie im Rahmen der Prüfung des Statuts der Geschäftsführung ohne Auftrag nach den in Deutschland geltenden Kollisionsnormen schon ausgeführt worden ist,[547] würde die Rechtssicherheit gefährdet, wenn man auf den Tätigkeitsschwerpunkt abstellte. Nichts anderes gilt auch hier. Denn der Schwerpunkt kann sich in den Fällen mit Beteiligung mehrerer Staaten nicht eindeutig bestimmen lassen. Zwecks Vermeidung dieser Gefahr und zur Schaffung klarer Verhältnisse zwischen den Parteien ist demnach auch im Rahmen der internationalprivatrechtlichen Prüfung nach den russischen Kollisionsnormen auf den ersten Geschäftsführungsort abzustellen. Dieser liegt hier in Deutschland.[548]

Ausnahmsweise kann die Anknüpfung an die engste Verbindung aber auch zum russischen Sachrecht führen. Zu denken ist an die Fälle, in denen auch die Ausweichklausel des Art. 11 Abs. 3 Rom I-VO die Anwendung russischen Sachrechts vorschreibt.[549] Dies dürfte nur wenige Ausnahmefälle erfassen.

Infolgedessen ist das Rechtsverhältnis zwischen dem Erbenermittler und dem in Russland lebenden Erben aufgrund der Geschäftsführung ohne Auftrag und die dementsprechenden Ansprüche des Ermittlers gegen den Erben bei Anrufung russischer Gerichte grundsätzlich nach deutschem Sachrecht zu beurteilen.

(4) Statut der ungerechtfertigten Bereicherung

Wird keine vertragliche Vereinbarung zwischen dem Ermittler und dem Erben getroffen, kommt der Erbe zwar nicht unmittelbar in den Genuss der genaueren Erbschaftsinformationen. Indes bleibt ihm die Erkenntnis erhalten, dass er Erbe geworden ist. Es ist zu prüfen, nach welchem Recht zu entscheiden ist, ob dem

547 S. dazu oben unter § 8 II. 1. b) cc) (3).

548 S. dazu ausführlich oben unter § 8 II. 1. b) cc) (3).

549 S. dazu näher oben unter § 8 II. 1. b) cc) (3).

Erbenermittler für diese ungerechtfertigte Bereicherung des Erben ein Ersatzanspruch zusteht.

Das anzuwendende Recht im Falle einer ungerechtfertigten Bereicherung normiert Art. 1223 ZGB. Gem. Art. 1223 Abs. 1 ZGB ist bei Verpflichtungen, die aufgrund ungerechtfertigter Bereicherung entstanden sind, das Recht des Staates anzuwenden, in dem die Bereicherung stattgefunden hat. Die Norm erfasst die Fälle, in denen es einer Schaffung der Vermögensbalance bedarf.[550] Damit ist die Vorschrift auf die Rückabwicklung rechtsgrundlos erfolgter Vermögensverschiebungen gerichtet. Es steht die Frage im Fokus, ob der Erbenermittler die Vorlage der Information über den Bestand der Erbschaft rückabwickeln kann. Die Bereicherung des Erben könnte zumindest in Gestalt eines Ersatzes wieder dem Erbenermittler zustehen. Mithin geht es darum, wie die Vermögensbalance zwischen dem Erbenermittler und dem Erben wieder hergestellt wird. Die hier relevante Rechtsfrage ist bereicherungsrechtlich zu qualifizieren: Sie wird von der Norm des Art. 1223 Abs. 1 ZGB erfasst.

Die Vorschrift knüpft an das Recht des Staates an, in dem die Bereicherung stattgefunden hat. Die Bereicherung ist in dem Staat als erfolgt anzusehen, auf dessen Territorium der Bereicherte letztendlich den Bereicherungsgegenstand erworben hat,[551] also die Sachherrschaft über den Gegenstand erhalten hat.[552] Der Erbe bekommt die Information des Erbenermittlers an dem Ort, an dem der Erbenermittler ihn findet und kontaktiert. Dies ist die Russische Föderation. Das Rechtsverhältnis zwischen dem Ermittler und dem Erben aufgrund ungerechtfertigter Bereicherung ist folglich nach dem russischen Sachrecht zu beurteilen.

c) Ergebnis

Findet der professionelle Erbenermittler den Erben in Russland und schließt er dort mit ihm einen Vertrag, so ist nach Maßgabe des in Russland geltenden Internationalen Privatrechts vorbehaltlich einer Rechtswahl russisches Sachrecht auf den Vertrag anwendbar. Dies gilt auch für die Ansprüche aus vorvertraglichem Schuldverhältnis und bezüglich des Billigkeitsanspruchs. Ansprüche aus ungerechtfertigter Bereicherung unterliegen mangels Rechtswahl regelmäßig ebenfalls dem russischen Recht. Für die Rechtsfragen hinsichtlich des Rechtsverhältnisses aus der Geschäftsführung ohne Auftrag ist hingegen grundsätzlich das Recht der Bundesrepublik Deutschland einschlägig.

550 Vgl. *Abova/Boguslavskiy/Svetlanov*, Art. 1223 Rn. 2 a.E.

551 Sergeev/*Ogorodov*, Art. 1223 Rn. 5.

552 *Abova/Boguslavskiy/Svetlanov*, Art. 1223 Rn. 1.

III. Sachrechtliche Prüfung

1. Vertragliches Rechtsverhältnis

Wenn der professionelle Erbenermittler den in Russland lebenden Erben findet, geht er genauso vor, wie in Bezug zu dem in Deutschland gefundenen Erben. Dies bedeutet, dass er an den Erben zunächst herantritt und ihm bekannt gibt, dass dieser Erbe ist, ohne die Einzelheiten über die Erbschaft preiszugeben. Anschließend bietet er dem Erben an, einen Vertrag mit dem Gegenstand der Übermittlung der Erbschaftsinformationen an ihn gegen Vergütungsentrichtung abzuschließen. Geht der Erbe auf dieses Angebot ein, kommt es zwischen ihm und dem Erbenermittler zu einer Vereinbarung mit dem entsprechenden Inhalt. Wie diese rechtlich einzuordnen ist und ob sich ein Zahlungsanspruch des Erbenermittlers daraus ergibt, kann sich, wie die kollisionsrechtliche Prüfung ergeben hat, nach deutschem (dazu unter *a)*) oder russischem (dazu unter *b)*) Recht beurteilen.

a) Deutsches Sachrecht

Für die Anwendung deutschen Sachrechts kann auf die bereits gewonnenen Erkenntnisse zurückgegriffen werden.

Kommt ein Vertrag zwischen dem Erben und dem Erbenermittler in seiner Ermittlereigenschaft zustande, der die Vorlage der Erbschaftsinformationen gegen Zahlungsentrichtung zum Gegenstand hat, wird zwischen ihnen ein Kaufvertrag i.S.d. § 453 BGB geschlossen.[553] Der Zahlungsanspruch des Erbenermittlers ergibt sich aus §§ 453 Abs. 1, 433 Abs. 2 BGB. Die Art der Zahlungsentrichtung können die Parteien selbst bestimmen: Entweder erfolgt sie aus dem dem Erben zustehenden Nachlass oder in anderer Weise.[554]

Ist der Erbenermittler zum Nachlasspfleger bestellt worden, kann er indessen keinen wirksamen Vertrag mit dem Erben als seinem Pflegling schließen, weil dieser jedenfalls gegen ein Verbotsgesetz verstößt und deshalb gem. § 134 BGB unwirksam ist.[555] Der Erbenermittler-Nachlasspfleger hat keine vertraglichen Zahlungsansprüche gegen den Erben.

553 S. dazu oben unter § 7 I. 1. d) bb).

554 S. zu den Zahlungsmöglichkeiten näher oben unter § 7 I. 1. d) bb) (3).

555 S. dazu oben unter § 7 I. 2.

b) Russisches Sachrecht

aa) Vertragsverhältnis des Erbenermittlers in seiner Ermittlereigenschaft

(1) Vertrag über die entgeltliche Erbringung von Diensten gem. Art. 779 ZGB

Die Norm des Art. 779 ZGB regelt laut ihrer Überschrift vertragliche Beziehungen, die eine entgeltliche Erbringung von Diensten zum Gegenstand haben. Also ist die Regelung auf Dienstverträge anwendbar, die jedoch nicht auf abhängige Beschäftigungen und damit auf Arbeitsverträge anwendbar ist, da diese umfassend im Arbeitsgesetzbuch der Russischen Föderation[556] normiert sind.[557]

Nach Art. 779 Abs. 1 ZGB ist der Dienstleistende gemäß dem Vertrag über die entgeltliche Erbringung von Diensten verpflichtet, Dienste gemäß dem Auftrag des Auftraggebers zu leisten (bestimmte Handlungen vorzunehmen oder bestimmte Tätigkeiten auszuführen), und der Auftraggeber ist verpflichtet, ihn für diese Dienste zu bezahlen. Was unter dem Begriff der Dienste zu verstehen ist, ist nicht gesetzlich normiert. Es ist lediglich in der Norm des Art. 128 ZGB vorgesehen, dass unter anderem Dienstleistungen Rechtsobjekte sein können, ohne den Begriff zu definieren. Die Norm des Art. 779 Abs. 1 ZGB unterstreicht aber durch Setzung der Klammern, dass Dienste im Sinne der Regelung die Vornahme bestimmter Handlungen oder die Ausführungen bestimmter Tätigkeiten voraussetzen. Damit wird der Begriff konkretisiert.[558] In diesem Kontext werden Dienste dadurch charakterisiert, dass sie ein Resultat voraussetzen, das aus vorangegangenen Handlungen hervorgeht, welche die sie verrichtende Vertragspartei im Rahmen des Rechtsverhältnisses tätigt.[559] Das Ergebnis einer Dienstleistung darf indes nicht in einer körperlichen Form bestehen.[560] Der Schwerpunkt der geschuldeten Leistung besteht nicht in dem Ergebnis der Dienstleistung, sondern in der Dienstleistung selbst.[561]

---

556 Gesetz vom 30. Dezember 2001 Nr. 197-FZ.

557 *Nußberger*, S. 166.

558 Abova/Kabalkin/*Kabalkin*, Art. 779 S. 634.

559 Abova/Kabalkin/*Pavlovitsch*, Art. 128 S. 9; Kamischanskiy/Korschunov/Ivanov/*Kuprijkova*, S. 247; vgl. *Nußberger*, S. 165.

560 Abova/Kabalkin/*Kabalkin*, Art. 779 S. 634; *Belov*, S. 419 f.; *Kalmikov*, Art. 779 S. 15 f.; Kamischanskiy/Korschunov/Ivanov/*Kuprijkova*, S. 247; Sergeev/*Pavlov*, Art. 779 Rn. 1; vgl. auch *Barinov/Barischev/Bevzjuk/u.a.*, Art. 779 Rn. 1.

561 Visschiy Arbitrazhniy Sud RF, Beschl. v. 27.4.2010 Nr. 18140/09, System Garant; Sergeev/*Pavlov*, Art. 779 Rn. 1; vgl. auch Federalniy Arbitrazhniy Sud Uralskogo Okruga, Beschl. v. 13.2.2006 Nr. F09-165/06-S4, System Garant; Arbitrazhniy Sud Rostovskoy Oblasti, Urt. v. 12.5.2015 Nr. A53-7847/15, System Garant.

Gegenstand der Vereinbarung ist die Übermittlung der Erbschaftsinformationen durch den Erbenermittler an den Erben gegen Zahlungsentrichtung. Was Informationen sind, ist in der Norm des Art. 2 Ziff. 1 des Föderalen Gesetzes vom 27. Juli 2006 Nr. 149-FZ „Über die Information, Informationstechnologien und den Schutz der Information“[562] legal definiert. Danach sind Informationen Angaben (Mitteilungen, Daten) unabhängig von der Form ihrer Darstellung. Daraus lässt sich entnehmen, dass Informationen als solche immaterieller Natur sind, sie können aber in einem körperlichen Gegenstand fixiert werden.[563] Dies gilt demnach für die hier relevanten Angaben des Erbenermittlers in Form von Erbschaftsinformationen.

Sie können folglich zwar aufgrund ihrer nichtkörperlichen Natur das im Rahmen einer Dienstleistung hervorgegangenes Ergebnis i.S.d. Art. 779 Abs. 1 ZGB sein. Allerdings resultieren sie nicht aus einer Vornahme oder Ausführung bestimmter Handlungen im Sinne der Norm. Selbst wenn der Erbenermittler Ermittlungen anstellen musste, um an die Erbschaftsinformationen zu gelangen, sind sie bei Abschluss des Vertrages bereits beendet und können deshalb nicht Vertragsgegenstand sein. Diese Erkenntnisse liegen dem Ermittler zu dem Zeitpunkt des Vertragsschlusses vielmehr vollständig vor, sodass es keiner weiteren Ermittlungshandlung des Erbenermittlers bedarf. Aus diesem Grund sind die Voraussetzungen einer Dienstleistung i.S.d. Art. 779 Abs. 1 ZGB nicht erfüllt, sodass zwischen den Parteien kein Vertrag über die entgeltliche Erbringung von Diensten im Sinne der Vorschrift geschlossen wird.

(2) Werkvertrag gem. Art. 702 ZGB

Die Norm des Art. 702 ZGB regelt die Voraussetzungen und die Rechtsfolgen eines Werkvertrages. Gem. Art. 702 Abs. 1 ZGB verpflichtet sich eine Partei (Werkunternehmer) im Auftrag einer anderen Partei (Auftraggeber), bestimmte Arbeit zu verrichten und dem Auftraggeber deren Ergebnis abzugeben, und der Auftraggeber ist verpflichtet, das Ergebnis der Arbeit anzunehmen und für dieses zu bezahlen. Die Vorschrift des Art. 703 ZGB konkretisiert den Gegenstand des Werkvertrages. Danach wird ein Werkvertrag zum Zwecke der Herstellung oder Überarbeitung

562 Im Folgenden InfG, zuletzt geändert durch das Föderale Gesetz vom 13. Juli 2015 Nr. 264-FZ „Über die Einführung von Änderungen in das Föderale Gesetz ‚Über die Information, Informationstechnologien und den Schutz der Information‘ und in Art. 29 und 402 des Zivilprozessgesetzbuchs der Russischen Föderation“, abrufbar unter http://base.garant.ru/12148555/.

563 Vgl. *Chochlov*, Korporativniy Jurist Nr. 1 2007, 2; *Koroljov/Pleschakova*, Art. 2 Rn. 1; *Savtschenko/Fedorov*, Art. 2.

(Verarbeitung) einer Sache oder zum Zwecke der Verrichtung einer anderen Arbeit mit der Übergabe deren Ergebnisses an den Auftraggeber geschlossen. Der Werkvertrag setzt also wie ein Vertrag über die entgeltliche Erbringung von Diensten die Ausführung bestimmter Handlungen, die zu einem Ergebnis führen, voraus. Die durch den Werkunternehmer zu erbringende Leistung wird mithin in zwei Stufen unterteilt: die Verrichtung von Arbeiten und die Abgabe ihres Resultats.[564] Der Unterschied des Werkvertrags zu dem Dienstvertrag besteht darin, dass das Ergebnis der Tätigkeit in der Regel[565] in der Herstellung oder Überarbeitung einer Sache besteht. Jedenfalls muss dieses materieller, also körperlicher Natur sein.[566] Denn der Werkvertrag ist nicht nur darauf gerichtet, dass der Auftraggeber das Ergebnis einer Handlung erhält, sondern auch darauf, dass er die Eigentumsrechte an diesem erlangt.[567] Damit steht das Ergebnis und nicht die Arbeitstätigkeit selbst, wie dies bei einem Dienstvertrag der Fall ist, im Fokus.[568] Diese dient lediglich als Mittel zur Erreichung des hauptsächlich geschuldeten materiellen Ergebnisses.[569]

Schließen der Erbenermittler und der Erbe einen Vertrag, der die Übermittlung der Erbschaftsinformationen zum Gegenstand hat, geht diesen Informationen keine Handlung oder sonstige Tätigkeit voraus, die im Rahmen des Vertrages von dem Erbenermittler geschuldet wäre. Das die Erbschaftsinformationen vorbereitende Element, das von einem Werkvertrag i.S.d. Art. 702 ZGB vorausgesetzt wird, ist auch hier, gleichfalls wie im Rahmen der Prüfung des Vertrages über die entgeltliche Erbringung von Diensten festgestellt, nicht gegeben.

Außerdem sind die Erbschaftsinformationen als Informationen i.S.d. Art. 2 Ziff. 1 InfG ihrer Natur nach nicht körperlich und damit nicht materiell, sodass der Erbe als Auftraggeber i.S.d. Art. 702 ZGB an ihnen keine Eigentumsrechte, die an körperlichen Gegenständen entstehen können, erlangen kann. Dies gilt auch dann, wenn die Informationen in einem körperlichen Medium festgehalten

564 *Borisov/Botscharov*, Art. 702 S. 541; Sergeev/*Rovniy*, Art. 702 Rn. 1; Stepanov/*Mursin*, Art. 702 S. 685.

565 *Braginskiy/Vitrjanskiy*, S. 11.

566 *Braginskiy/Vitrjanskiy*, S. 14; Kamischanskiy/Korschunov/Ivanov/*Sosipatrova*, S. 294; Sergeev/*Rovniy*, Art. 702 Rn. 2.

567 *Braginskiy/Vitrjanskiy*, S. 14; Kamischanskiy/Korschunov/Ivanov/*Sosipatrova*, S. 291; vgl. auch *Barinov/Bevzjuk/Beljaev/u.a.*, Art. 703 Rn. 2.

568 *Barinov/Bevzjuk/Beljaev/u.a.*, Art. 702 Rn. 1; *Belov*, S. 419 f.; Kamischanskiy/Korschunov/Ivanov/*Sosipatrova*, S. 294; vgl. auch *Karavajkin*, S. 24 f., der das Ergebnis der Tätigkeit als einzig geschuldetes Element der zu erbringenden Leistung ansieht; vgl. auch Federalniy Arbitrazhniy Sud Uralskogo Okruga, Beschl. v. 13.2.2006 Nr. F09-165/06-S4, System Garant.

569 *Braginskiy/Vitrjanskiy*, S. 13 f.

werden. Denn nicht dieses ist Vertragsgegenstand, sondern die Erbschaftsinformationen als solche. Folglich entspricht ihre Übergabe als Vertragsgegenstand nicht der im Sinne eines Werkvertrags gem. Art. 702 ZGB vorausgesetzten Leistung eines Werkunternehmers. Die Voraussetzungen des Art. 702 ZGB sind nicht erfüllt. Es kommt zwischen dem Erbenermittler und dem Erben kein Werkvertrag im Sinne dieser Norm zustande.

(3) Kaufvertrag gem. Art. 454 ZGB

Fraglich ist, ob zwischen dem Erbenermittler und dem Erben ein Kaufvertrag gem. Art. 454 ZGB geschlossen wird. Die Vorschrift differenziert unter anderem zwischen einem Kaufvertrag, der Sachen zum Gegenstand hat (Art. 454 Abs. 1 ZGB; dazu unter *(a)*), und einem solchen, der auf den Kauf von Rechten gerichtet ist (Art. 454 Abs. 4 ZGB; dazu unter *(b)*).

(a) Kaufvertrag gem. Art. 454 Abs. 1 ZGB

Gem. Art. 454 Abs. 1 ZGB ist eine Partei (Verkäufer) gemäß dem Kaufvertrag verpflichtet, die Sache (Ware) in das Eigentum der anderen Partei (Käufer) zu übergeben, und der Käufer ist verpflichtet, diese Ware anzunehmen und für sie die vereinbarte Summe Geld (Preis) zu zahlen. Die Ware als Vertragsgegenstand wird durch die Vorschrift des Art. 455 Abs. 1 ZGB präzisiert. Danach kann sie beliebige Sachen darstellen, die im Einklang mit der Regelung des Art. 129 ZGB stehen. Diese Norm stellt wiederum auf die Verkehrsfähigkeit der Rechtsobjekte ab. Was unter dem Begriff der Sache als Ware i.S.d. Art. 454 Abs. 1 ZGB zu verstehen ist, ist nicht umfassend gesetzlich geregelt.[570] In der Norm des Art. 130 ZGB, welche die Überschrift „Unbewegliche und bewegliche Sachen" trägt, wird nur der Begriff der unbeweglichen Sachen erläutert (die gem. Art. 454 Abs. 1, Abs. 3 i.V.m. Art. 549 ff. ZGB ebenfalls Sachen im Rahmen eines Kaufvertrags sein können) und bezüglich der beweglichen Sachen lediglich klargestellt, dass dies solche sind, die nicht unter die Kategorie der unbeweglichen Sachen fallen. Damit hat der Gesetzgeber die Präzisierung des Begriffs der beweglichen Sache dem Schrifttum und der Rechtsprechung überlassen.

In der Literatur und in der Rechtsprechung werden Sachen i.S.d. Art. 454 Abs. 1 ZGB als Gegenstand materieller Güter verstanden.[571] Konkret wird unter einer

570 *Olejnik*, AS Puginskiy, S. 137 ff.; Sergeev/*Pavlov*, Art. 454 Rn. 3.

571 Kraschennikov/*Kraschennikov*, Art. 454 Rn. 3; s. auch Visschiy Arbitrazhniy Sud RF, Festst. v. 2.12.2009 Nr. VAS-13944/09, System Garant.

Sache eine materiell-körperliche Substanz verstanden, die sich in einem festen, flüssigen oder gasartigen Zustand[572] befindet und als Ware verkehrsfähig ist.[573]

Vorliegend sind die Erbschaftsinformationen Vertragsgegenstand der vertraglichen Beziehung zwischen dem Erbenermittler und dem Erben. Die Informationen selbst sind aber, wie bereits erläutert, nicht materiell und körperlich, selbst wenn sie in einem solchen Gegenstand fixiert werden (vgl. Art. 2 Ziff. 1 InfG). Folglich lässt sich feststellen, dass die Erbschaftsinformationen nicht Gegenstand eines Kaufvertrags i.S.d. Art. 454 Abs. 1 ZGB sein können, sodass ein solcher Vertrag zwischen dem Erbenermittler und dem Erben ebenfalls nicht zustande kommt.

(b) Kaufvertrag gem. Art. 454 Abs. 4 ZGB

Gem. Art. 454 Abs. 4 ZGB sind die Bestimmungen der Kaufvertragsnormen auf den Verkauf von Vermögensrechten anwendbar, wenn nichts anderes aus dem Inhalt und dem Charakter dieser Rechte hervorgeht. Damit stellt die Norm klar, dass nicht zwingend körperliche Gegenstände Vertragsgegenstand i.S.d. Art. 454 ZGB sein müssen, sondern es werden von der Regelung auch immaterielle Güter erfasst.[574] Solche müssen jedoch, wie der Wortlaut der Regelung des Art. 454 Abs. 4 ZGB besagt, in Form von Vermögensrechten auftreten. Vermögensrechte im Sinne der Vorschrift sind Sachenrechte, Rechte über die Ergebnisse intellektueller Handlungen und Schuldrechte.[575]

Die Erbschaftsinformationen im vorliegenden Fall sind zwar immaterieller Natur, sie stellen jedoch keine Rechte dar. Sie selbst und ihre Übertragung lösen keine Rechtsfolgen aus. Selbst wenn man darauf abstellt, dass der Erbe mit der Erlangung dieser Informationen erstmals die Kenntnis von dem Erbfall und damit die praktische Möglichkeit bekommt, von seinen Erbrechten Gebrauch zu machen, liegt der Fall nicht anders. Dies folgt daraus, dass diese Rechte dem Erben bereits seit dem Eintritt des Erbfalls kraft Gesetzes zustehen[576] und damit von ihm nicht erst mit der Übergabe der Erbschaftsinformationen durch den Erbenermittler

---

572 Vgl. Federalniy Arbitrazhniy Sud Vostotschno-Sibirskogo Okruga, Beschl. v. 4.12.2001 Nr. A33-7825/01-S3a F02 2929/01-S1, System Garant.

573 Abova/Kabalkin/*Vasilievna*, Art. 454 S. 415.

574 Stepanov/*Mursin*, Art. 454 S. 493; vgl. auch *Romanez*, S. 259 f., der die Norm aber insofern interpretiert, als er den Vertrag über den Kauf von solchen immateriellen Gütern wie Vermögensrechten als einen selbstständigen Vertrag betrachtet, auf den die Regelungen des Art. 454 ZGB lediglich entsprechende Anwendung finden.

575 Abova/Kabalkin/*Vasilievna*, Art. 454 S. 416; Sergeev/*Pavlov*, Art. 454 Rn. 6.

576 S. dazu näher oben unter § 2 I. 1., § 2 I. 2.

erlangt werden. Infolgedessen kommt zwischen dem Erbenermittler und dem Erben kein Vertrag gem. Art. 454 Abs. 4 ZGB mangels tauglichen Vertragsgegenstands im Sinne dieser Vorschrift zustande.

(c) Ergebnis

Zwischen dem professionellen Erbenermittler und dem in Russland lebenden Erben wird kein Kaufvertrag i.S.d. Art. 454 ZGB geschlossen. Weder ein Sachnoch ein Rechtskauf im Sinne der Norm liegen hier vor.

(4) Vertrag über die Übermittlung der Erbschaftsinformationen als Vertrag eigener Art gem. Art. 420 Abs. 1 ZGB i.V.m. Art. 2 Ziff. 1, Art. 5 Abs. 1, Art. 6 Abs. 3 Ziff. 3 InfG

Einen Vertrag, der die Übermittlung jeglicher Informationen gegen Vergütungsentrichtung zum Gegenstand hat, sieht das russische Zivilgesetzbuch nicht vor. Auch kann ein solcher Vertrag nicht als einer der im Gesetzbuch normierten Vertragstypen kategorisiert werden, obwohl im russischen Zivilgesetzbuch eine große Anzahl an Vertragsarten geregelt ist und das Gesetz gar eine Reihe an Vertragstypen vorsieht, die beispielsweise im deutschen Bürgerlichen Gesetzbuch nicht gesondert geregelt sind.[577] Andere Bestimmungen, die einen solchen Vertrag samt Rechten und Pflichten aus diesem normieren würden, sind ebenfalls nicht ersichtlich. Deshalb könnte auf den ersten Blick ein Vertragsschluss über die Übermittlung von Erbschaftsinformationen schlichtweg ausgeschlossen sein.

(a) Grundsatz der Vertragsfreiheit

Allerdings ist auch dem russischen Recht der Grundsatz der Vertragsfreiheit bekannt, die es den Parteien einer vertraglichen Beziehung ermöglicht, ihren Vertrag wie beliebt zu gestalten. Dieses Prinzip ist mehrfach im Zivilgesetzbuch verankert. Zum einen stellt die Norm des Art. 1 Abs. 1 ZGB klar, dass das gesamte Zivilgesetzbuch unter anderem auf dem Grundsatz der Vertragsfreiheit basiert. Durch diese Erläuterung in der ersten Vorschrift des gesamten Gesetzbuches hat der Gesetzgeber zu erkennen gegeben, dass dieses einer der wichtigsten Grundsätze der russischen Rechtsordnung ist, der zu befolgen ist. Zum anderen trägt die Norm des Art. 421 ZGB die Überschrift „Vertragsfreiheit" und regelt diese umfassend. So heißt es unter anderem in Art. 421 Abs. 2 ZGB, dass die Parteien einen Vertrag abschließen können, der gesetzlich vorgesehen ist, oder auch einen solchen, den die Rechtsordnung nicht kennt. Auch die Bestimmung der Vertragsbedingungen

577 *Gutbrot/Plagemann*, WiRO 2008, 33; s. auch *Nußberger*, S. 156.

unterliegt gem. Art. 421 Abs. 4 ZGB dem Ermessen der Parteien, es sei denn, es ist gesetzlich etwas anderes bestimmt. Infolgedessen steht es dem professionellen Erbenermittler und dem Erben offen, wie sie ihr vertragliches Verhältnis insgesamt gestalten.

(b) Vertrag über die Übermittlung der Erbschaftsinformationen

Die Norm des Art. 420 Abs. 1 ZGB definiert den Vertragsbegriff. Ein solcher ist danach eine Vereinbarung von zwei oder mehreren Personen über die Entstehung, Änderung oder Beendigung von Zivilrechten oder Verpflichtungen. Vereinbaren der professionelle Erbenermittler und der Erbe einen synallagmatischen Austausch von Leistungen – die Übermittlung der Erbschaftsinformationen durch den Erbenermittler gegen Zahlungsentrichtung durch den Erben – und verpflichten sie sich gegenseitig zur Erfüllung dieser Leistungen, liegt darin eine Vereinbarung, durch die beiderseitige Verpflichtungen entstehen. Damit begründen sie einen Vertrag i.S.d. Art. 420 Abs. 1 ZGB.

Dass Informationen als solche übertragbar sind und Vertragsgegenstand sein können, stellt Art. 5 Abs. 1 Satz 1 InfG klar.[578] Danach können sie ein Objekt von Zivilrechten und Rechtsbeziehungen sein. Außerdem können Informationen gem. Art. 5 Abs. 1 Satz 2 InfG von einer Person an die andere übergeben werden. Dass dies aufgrund eines Vertrages erfolgen kann, ist in der Regelung des Art. 6 Abs. 3 Ziff. 3 InfG normiert. Nach dieser Vorschrift kann die über die Informationen verfügende Person diese anderen Personen aufgrund eines Vertrages übermitteln. Damit steht fest, dass auch der Gesetzgeber von der Existenz eines Vertrages mit dem Gegenstand der Informationenübermittlung ausgegangen ist, ohne diesen und dessen Rechtsfolgen jedoch gesondert gesetzlich zu regeln. Er hat die Bestimmung der vertraglichen Einzelheiten den Parteien überlassen und sie insofern erneut in der Ausübung ihrer Vertragsautonomie gestärkt.

Es kann festgehalten werden, dass der Erbenermittler und der Erbe einen Vertrag über die Übermittlung der Erbschaftsinformationen als Vertrag eigenes Typs gem. Art. 420 Abs. 1 ZGB i.V.m. Art. 2 Ziff. 1, Art. 5 Abs. 1, Art. 6 Abs. 3 Ziff. 3 InfG schließen, der den Austausch von Informationen und einer Geldleistung vorsieht.

578 Anders war dies nach der alten Rechtslage bis zum Inkrafttreten der Vorschriften des InfG im Jahr 2006: Informationen mussten zwingend in einem körperlichen Gegenstand festgehalten werden, um Vertragsgegenstand einschließlich des materiellen Guts sein zu können (*Chochlov*, Korporativniy Jurist Nr. 1 2007, 1).

(c) Zahlungsanspruch des Erbenermittlers

Der Abschluss des Vertrages gem. Art. 420 Abs. 1 ZGB i.V.m. Art. 2 Ziff. 1, Art. 5 Abs. 1, Art. 6 Abs. 3 Ziff. 3 InfG führt zu vertraglichen Pflichten beider Seiten. Diese Rechtsfolge sieht auch die Norm des Art. 307 Abs. 2 ZGB vor, nach welcher Verbindlichkeiten unter anderem aufgrund eines Vertrages entstehen. Sind sie begründet, ist die verpflichtete Partei (Schuldner) gem. Art. 307 Abs. 1 ZGB verpflichtet, zu Gunsten der anderen Partei (Gläubiger) die vereinbarte Handlung vorzunehmen. Da aufgrund des vorliegenden Vertrages der Erbe sich gegenüber dem Erbenermittler zur Zahlung gegen Herausgabe der Erbschaftsinformationen verpflichtet, begründet dies den Anspruch des Erbenermittlers.

(aa) Art und Höhe der Vergütung

Die Art und die Höhe der Zahlung durch den in Russland lebenden Erben wird in der Regel dahingehend bestimmt, dass ein bestimmter Teil des Wertes des dem Erben zustehenden Nachlasses zu leisten ist.[579] Dabei wird die Höhe des Honorars danach bemessen, wie viele „bedingte faktische Ausgaben“[580] der Erbenermittler bei der Erbensuche getätigt hat. Einen Pauschalbetrag gibt es nicht. Diese in den russischen Erbenermittlerkreisen übliche Vorgehensweise wird aufgrund dessen, dass sie sich in der russischen Praxis bereits bewährt hat, auch von dem deutschen Erbenermittler, der mit dem in Russland lebenden Erben einen Vertrag schließt, auf den russisches Recht Anwendung findet, akzeptiert. Die Parteien können jedoch aufgrund der Privatautonomie andere abweichende vertragliche Zahlungsregelungen treffen.

(bb) Angemessenheit der Vergütungshöhe

Welche Zahlungshöhe als angemessen zu betrachten ist, war und ist bisher nicht Gegenstand der Prüfung durch die russische Rechtsprechung. Bislang sind soweit ersichtlich weder einschlägige Entscheidungen ergangen, noch sind sie in nächster Zukunft zu erwarten. Den Parteien fehlt daher ein Orientierungsrahmen. Allerdings kennt auch in Russland die Vertragsfreiheit ihre Grenzen. Diese sind insbesondere in der Norm des Art. 10 ZGB verankert. Die Vorschrift regelt das

---

579 Auskunft einer Rechtsanwältin der in Moskau ansässigen Anwaltskanzlei „Injurkollegia“ vom 7. Mai 2015. Die Sozietät betreibt nach eigenen Angaben in der Russischen Föderation als einzige professionelle Erbenermittlung.

580 Wörtliche Übersetzung der durch die Rechtsanwältin der „Injurkollegia“ verwendete Bezeichnung; genauere Angaben zur Honorarhöhe wurden nicht gemacht (Auskunft vom 7. Mai 2015).

Verbot des Rechtsmissbrauchs und kommt auch in den Fällen zur Anwendung, in denen in Deutschland auf die Regelung über das Verbot sittenwidriger Geschäfte gem. § 138 BGB zurückgegriffen wird.[581] Nach Art. 10 Abs. 1 ZGB ist die Ausübung eines zivilen Rechts ausschließlich mit dem Zweck, einer anderen Person Schaden zuzufügen, wobei das Gesetz entgegen seines Zwecks umgangen wird, nicht gestattet; das Gleiche gilt, wenn ein Recht auf andere Weise nichtgewissenhaft ausgeübt wird (Rechtsmissbrauch). Damit sind der Bestimmung der Höhe der durch den Erben zu entrichtenden Zahlung gesetzliche Grenzen gesetzt. Wie ein Rechtsmissbrauch im Einzelnen zu ermitteln ist und wann ein solcher Fall eintritt, ist gesetzlich nicht näher normiert. Auch in der Literatur und in der Rechtsprechung herrscht diesbezüglich kein Konsens.[582] Daher muss anhand einer Einzelfallbetrachtung geprüft werden, ob ein Rechtsmissbrauch vorliegt.[583] Um herauszufinden, ob die durch den Erben zu entrichtende Zahlung derart überhöht ist, dass sie als Rechtsmissbrauch i.S.d. Art. 10 ZGB interpretiert werden kann, müssen alle im konkreten Fall gegebenen Umstände gewürdigt werden.

bb) Vertragsverhältnis des Erbenermittlers in der Position des Nachlasspflegers

Ist der professionelle Erbenermittler zum Nachlasspfleger bestellt worden und befasst er sich laut dem Bestellungsbeschluss mit der Ermittlung des unbekannten Erben, können ihn seine Recherchen gleichermaßen zum unbekannten Erben nach Russland führen. Ist der Nachlass mittellos und hat das Nachlassgericht die Berufsmäßigkeit des Erbenermittlers als Nachlasspfleger nicht festgestellt, erhält der Erbenermittler-Nachlasspfleger nach der deutschen Gesetzeslage keine Vergütung für seine Ermittlungsdienste gemäß den die Vergütung der Nachlasspfleger regelnden Normen des Vormundschaftsrechts.[584] Denn die Regelung der §§ 1915 Abs. 1 Satz 1, 1836 Abs. 1 Satz 1 BGB stellt klar, dass die Pflegschaft in diesem Fall unentgeltlich geführt wird. Dem Erbenermittler-Nachlasspfleger steht in diesem Fall gem. §§ 1915 Abs. 1 Satz 1, 1835a Abs. 1 BGB lediglich eine Aufwandsentschädigung zu, die sehr gering ausfällt und deshalb den Lebensunterhalt des Erbenermittlers nicht sichern kann.[585]

581 *Nußberger*, S. 151.
582 *Volkov*, § 1.2, § 5.1.
583 Vgl. *Volkov*, § 5.1.
584 S. dazu oben unter § 4 II. 1., § 4 II. 2.
585 S. zu der Aufwandsentschädigung des Erbenermittler-Nachlasspflegers oben unter § 4 III.

An dieser Stelle drängt sich erneut die Frage auf, ob der Erbenermittler-Nachlasspfleger einen entgeltlichen Vertrag mit dem Erben, für den er die Pflegschaft ausübt, schließen kann, um auf diesem Wege für seine Ermittlungsbemühungen vergütet zu werden. Wie die Prüfung nach dem deutschen Recht ergeben hat, steht dem Erbenermittler insofern in jedem Fall – sei es bei Abschluss eines Vertrags vor dem Auffinden des Erben oder danach – die Regelung des § 134 BGB im Weg. Denn jede entgeltliche vertragliche Vereinbarung des Erbenermittler-Nachlasspflegers mit dem unbekannten Erben als seinem Pflegling, die in irgendeiner Weise mit der Ermittlung und dem Finden dieses Erben zu tun hat, steht im Zusammenhang mit seinen Pflegschaftsaufgaben und verstößt damit gegen die gesetzlichen Verbotsvorschriften der §§ 1915 Abs. 1 Satz 1, Satz 2, 1836 Abs. 1 und Abs. 2 BGB, welche die Vergütung der Nachlasspfleger bestimmen.[586] Weil aber in der vorliegenden Fallkonstellation russisches Sachrecht Anwendung findet – dies gilt nicht nur für das Zustandekommen eines Vertrages, sondern auch für dessen Wirksamkeit (s. Art. 10 Abs. 1 Rom I-VO, Art. 1215 Abs. 1 Ziff. 6 ZGB) –, könnte die Rechtslage anders aussehen. Es besteht also die Problematik, ob ein mit der Ermittlung des Erben im Zusammenhang stehender entgeltlicher Vertrag zwischen dem Erbenermittler-Nachlasspfleger und dem in Russland lebenden Erben – etwa ein Vertrag über die Übermittlung der Erbschaftsinformationen gem. Art. 420 Abs. 1 ZGB i.V.m. Art. 2 Ziff. 1, Art. 5 Abs. 1, Art. 6 Abs. 3 Ziff. 3 InfG – nach den Vorschriften der russischen Rechtsordnung dennoch wirksam geschlossen werden kann oder möglicherweise aus dem gleichen Grund, wie nach dem deutschen Recht, nichtig ist.

(1) Unwirksamkeit des Vertrages gem. Art. 168 Abs. 1 ZGB

Nach Art. 422 Abs. 1 ZGB muss ein Vertrag im Einklang mit den für die Parteien zwingenden Regelungen stehen, die gesetzlich oder aufgrund anderer Rechtsakte (imperative Normen) festgelegt sind und in dem Moment des Vertragsschlusses gelten. Gem. Art. 168 Abs. 1 ZGB ist eine Vereinbarung, die gegen Anforderungen des Gesetzes oder anderer Rechtsakte verstößt, bestreitbar, wenn aus dem Gesetz nicht hervorgeht, dass andere Rechtsfolgen eintreten müssen, die nicht mit der Unwirksamkeit der Vereinbarung im Zusammenhang stehen.

586 S. dazu ausführlich oben unter § 7 I. 2.

Eine Vereinbarung steht nicht im Einklang mit dem Gesetz oder einem Rechtsakt und verstößt damit gegen diese, wenn ihre Vollziehung ausdrücklich gesetzlich untersagt ist.[587] Der Verstoß hat die Bestreitbarkeit der Vereinbarung zur Folge.

Bestreitbarkeit bedeutet, dass es zur Feststellung der Unwirksamkeit der Vereinbarung – aufgrund ihres Verstoßes gegen ein Gesetz – zunächst einer gerichtlichen Entscheidung bedarf (Art. 166 Abs. 1 Alt. 1 ZGB). Erst wenn das Gericht sie für unwirksam erklärt, hat die Vereinbarung keine Rechtsfolgen.[588] Diese gesetzlich normierte Folge ist von der Nichtigkeitsfolge zu unterscheiden,[589] nach der ein Gesetzesverstoß zur sofortigen endgültigen Unwirksamkeit der Vereinbarung führt (Art. 166 Abs. 1 Alt. 2 ZGB) und folglich von Anfang an unabhängig von einer gerichtlichen Entscheidung keine Rechtsfolgen entfaltet.[590] Gem. Art. 166 Abs. 2 ZGB kann die Anerkennung der Unwirksamkeit der Vereinbarung von jeder Partei oder einer anderen gesetzlich vorgesehenen Person geltend gemacht werden.

Die zwischen dem Erbenermittler und dem in Russland lebenden Erben begründete vertragliche Vereinbarung ist nach Art. 168 Abs. 1 ZGB dann bestreitbar, wenn es einen gesetzlichen Tatbestand oder andere Rechtsakte gibt, die solche Vereinbarungen ausdrücklich unterbieten. Eine Regelung, die entgeltliche oder nicht entgeltliche, also irgendwelche Vereinbarungen, zwischen einem deutschen Nachlasspfleger und dessen Pfleglingen ausdrücklich verbietet, findet sich in der gesamten russischen Rechtsordnung soweit ersichtlich nicht. Aufgrund dessen ist der entgeltliche Vertrag zwischen dem Erbenermittler-Nachlasspfleger und dem Erben mangels russischer Verbotsgesetze nicht bestreitbar gem. Art. 168 Abs. 1 ZGB und kann bis hierher nicht gerichtlich für unwirksam erklärt werden.

---

587 Abova/Kabalkin/*Osipova*, Art. 168 S. 199; *Gujev*, Kommentar zum ZGB, Art. 168 Rn. 1; anders Stepanov/*Stepanov*, Art. 168 S. 238, der zwar nicht zwingend ein ausdrückliches Verbot voraussetzt, jedoch auf den Widerspruch mit den gesetzlichen Bestimmungen abstellt, ohne darauf einzugehen, wie dieser zu ermitteln ist.

588 Statt aller *Jurasjuk/Rembolovitsch*, S. 18.

589 Bis zum 1. September 2013 sah die Vorschrift des Art. 168 Abs. 1 ZGB noch die Nichtigkeit einer gegen ein gesetzliches Verbot verstoßenden Vereinbarung als Rechtsfolge vor. Die Norm des Art. 168 Abs. 1 ZGB ist in ihrer jetzigen Fassung durch das Föderale Gesetz vom 7. Mai 2013 Nr. 100-FZ „Über die Einführung von Änderungen in die Unterabschnitte 4 und 5 des Teils I und Art. 1153 des dritten Teils des Zivilgesetzbuchs der Russischen Föderation“ in das Zivilgesetzbuch eingeführt worden und am 1. September 2013 in Kraft getreten.

590 Statt aller *Jurasjuk/Rembolovitsch*, S. 18.

(2) Unwirksamkeit des Vertrages gem. Art. 168 ZGB i.V.m. §§ 1915 Abs. 1 Satz 1, Satz 2, 1836 Abs. 1 und Abs. 2 BGB

Zwar gibt es keine Verbotsnormen in der russischen Rechtsordnung, die auf die vertragliche Beziehung zwischen dem Erbenermittler-Nachlasspfleger und dem in Russland lebenden Erben mit der Bestreitbarkeitsfolge des Art. 168 ZGB Anwendung finden. Allerdings könnten die deutschen Verbotsregelungen der §§ 1915 Abs. 1 Satz 1, Satz 2, 1836 Abs. 1 und Abs. 2 BGB sich auch in der vorliegenden Fallkonstellation auf das vertragliche Verhältnis des Erbenermittlers mit dem Erben erstrecken und dessen Bestreitbarkeit gem. Art. 168 ZGB und anschließend ggf. dessen Unwirksamkeit herbeiführen. Dazu müssten diese Verbotsbestimmungen des deutschen Rechts Eingriffsnormen sein.

(a) Eingriffsnormen im Allgemeinen

(aa) Inländische Eingriffsnormen vor einem deutschen Gericht

Art. 9 Abs. 1 Rom I-VO definiert die Eingriffsnorm als eine zwingende Vorschrift, deren Einhaltung von einem Staat als so entscheidend für die Wahrung seines öffentlichen Interesses, insbesondere seiner politischen, sozialen oder wirtschaftlichen Organisation, angesehen wird, dass sie ungeachtet des nach Maßgabe dieser Verordnung auf den Vertrag anzuwendenden Rechts auf alle Sachverhalte anzuwenden ist, die in ihren Anwendungsbereich fallen. Die Bestimmung enthält eine sog. Öffnungsklausel zu Gunsten international zwingender Normen, die unabhängig vom Vertragsstatut gelten.[591] Eine international zwingende Norm i.S.d. Art. 9 Abs. 1 Rom I-VO liegt zunächst vor, wenn sie ihre international zwingende Geltung selbst anordnet.[592] Fehlt es an einer solchen ausdrücklichen Anordnung, ist nach dem Sinn und Zweck des Gesetzes festzustellen, ob auch Verträge mit Auslandsberührung vom Anwendungsbereich der Norm erfasst werden sollen, obwohl an sich ausländisches Schuldvertragsrecht gilt.[593]

Eingriffsnormen der lex fori werden gem. Art. 9 Abs. 2 Rom I-VO durch die Verordnung nicht berührt. Das bedeutet, dass Eingriffsnormen des inländischen Rechts von einem deutschen Gericht unabhängig davon anzuwenden sind, ob

591 Ferrari/Kieninger/Mankowski/*Staudinger*, Art. 9 Rom I-VO Rn. 1; Hk-BGB/*Staudinger*, Art. 9 Rom I-VO Rn. 1.

592 Bamberger/Roth/*Spickhoff*, Art. 9 Rom I-VO Rn. 10.

593 Vgl. EuGH NJW 2001, 2007 ff.; s. auch Bamberger/Roth/*Spickhoff*, Art. 9 Rom I-VO Rn. 10; MünchKommBGB/*Martiny*, Art. 9 Rom I-VO Rn. 9; vgl. auch *Wengler*, ZVglRWiss 54 (1941), 168, 176.

das Kollisionsrecht auf das Recht eines anderen Staates verweist.[594] Verklagt der Erbenermittler den Erben vor einem deutschen Gericht, so hat das Gericht deutsche Eingriffsnormen auch dann zu berücksichtigen, wenn der Rechtsstreit im Übrigen nach russischem Sachrecht zu entscheiden ist.

(bb) Ausländische Eingriffsnormen vor einem russischen Gericht

Die Russische Föderation hingegen liegt außerhalb des räumlichen Anwendungsbereichs der Rom I-VO, da die Verordnung gem. Art. 1 Abs. 4 Satz 1 Rom I-VO nur in den Mitgliedstaaten[595] gilt. Streiten sich die Parteien vor einem russischen Gericht, folgt die Anwendbarkeit deutscher Eingriffsnormen deshalb nicht aus Art. 9 Abs. 2 Rom I-VO. Allerdings ermöglicht auch das russische Internationale Privatrecht, das der russische Richter im Ausgangspunkt als seine lex fori zu Grunde legt, unter bestimmten Voraussetzungen die Berücksichtigung von Eingriffsnormen. Das russische Gesetz spricht insofern (ohne sachlichen Unterschied) von imperativen oder unmittelbar anwendbaren Vorschriften. Geht es – wie hier – um die Anwendung ausländischer Eingriffsnormen, so ist Art. 1192 Abs. 2 ZGB einschlägig. Gemäß Satz 1 der Vorschrift können abweichend von dem kollisionsrechtlich ermittelten Sachrecht imperative Regelungen eines anderen Staates berücksichtigt werden, wenn das Rechtsverhältnis eine enge Verbindung zu diesem Staat aufweist und das ausländische Recht diese Normen als Eingriffsnormen ansieht. Auch hiernach kommt es also darauf an, ob §§ 1915 Abs. 1 Satz 1, Satz 2, 1836 Abs. 1 und Abs. 2 BGB Eingriffsnormen i.S.d. Art. 9 Abs. 1 Rom I-VO sind. Die enge Verbindung zu Deutschland folgt daraus, dass der Erbfall in Deutschland eingetreten ist und der Erbenermittler in der Bundesrepublik ansässig ist.

Sollte sich ergeben, dass es sich bei den maßgeblichen Vorschriften in der Tat um Eingriffsnormen handelt, so ist das russische Gericht allerdings nach Art. 1192 Abs. 2 Satz 1 ZGB nicht etwa zu ihrer Anwendung verpflichtet; vielmehr „kann" der Richter die ausländischen Vorschriften berücksichtigen. Das Gericht muss sich im konkreten Fall dafür oder dagegen entscheiden. Zur Entscheidungsfindung gibt das Gesetz ihm lediglich an die Hand, dass „das Gericht die Bedeutung und den Charakter solcher Normen sowie die Folgen ihrer Anwendung oder Nichtanwendung beachten" muss (Art. 1192 Abs. 2 Satz 2 ZGB). Dies ist wenig hilfreich. Hat der Richter Kenntnis von der ausländischen Rechtslage erlangt, so sollte er unabhängig davon nicht davor zurückschrecken, ausländische

594 Vgl. Palandt/*Thorn*, Art. 9 Rom I-VO Rn. 6.
595 Mit Ausnahme Dänemarks (Erwägungsgrund Nr. 46).

Eingriffsnormen anzuwenden. Denn dadurch fördert er den internationalen Entscheidungseinklang.

(b) Gesamtregelungen über die Nachlasspflegschaft als Eingriffsnormen gem. Art. 9 Abs. 1 Rom I-VO

Die hier maßgeblichen Verbotsnormen der §§ 1915 Abs. 1 Satz 1, Satz 2, 1836 Abs. 1 und Abs. 2 BGB ordnen nicht ausdrücklich an, dass sie internationale Geltung beanspruchen. Daher bedarf es der Auslegung nach Maßgabe von Sinn und Zweck der gesamten Bestimmungen der §§ 1915 Abs. 1 Satz 1, 1773 ff. BGB als einheitliches Gesetz, das die Nachlasspflegschaft normiert, um festzustellen, ob sie in ihrer Gesamtheit einschließlich der Verbotsbestimmungen auch auf die Verträge mit Auslandberührung anwendbar sind, die einer ausländischen Rechtsordnung unterliegen.

Die Vorschriften der §§ 1915 Abs. 1 Satz 1, 1773 ff. BGB regeln die Nachlasspflegschaft. Sie sind in Deutschland zwingendes Recht. Die Normen verpflichten die Nachlassgerichte und die Nachlasspfleger. Außerdem bezwecken sie, die Nachlasspflegschaft mit ihrer Entstehung, ihren Aufgaben, Grenzen und Nachlasspflegervergütung umfassend und abschließend zu regeln. Sie sind für die Nachlasspflegschaft in allen ihren denkbaren Konstellationen und für alle Pflegschaftstätigkeiten der Nachlasspfleger einschlägig, auch für diejenigen, welche die Erbenermittlung und alle Handlungen, die damit im Zusammenhang stehen, betreffen.

Die Pflegschaftsdienste der Nachlasspfleger sind aber nicht zwingend innerhalb der deutschen Grenzen zu verrichten. Zwischen dem Nachlasspfleger als gesetzlichem Vertreter des (unbekannten) Erben und diesem Erben als seinem Pflegschaftsadressaten besteht eine Beziehung aufgrund der Personenpflegschaft[596] auch dann, wenn der Erbe seinen Lebensmittelpunkt außerhalb der deutschen Grenzen hat. Dies liegt in der Natur der Nachlasspflegschaft, insbesondere wenn sie zur Erbenermittlung angeordnet wird. Denn es ist für die Anordnung der Pflegschaft keine Voraussetzung, dass der Erbe, für den die Pflegschaft geführt wird, seinen Lebensmittelpunkt in Deutschland hat. Vielmehr steht insofern die Person des Erben selbst und sein Nachlass im Mittelpunkt und nicht sein Aufenthaltsort, der in der Regel (neben dem Erben selbst) unbekannt ist.

Außerdem dienen die Vorschriften der §§ 1915 Abs. 1 Satz 1, 1773 ff. BGB über die Nachlasspflegschaft einem reibungslosen und den Interessen des Erben sowie seines Nachlasses entsprechenden Pflegschaftsverfahren. Denn in erster

---

596 S. zu der Rechtsstellung des Nachlasspflegers oben unter § 2 II. 4. a).

Linie sind sie darauf gerichtet, die umfassende Sorge für den Pflegling zu gewährleisten.[597] Dies gilt für alle Pfleglinge, demnach auch für diejenigen, die ihren Lebensmittelpunkt im Ausland haben. Würde man die Geltung der Normen auf das deutsche Staatsgebiet beschränken, wäre jeder im Ausland lebende Erbe, für den die Nachlasspflegschaft angeordnet wird, der Gefahr eines pflichtwidrigen Verhaltens seines Nachlasspflegers ausgeliefert. Denn dann bestünde zwischen dem Nachlasspfleger und dem Erben kein im Ausland geltendes Rechtsverhältnis aufgrund der Personenpflegschaft, sodass sich der Nachlasspfleger insoweit selbst bei Nichterfüllung seiner Pflegschaftsaufgaben dem Erben gegenüber nicht schadensersatzpflichtig machen würde. Dies wäre der Grund dafür, dass für den Nachlasspfleger keine Motivation bestünde, seinen Pflegschaftsaufgaben im Hinblick auf den im Ausland lebenden Erben ordnungsgemäß nachzukommen. Der Sinn und Zweck der Nachlasspflegschaftsvorschriften wäre vereitelt, der dahin geht, den Erben und seinen Nachlass unabhängig davon zu schützen, wo der Pflegling seinen Lebensmittelpunkt hat. Dies entspräche nicht dem Prinzip der Wahrung des öffentlichen Interesses an einer reibungslosen sozialen Organisation i.S.d. Art. 9 Abs. 1 Rom I-VO.

Folglich sind die Gesamtregelungen der §§ 1915 Abs. 1 Satz 1, 1773 ff. BGB über die Nachlasspflegschaft Eingriffsnormen i.S.d. Art. 9 Abs. 1 Rom I-VO. Denn sie haben grundlegende Bedeutung und strecken sich über die deutschen Grenzen hinaus, damit sie ihre volle Wirkung entfalten können. Aus diesem Grund sind die Normen der §§ 1915 Abs. 1 Satz 1, 1773 ff. BGB auch auf die Fälle der Nachlasspflegschaft mit Auslandsbezug anzuwenden. Findet der Prozess vor einem russischen Gericht statt, kann der russische Richter die Vorschriften seiner Entscheidung zu Grunde legen (Art. 1192 Abs. 2 Satz 1 ZGB).

(c) Verbotsnormen der §§ 1915 Abs. 1 Satz 1, Satz 2, 1836 Abs. 1 und Abs. 2 BGB als Eingriffsnormen gem. Art. 9 Abs. 1 Rom I-VO

Weil die Regelungen der §§ 1915 Abs. 1 Satz 1, Satz 2, 1836 Abs. 1 und Abs. 2 BGB, die die Vergütung der Nachlasspfleger normieren, im unmittelbaren Zusammenhang mit der Tätigkeit der Nachlasspfleger stehen und Teil des gesamten Regelungskomplexes sind, das auf die Nachlasspflegschaft Anwendung findet, beschränkt sich ihre Geltung ebenfalls nicht auf das deutsche Territorium. Denn die Nachlasspfleger erhalten ihre Vergütung nach diesen Normen unabhängig von dem Ort der Pflegschaftsverrichtung. Führt also der Nachlasspfleger seine Erbenermittlungsdienste im Ausland, wird er auch in diesem Fall nach den

597 Vgl. MünchKommBGB/*Wagenitz*, Vorbemerkungen §§ 1773 ff. Rn. 2.

Regelungen der §§ 1915 Abs. 1 Satz 1, Satz 2, 1836 Abs. 1 und Abs. 2 BGB vergütet. Da diese Vorschriften aber nicht nur die Vergütung der Nachlasspfleger normieren, sondern auch eine Verbotsbestimmung für entgeltliche Verträge der Nachlasspfleger enthalten, muss sich diese Verbotswirkung zwecks Vereinheitlichung der Nachlasspflegschaftsregelungen und Gleichbehandlung aller Nachlasspfleger, unabhängig davon, wo sie tätig werden, zwecks Rechtssicherheit auch auf die Verträge der Nachlasspfleger mit Auslandsberührung erstrecken.

Wären die Verbotsvorschriften nicht über die deutschen Grenzen hinaus anwendbar, bestünde für jeden im Ausland lebenden Erben als Pflegschaftsadressaten die Gefahr, dass sein Nachlasspfleger durch den Abschluss des entgeltlichen Vertrages mit diesem sein Amt zur persönlichen Bereicherung über das vorgesehene Maß hinaus missbraucht. Denn der Wirksamkeit einer solchen Vereinbarung stünden keine Verbotsnormen entgegen und der Nachlasspfleger könnte ohne Konsequenzen seine Vergütung zu Lasten seines Pfleglings erhalten, obwohl dies innerhalb der deutschen Grenzen nicht möglich wäre. Der im Ausland lebende Erbe wäre im Gegensatz zu einem in Deutschland ansässigen Pflegling dem Amtsmissbrauch des Nachlasspflegers schutzlos ausgeliefert. Das ist nicht mit dem Sinn und Zweck der Normen der §§ 1915 Abs. 1 Satz 1, Satz 2, 1836 Abs. 1 und Abs. 2 BGB zu vereinbaren, die als Teil der Gesamtregelungen über die Nachlasspflegschaft auf die umfassende Sorge der Pfleglinge[598] gerichtet sind. Auch in diesem Fall wäre das Prinzip der Wahrung des öffentlichen Interesses an einer reibungslosen sozialen Organisation i.S.d. Art. 9 Abs. 1 Rom I-VO gefährdet.

Letztlich bedeutet dies, dass die Verbotsnormen der §§ 1915 Abs. 1 Satz 1, Satz 2, 1836 Abs. 1 und Abs. 2 BGB grundlegende Bedeutung haben. Sie sind deshalb gem. Art. 9 Abs. 2 Rom I-VO von einem deutschen Gericht auch dann anzuwenden, wenn ein Nachlasspfleger mit seinem Pflegschaftsadressaten einen entgeltlichen Vertrag nicht in Deutschland, sondern in Russland schließt und russisches Sachrecht anzuwenden ist. Folglich gilt die Verbotswirkung der §§ 1915 Abs. 1 Satz 1, Satz 2, 1836 Abs. 1 und Abs. 2 BGB auch für den entgeltlichen Vertrag zwischen dem Erbenermittler-Nachlasspfleger und dem in Russland lebenden Erben, wenn dieser etwa die Vorlage der Erbschaftsinformationen gegen Zahlung oder einen anderen mit der Erbenermittlung im Zusammenhang stehenden Inhalt hat. Dass in diesem Fall das russische Sachrecht einschlägig ist, ist unbeachtlich. Findet der Prozess in Russland statt, kann das russische Gericht die Eingriffsnormen gem. Art. 1192 Abs. 2 Satz 1 ZGB gleichermaßen zur Anwendung bringen.

598 S. dazu Fn. 597.

(d) Zwischenergebnis

Der entgeltliche Vertrag zwischen dem Erbenermittler in der Position des Nachlasspflegers und dem in Russland lebenden Erben unterliegt somit dem in den Normen der §§ 1915 Abs. 1 Satz 1, Satz 2, 1836 Abs. 1 und Abs. 2 BGB enthaltenen gesetzlichen Verbot und ist aus diesem Grund gem. Art. 168 Abs. 1 ZGB i.V.m. §§ 1915 Abs. 1 Satz 1, Satz 2, 1836 Abs. 1 und Abs. 2 BGB zunächst bestreitbar und bei gerichtlicher Feststellung insgesamt unwirksam. Der Erbe als Vertragspartei muss indes die gerichtliche Feststellung der Vertragsunwirksamkeit anstreben, um von dem in der Norm des Art. 168 Abs. 1 ZGB enthaltenen Schutz Gebrauch machen zu können.

(3) Ergebnis

Ein entgeltlicher Vertrag, den ein Erbenermittler-Nachlasspfleger mit dem Erben in Russland schließt, ist bei Anwendung des russischen Sachrechts im Gegensatz zu demjenigen, der unter der Anwendung der deutschen Rechtsordnung begründet wird, nicht von Anfang an nichtig. Vielmehr bedarf es der gerichtlichen Feststellung der Unwirksamkeit des Vertrages, damit dieser keine Rechtswirkungen entfalten kann. Erst wenn es zu einer solchen Gerichtsentscheidung kommt, gelangt die Prüfung in beiden Fällen zum gleichen Ergebnis: Der Erbenermittler, der die Stellung des Nachlasspflegers annimmt, kann keine wirksame Vergütungsabrede mit dem unbekannten Erben eingehen. Wird der Prozess in Russland geführt, gilt das allerdings nur, wenn das Gericht sich die deutschen Eingriffsnormen zu eigen macht. In der Praxis spricht viel dafür, dass das geschieht, auch weil die Entscheidung dann zu Gunsten des russischen Bürgers ausfällt.

Das Ergebnis ist auch praxisgerecht. Wenn die gerichtliche Feststellung der Unwirksamkeit des Vertrages ergeht, wird vermieden, dass ein im Ausland tätiger Nachlasspfleger eine günstigere Position hat als einer, den die Pflegschaftsaufgabe nur nach Deutschland führt. Diese Vereinheitlichung der Rechtsverhältnisse fördert die Rechtssicherheit.

2. Gesetzliches Rechtsverhältnis

Nicht immer kommt es zwischen dem professionellen Erbenermittler und dem Erben zu einer vertraglichen Vereinbarung. Auch in diesem Fall ist zu fragen, ob der Erbenermittler zwecks Durchsetzung ggf. bestehender Zahlungsansprüche an den von ihm gesuchten und gefundenen Erben in Russland mit Erfolg herantreten kann.

a) Deutsches Sachrecht

Kommt deutsches Sachrecht zur Anwendung, besteht zwischen dem professionellen Erbenermittler und dem Erben nur dann ein gesetzliches Rechtsverhältnis mit der Folge der Zahlungsverpflichtung des Erben, wenn der Erbenermittler zum Nachlasspfleger bestellt wird. Dieses resultiert aus der Personenpflegschaft, die dem Erbenermittler-Nachlasspfleger die Stellung des gesetzlichen Vertreters des unbekannten Erben einräumt (vgl. §§ 1960 Abs. 2, 1915 Abs. 1 Satz 1 BGB).[599] Die Vergütung des Erbenermittler-Nachlasspflegers richtet sich in diesem Fall nach §§ 1915 Abs. 1 Satz 1, Satz 2, 1836 Abs. 1 und Abs. 2 BGB.[600] Der Erbenermittler hat einen Vergütungsanspruch gegen den Erben, wenn das Nachlassgericht ihm eine Vergütung bewilligt.

Andernfalls bestehen zwischen dem Erbenermittler und dem Erben keine außervertraglichen Verhältnisse, die zur Zahlungsverpflichtung des Erben führen, weder aus einer vorvertraglichen Rechtsbeziehung[601] noch aus den Vorschriften über die Geschäftsführung ohne Auftrag.[602] Auch ein bereicherungsrechtliches Verhältnis wird zwischen den Parteien nicht begründet.[603] Ein Billigkeitsanspruch steht dem Erbenermittler ebenso wenig zu.[604]

b) Russisches Sachrecht

Wählen der professionelle Erbenermittler und der Erbe die russische Rechtsordnung für ihre außervertragliche Rechtsbeziehung[605] oder kommt sie kraft Gesetzes zur Anwendung,[606] sind die gesetzlichen Rechtsverhältnisse nach den Vorschriften der russischen Gesetze zu bestimmen.

aa) Gesetzliches Rechtsverhältnis des Erbenermittlers in seiner Ermittlereigenschaft

(1) Vorvertragliches Schuldverhältnis gem. Art. 434.1 Abs. 3 ZGB

Zwischen dem Erbenermittler und dem in Russland lebenden Erben könnte ein vorvertragliches Schuldverhältnis bestehen.

599 S. dazu oben unter § 2 II. 4. a).
600 S. dazu ausführlich oben unter § 4 II.
601 S. dazu ausführlich oben unter § 7 II. 1. a), § 7 II. 2. b).
602 S. dazu ausführlich oben unter § 7 II. 1. c), § 7 II. 2. d).
603 S. dazu ausführlich oben unter § 7 II. 1. d), § 7 II. 2. e).
604 S. dazu ausführlich oben unter § 7 II. 1. b), § 7 II. 2. c).
605 S. dazu oben unter § 8 II. 1. b) bb), § 8 II 2. b) aa).
606 S. dazu oben unter § 8 II. 1. b) cc), § 8 II. 2. b) bb).

(a) Vertragsverhandlungen i.S.d. Art. 434.1 Abs. 2 Satz 1 ZGB

Gem. Art. 434.1 Abs. 2 Satz 1 ZGB sind die Parteien verpflichtet, bei Eintritt in die Verhandlungen über den Abschluss eines Vertrages, während ihrer Durchführung und bis zu ihrem Abschluss gewissenhaft zu handeln.

Wenn der Erbenermittler dem in Russland lebenden Erben den Abschluss eines entgeltlichen Vertrages über die Übermittlung der Erbschaftsinformationen gem. Art. 420 Abs. 1 ZGB i.V.m. Art. 2 Ziff. 1, Art. 5 Abs. 1, Art. 6 Abs. 3 Ziff. 3 InfG anbietet und die Parteien über die Einzelheiten des Vertrages verhandeln, wird zwischen ihnen ein vorvertragliches Beziehungsstadium in Form von Vertragsverhandlungen i.S.d. Art. 434.1 Abs. 2 Satz 1 ZGB erreicht, das die Pflicht der Parteien nach sich zieht, wechselseitig gewissenhaft zu handeln.

(b) Nichtgewissenhaftes Handeln als Pflichtverletzung i.S.d. Art. 434.1 Abs. 2 Satz 2 ZGB

Nichtgewissenhafte Handlungen während der Durchführung der Verhandlungen gem. Art. 434.1 Abs. 2 Satz 2 ZGB sind: 1) die Vorlage nicht vollständiger oder nicht zuverlässiger Information gegenüber der Vertragspartei, einschließlich Verschweigens über Umstände, die aufgrund des Vertragscharakters der anderen Partei zur Kenntnis gebracht werden mussten; 2) ein unerwarteter und nicht gerechtfertigter Abbruch der Verhandlungen über den Abschluss eines Vertrages unter solchen Umständen, bei denen die andere Partei dies nicht vernünftigerweise erwarten konnte.

Als nichtgewissenhaftes Handeln und damit als Pflichtverletzung kommt auch hier allein der Abbruch von Vertragsverhandlungen i.S.d. Art. 434.1 Abs. 2 Satz 2 Ziff. 2 ZGB durch den Erben in Betracht, wenn er den Abschluss des Vertrages letztlich ablehnt.

(c) Rechtsfolge der Pflichtverletzung i.S.d. Art. 434.1 Abs. 3 ZGB

Eine Pflichtverletzung i.S.d. Art. 434.1 Abs. 2 Satz 2 Ziff. 2 ZGB führt gem. Art. 434.1 Abs. 3 ZGB grundsätzlich zur Schadensersatzpflicht der nichtgewissenhaft handelnden Partei gegenüber der anderen. Nach dieser Norm ist die Partei, die Vertragsverhandlungen führt und in nichtgewissenhafter Weise abbricht, verpflichtet, der anderen Partei den ihr dadurch entstandenen Schaden zu ersetzen.

(d) Erbe als Verbraucher i.S.d. Verbrauchergesetzes

Allerdings ist die Norm des Art. 434.1 Abs. 3 ZGB gem. Art. 434.1 Abs. 6 ZGB nicht für Verbraucher im Sinne des VerbrG anwendbar. Ist also der Erbe Verbraucher im Sinne dieses Gesetzes, kann er selbst bei Unterstellen seines pflichtwidrigen Handelns nicht zu Rechenschaft gezogen werden.

Gemäß der Präambel des VerbrG ist ein Verbraucher im Sinne des Gesetzes ein Bürger, der vorhat, Waren (Arbeiten oder Dienste) zu bestellen oder zu erwerben, oder diese bestellt oder erwirbt, und zwar ausschließlich für einen persönlichen, familiären, häuslichen oder anderen Zweck, der nicht mit seiner Unternehmenstätigkeit im Zusammenhang steht. Die Bestimmung erstreckt sich auf alle Vereinbarungen und Vertragsarten, die auf die Befriedigung von Bedürfnissen abzielen,[607] folglich auch auf den hier relevanten Vertrag über die Übermittlung von Erbschaftsinformationen gem. Art. 420 Abs. 1 ZGB i.V.m. Art. 2 Ziff. 1, Art. 5 Abs. 1, Art. 6 Abs. 3 Ziff. 3 InfG. Ausschlaggebend ist, dass der Erbe den Vertrag, über den er verhandelt, nicht im Rahmen seiner Unternehmenstätigkeit abzuschließen beabsichtigt. Eine Vereinbarung ist den Unternehmenshandlungen untergeordnet, wenn sie mit dem Ziel erfolgt, Gewinn zu erzielen und als systematische Vorgehensweise unternommen wird.[608] Da der Erbe über den Abschluss des Vertrages über die Übermittlung der Erbschaftsinformationen nur mit dem Ziel verhandelt, um zu der ihm auf privater Ebene zustehenden Erbschaft zu gelangen, und der Vertrag, über den verhandelt wird, eine einmalige Angelegenheit darstellt, liegt keine Unternehmenshandlung des Erben vor. Aus diesem Grund erfüllt er die Voraussetzungen eines Verbrauchers im Sinne des VerbrG, sodass die Vorschrift des Art. 434.1 Abs. 3 ZGB gem. Art. 434.1 Abs. 6 ZGB keine Anwendung in der vorliegenden Fallkonstellation findet.

(e) Ergebnis

Selbst dann, wenn ein vorvertragliches Rechtsverhältnis zwischen dem Erbenermittler und dem in Russland lebenden Erben nach russischem Sachrecht gem. Art. 434.1 Abs. 2 Satz 1 ZGB besteht, kann dieses wegen der Verbrauchereigenschaft des Erben keine Zahlungsverpflichtungen für diesen nach sich ziehen. Dies ist auch dann der Fall, wenn der Erbe im Rahmen dieses Rechtsverhältnisses nichtgewissenhaft und damit pflichtwidrig i.S.d. Art. 434.1 Abs. 2 Satz 2 ZGB handelt.

(2) Billigkeitsanspruch

Verwertet der Erbe die ihm vom Ermittler mitgeteilte Information über den Bestand der Erbschaft insoweit, als er aufgrund dessen trotz Ablehnung des Vertragsangebots eigene Ermittlungen anstellt und so zu der Erbschaft gelangt, ist zu

607 S. Fn. 536.
608 S. Fn. 537.

prüfen, ob dem Erbenermittler insoweit nach russischem Recht ein Billigkeitsanspruch gegen den Erben zusteht.

(a) Billigkeitsanspruch gem. Art. 10 Abs. 1 ZGB

Zunächst kommt ein Billigkeitsanspruch des Ermittlers gem. Art. 10 Abs. 1 ZGB in Betracht. Danach ist die Ausübung von Zivilrechten, die ausschließlich mit dem Zweck vorgenommen wird, einer anderen Person Schaden zuzufügen, die Umgehung des Gesetzes entgegen seinem Zweck und jede andere nichtgewissenhafte Ausübung von Zivilrechten (Rechtsmissbrauch) nicht gestattet. Die Vorschrift ist ihrer Natur nach zwar keine Anspruchsgrundlage. Allerdings geht der Sinn und Zweck der Norm dahin, der Rechtsausübung normative Grenzen zu setzen, um ihren moralisch-rechtlichen Charakter zu wahren.[609] Folglich hat sie wie die deutsche Vorschrift des § 242 BGB auch eine rechtsbegrenzende Wirkung und korrigiert auf diese Weise sowohl den Willen der Parteien als auch das Gesetz. Dies spricht dafür, sie in Ausnahmefällen im Hinblick auf die Wahrung ihres Sinns und Zwecks als Anspruchsgrundlage heranziehen zu können.

Wird die Vorschrift als Anspruchsgrundlage angewandt, setzt sie einen Rechtsmissbrauch als Tatbestandsmerkmal voraus, damit der Billigkeitsanspruch entsteht. Denn sie ist darauf gerichtet, den Rechtsmissbrauch zu verhindern. Handelt eine Partei entgegen diesem Grundsatz, löst sie die Haftung aus.

Ein Rechtsmissbrauch setzt unter anderem die Ausübung von Rechten voraus. Dies ist dem Wortlaut des Art. 10 Abs. 1 ZGB zu entnehmen. Die Ausübung erfordert nicht zwingend, dass sie als solche eine Rechtshandlung darstellt.[610] Es genügt, dass der Handelnde eine Rechtsposition annimmt, die es ihm ermöglicht, aus ihr und den mit ihr verbundenen Rechten aufgrund nichtgewissenhafter Handlungen einen Vorteil zu ziehen.[611]

Fraglich ist, ob in der selbstständigen erfolgreichen Recherche des Erben aufgrund der vom Ermittler erlangten Information über den Bestand der Erbschaft ein Rechtsmissbrauch i.S.d. Art. 10 Abs. 1 ZGB liegt. Bedenken begegnet es nicht, dass der Erbe in seiner Suche und in der Verwertung der Erkenntnis des Erbenermittlers keine Rechts-, sondern eine tatsächliche Handlung vornimmt. Allerdings verfügt er über keinerlei Rechtsposition, die er nichtgewissenhaft ausnutzt, um

609 Abova/Kabalkin/*Abova*, Art. 10 Rn. 3.

610 Vgl. *Gujev*, Kommentar zum ZGB, Art. 10 Rn. 1 ff., der den Rechtsmissbrauch anhand verschiedener Beispiele deutet.

611 Vgl. Abova/Kabalkin/*Abova*, Art. 10 Rn. 1; *Gujev*, Kommentar zum ZGB, Art. 10 Rn. 1 ff.

diese Handlung vornehmen zu können. Die einzige rechtliche Position, die in Betracht kommt, ist die Stellung des Erben als Erbe. Diese verwendet er jedoch nicht etwa mit dem Ziel, an die Information über den Bestand der Erbschaft zu gelangen, um auf diesem Wege in den Genuss der Erbschaft zu kommen. Vielmehr teilt ihm der Erbenermittler diese Erkenntnis ungefragt und für den Erben sogar unerwartet mit, sodass für ein nichtgewissenhaftes Handeln des Erben kein Raum ist.

Folglich liegt kein Rechtsmissbrauch i.S.d. Art. 10 Abs. 1 ZGB seitens des Erben vor. Dem Erbenermittler steht kein Billigkeitsanspruch aus dieser Norm zu.

(b) Billigkeitsanspruch gem. Art. 1 Abs. 3, Abs. 4 ZGB

Der Billigkeitsanspruch des Erbenermittlers könnte jedoch aus Art. 1 Abs. 3, Abs. 4 ZGB[612] folgen. Nach dieser Norm haben die Parteien der Zivilrechtsverhältnisse während der Begründung, der Ausübung und der Wahrung der Zivilrechte sowie während der Erfüllung der zivilen Verpflichtungen gewissenhaft zu handeln (Abs. 3) und es zu unterlassen, Vorteile aus ungesetzlichem und nichtgewissenhaftem Handeln zu ziehen (Abs. 4). Auch diese Vorschrift scheint auf den ersten Blick keine Anspruchsgrundlage zu sein. Allerdings enthält sie die für den Zivilrechtsverkehr maßgebenden Prinzipien und gilt als Generalklausel, die den gesamten Zivilrechtsverkehr beherrscht und dessen Beteiligte zwingend bindet.[613] Die russische Norm des Art. 1 Abs. 3, Abs. 4 ZGB ist das Spiegelbild der deutschen Vorschrift des § 242 BGB. Denn sie enthält als eine der Grundsteinvorschriften des Zivilrechts den sog. Gutglaubensschutz[614] und ist damit nach ihrem Sinn und Zweck auf die Wahrung des in Deutschland unter der Bezeichnung des Grundsatzes von Treu und Glauben bekannten Prinzips gerichtet.[615] Daraus folgt, dass auch sie wie § 242 BGB durchaus als Anspruchsgrundlage in Ausnahmefällen dienen kann, um ihrem Sinn und Zweck gerecht zu werden.

Allerdings kann dem Erben, wenn er an die Erbschaft aufgrund eigener Recherchen und der Information des Ermittlers über deren Bestand gelangt – wie bereits im Rahmen der Prüfung des Billigkeitsanspruchs gem. § 242 BGB

612 Die Vorschrift ist durch das Föderale Gesetz vom 30. Dezember 2012 Nr. 302-FZ in das ZGB eingeführt worden und am 1. März 2013 in Kraft getreten.

613 *Mindach*, WiRO 2013, 207, 208; *Shelestova*, Beiträge zum Recht im postsowjetischen Raum 2014, 1, 2.

614 *Mindach*, WiRO 2013, 207, 208.

615 Vgl. *Mindach*, WiRO 2013, 207, 208; *Shelestova*, Beiträge zum Recht im postsowjetischen Raum 2014, 1, 2; s. auch *Trunk*, FS Schröder, S. 201.

festgestellt – kein treuwidriges Verhalten zur Last gelegt werden.[616] Auf obige Erkenntnisse kann an vorliegender Stelle zurückgegriffen werden, denn die russische Norm des Art. 1 Abs. 3, Abs. 4 ZGB entspricht ihrem Sinn und Zweck im vollen Umfang derjenigen des § 242 BGB.[617] Ein nichtgewissenhaftes Handeln des Erben liegt hier also nicht vor. In seinen Handlungen realisiert sich lediglich das durch den Erbenermittler durch die ungefragte Mitteilung der Information über den Bestand der Erbschaft bewusst eingegangene Risiko, dass der Erbe diese Erkenntnis zu seinen Gunsten verwertet.[618]

Ein Billigkeitsanspruch gem. Art. 1 Abs. 3, Abs. 4 ZGB hat der Erbenermittler gegen den Erben mithin ebenfalls nicht.

(c) Ergebnis

Dem Erben, der eigene Recherchen im Hinblick auf die Erbschaft anstellt und zu diesem Zweck die Information des Erbenermittlers, dass es eine ihm angefallene Erbschaft gibt, verwertet, handelt auch nach dem russischen Sachrecht im Einklang mit dem Gesetz und den im Zivilrecht verankerten Grundsätzen eines ordnungsgemäßen Rechtsverkehrs. Sein Verhalten begründet infolgedessen insgesamt keinen Billigkeitsanspruch des professionellen Erbenermittlers.

(3) Rechtsverhältnis aus Handlungen im fremden Interesse ohne Auftrag gem. Art. 980 ff. ZGB

Der professionelle Erbenermittler und der in Russland lebende Erbe könnten dadurch rechtlich miteinander verbunden sein, dass auf ihr außervertragliches Rechtsverhältnis die Vorschriften über die Handlungen im fremden Interesse ohne Auftrag gem. Art. 980 ff. ZGB Anwendung finden. Ist dies der Fall, besteht für den Erbenermittler die Möglichkeit, eine Vergütung für seine Ermittlungen, die ihn zu dem Erben geführt haben, gem. Art. 985 ZGB oder zumindest einen Aufwendungsersatz gem. Art. 984 ZGB von dem Erben zu erlangen. Dazu muss

616 S. dazu oben unter § 7 II. 1. b), § 7 II. 2. c).

617 Die Vorschrift des Art. 1 Abs. 3, Abs. 4 ZGB ist erst seit dem 1. März 2013 in Kraft. Sie ist damit recht jung und die Voraussetzungen eines Billigkeitsanspruchs sind soweit ersichtlich bislang weder durch die Literatur noch durch die Rechtsprechung entwickelt worden. Allerdings entspricht die Norm dem Sinn und Zweck nach der deutschen Vorschrift des § 242 BGB. Deshalb bietet es sich an, die Voraussetzungen eines Billigkeitsanspruchs nach § 242 BGB auf den Anspruch aus Art. 1 Abs. 3, Abs. 4 ZGB zu übertragen.

618 S. dazu oben unter § 7 II. 1. b).

der Anwendungsbereich der dafür einschlägigen Vorschriften der Art. 980 ff. ZGB eröffnet sein.

Es ist schon fraglich, ob im vorliegenden Fall die Voraussetzungen der Ausgangsnorm des Art. 980 Abs. 1 ZGB erfüllt sind. Danach hat eine Person, die ohne Auftrag, anderweitige Weisung oder im Vorhinein versprochene Zustimmung eines anderen in der Absicht tätig wird, Schaden von dessen Person oder Vermögen abzuwenden, eine diesem obliegende Verbindlichkeit zu erfüllen oder in dessen sonstigen rechtmäßigen Interessen zu handeln (Handlungen im fremden Interesse), hierbei die Interessen und den tatsächlichen oder mutmaßlichen Willen des Geschäftsherrn zu beachten und die nach den konkreten Umständen erforderliche Fürsorge und Umsicht anzuwenden. Die Vorschrift setzt also in ihrem Kern eine zielgerichtete Handlung im fremden Interesse voraus. Es stellt sich demnach die Frage, ob dies im Hinblick auf die Ermittlungstätigkeit des Erbenermittlers der Fall ist.

(a) Erbenermittlung als Handlung

Unter die Handlungen i.S.d. Art. 980 Abs. 1 ZGB fallen sowohl faktische Tätigkeiten als auch solche juristischer Natur.[619] Damit ist das Anwendungsspektrum der Vorschrift weit, sodass die Erbenermittlung als faktische Handlung von der Norm erfasst ist.

(b) Im fremden Interesse

Entscheidend ist an dieser Stelle, dass die Handlung i.S.d. Art. 980 Abs. 1 ZGB zielgerichtet im fremden Interesse erfolgen muss. Wann eine Handlung im fremden Interesse vorliegt und wie diese zu bestimmen ist, ist umstritten. Einerseits wird vorausgesetzt, dass die handelnde Person ausschließlich bewusst im fremden Interesse tätig wird und dabei keine eigenen Interessen verfolgt.[620] Andererseits wird das Tätigwerden im fremden Interesse in einigen Einzelfällen auch dann bejaht, wenn die Ausführung der Handlungen auch den Interessen des Handelnden entspricht.[621] In diesem Fall bedarf es jedoch eines Interessenvergleichs, dessen

---

619 *Braginskiy*/*Vitrjanskiy*, S. 375; Stepanov/*Suchanov*, Art. 980 S. 902; Suchanov/*Pankratov*, S. 1060; vgl. auch *Gujev*, Zivilrecht, S. 298.

620 So Mozolin/*Sojfer*, S. 716; vgl. auch Stepanov/*Suchanov*, Art. 980 S. 902; Suchanov/*Pankratov*, S. 1060; *Gujev*, Zivilrecht, S. 298, die von der Fremdheit des Interesses in allen Fallkonstellationen ausgehen, ohne auf die Interessen des Handelnden einzugehen; s. auch Visschiy Arbitrazhniy Sud RF, Festst. v. 10. Oktober 2007 Nr. 12358/07, System Garant.

621 So *Braginskiy*/*Vitrjanskiy*, S. 376; vgl. auch *Gordon*, S. 156.

Resultat dann zur Handlung im ausschließlich eigenen Interesse des Handelnden führt, wenn seine Interessen überwiegen.[622] Dann erfolgt seine Tätigkeit also nicht im fremden Interesse, sondern im eigenen.[623]

Die maßgebende Handlung, für die der Erbenermittler vergütet oder zumindest entschädigt werden möchte, ist die Ermittlung des unbekannten in Russland lebenden Erben. Folgt man der ersten Auffassung, die nur dann ein Handeln im fremden Interesse bejaht, wenn keine eigenen Interessen des Handelnden in Betracht kommen, liegt kein Tätigwerden des Erbenermittlers im fremden Interesse vor. Er nimmt die Erbenermittlung in erster Linie deshalb auf, weil er den Erben finden und mit ihm einen entgeltlichen Vertrag schließen will.

Legt man die zweite Meinung zu Grunde, nach der die Tätigkeiten auch dann im fremden Interesse erfolgen können, wenn eigene Interessen des Handelnden berührt werden, bedarf es einer Interessenabwägung. Überwiegt das Interesse des Erben, liegt ein Handeln im fremden Interesse i.S.d. Art. 980 Abs. 1 ZGB vor. Fraglich ist, ob dies der Fall ist. Zweifelhaft erscheint dies deshalb, weil sowohl aus objektiver als auch aus subjektiver Sicht die Erbenermittlung als solche eine dem Erbenermittlerberuf zugeordnete Tätigkeit ist. Dies gehört zu den täglichen Aufgaben eines jeden Erbenermittlers und stellt die für den Beruf typische Vorgehensweise dar. Aus diesem Grund handelt der Ermittler im Rahmen der Erbensuche stets zu allererst für den eigenen Zweck. Dass er den Erben sucht und der Erbe ein Interesse daran hat, weil er sonst seine Erbrechte mangels seiner Erbschaftskenntnis nicht ausüben kann, stellt nur das Mittel zu dem von dem Erbenermittler verfolgten Zweck dar, an die Vergütung für seine Handlungen zu gelangen. Infolgedessen überwiegen sowohl subjektiv aus Sicht des Erbenermittlers selbst als auch aus objektiver Perspektive die Interessen des Erbenermittlers, wenn er die Erbenermittlung betreibt. Ein Handeln im fremden Interesse liegt aus diesem Grund auch dann nicht vor, wenn man der zweiten Ansicht folgt.

Der Erbenermittler handelt stets im eigenen Interesse, wenn er die Suche des unbekannten Erben aufgreift. Für das Handeln im fremden Interesse i.S.d. Art. 980 Abs. 1 ZGB ist damit nach beiden Ansichten kein Raum.

(c) Ergebnis

Die Prüfung hat ergeben, dass die Voraussetzungen des Art. 980 Abs. 1 ZGB mangels Handelns im fremden Interesse nicht erfüllt sind. Aus diesem Grund finden

622 *Braginskiy/Vitrjanskiy*, S. 376.

623 Ein auch-fremdes Geschäft, wie es nach deutscher Rechtslage anerkannt ist, ist dem russischen Sachrecht danach fremd.

die Vorschriften über die Handlungen im fremden Interesse ohne Auftrag gem. Art. 980 ff. ZGB keine Anwendung auf das außervertragliche Verhältnis zwischen dem professionellen Erbenermittler in der Ermittlereigenschaft und dem in Russland lebenden Erben. Damit besteht für den Erbenermittler keine Möglichkeit, eine Vergütung für seine Recherchen gem. Art. 985 ZGB oder zumindest einen Aufwendungsersatz gem. Art. 984 ZGB von dem Erben zu erlangen.

(4) Rechtsverhältnis aufgrund ungerechtfertigter Bereicherung gem. Art. 1102 ff. ZGB

(a) Grundsätzliches

Es gilt zu klären, ob der Erbe aufgrund der erlangten Information über den Bestand der Erbschaft derart durch den Erbenermittler bereichert wird, dass dieser nach russischem Recht einen Wertersatz dafür von dem Erben verlangen kann, um auf diesem Wege entschädigt und somit vergütet zu werden.[624] Insofern könnten die Normen der Art. 1102 ff. ZGB zur Anwendung kommen. Ihre Ausgangsnorm, Art. 1102 Abs. 1 ZGB, regelt, wann ein Ausgleich im Falle ungerechtfertigter Vermögensverschiebungen stattzufinden hat. Nach dieser Vorschrift ist eine Person, welche ohne Rechtsgrund auf Kosten einer anderen Person (des Benachteiligten) einen Vermögenszuwachs oder Vermögensschutz erlangt hat (der Bereicherte), verpflichtet, dem Benachteiligten das ungerechtfertigt erlangte oder behaltene Vermögen zurückzugeben. Ist die Rückgabe des Erlangten in natura (Art. 1104 Abs. 1 ZGB) nicht möglich, ist unter anderem ihr Wert zu ersetzen (Art. 1105 Abs. 1 ZGB).

(b) Information über den Bestand der Erbschaft als Vermögen

Die Ausgangsnorm des Art. 1102 Abs. 1 ZGB setzt also voraus, dass das erlange Etwas eine Vermögenseigenschaft im Sinne der Norm aufweist und eine Vermögensmehrung des Begünstigten stattfindet. Fraglich ist, ob dies auf die Information über den Bestand der Erbschaft zutrifft.

---

624 Auch nach russischem Recht ist ein bereicherungsrechtlicher Anspruch für den Fall denkbar, dass der Erbenermittler die vollständigen Erbschaftsinformationen an den Erben übermittelt, um die Erfüllung seiner Verbindlichkeit herbeizuführen und die zu Grunde liegende vertragliche Vereinbarung sich als unwirksam herausstellt. Dies dürfte aber auch hier eher einen Ausnahmefall darstellen. Im Folgenden beschränkt sich deshalb die Diskussion auf die Mitteilung der Information über den Bestand der Erbschaft.

Unter den Begriff des Vermögens i.S.d. Art. 1102 Abs. 1 ZGB fallen Sachen und Vermögensrechte.[625] Damit erstreckt sich der Anwendungsbereich der Norm auf die Verschiebung materieller Güter und Vermögensrechte.[626] Für immaterielle Güter und Rechte ohne Vermögensbezug findet das Institut der ungerechtfertigten Bereicherung keine Anwendung.[627]

Die Information darüber, dass eine Erbschaft gegeben ist, stellt Angaben und damit eine Information i.S.d. Art. 2 Ziff. 1 InfG dar. Deshalb kann sie der Kategorie der Sachen, unter welchen eine materiell-körperliche Substanz verstanden wird, die sich in einem festen, flüssigen oder gasartigen Zustand befindet,[628] nicht subsumiert werden. Die Information als solche ist nichtkörperlicher Natur, auch wenn sie in einem körperlichen Gegenstand festgehalten wird.[629] Auch kann sie nicht dem Begriff der Vermögensrechte, die Sachenrechte, Rechte über die Ergebnisse intellektueller Handlungen und Schuldrechte sind,[630] untergeordnet werden. Sie entfaltet keine Rechtswirkungen. Dies gilt auch für den Fall, dass der Erbe aufgrund dieser Information in irgendeiner Weise von der Erbschaft konkrete Kenntnis erlangt und seine Erbrechte ausübt. Diese stehen ihm bereits mit dem Eintritt des Erbfalls kraft Gesetzes zu.[631]

Geht man allerdings davon aus, dass der Erbe aufgrund dessen, dass er von dem Bestand der Erbschaft durch den Erbenermittler Kenntnis von dieser erlangt und selbst durch eigene Ermittlungen zu den konkreten Erkenntnissen über die Erbschaft gelangt, stellt sich die Frage, ob insoweit dennoch von einem Vermögenszuwachs i.S.d. Art. 1102 Abs. 1 ZGB durch das Handeln des Erbenermittlers ausgegangen werden kann. Bedenken ergeben sich aber daraus, dass in diesem Fall der Erbe sich den Nachlass im Grunde selbst verschafft und sein Vermögen vielmehr aufgrund seiner eigenen Ermittlungstätigkeiten mehrt. Die reine Information darüber, dass es die Erbschaft gibt, bringt ihn nämlich nicht zu der

625 Kamischanskiy/Korschunov/Ivanov/*Demidova*, S. 709; vgl. auch Mozolin/*Erdelevskiy*, S. 865; zum allgemeinen Begriff des Vermögens im Zivilrecht s. Visschiy Arbitrazhniy Sud RF, Beschl. v. 9.2.2010 Nr. 13944/09, System Garant; *Belov*, S. 258; zum identischen Vermögensbegriff im Sinne der Verfassung der Russischen Föderation s. Konstituzionniy Sud Rossijskoy Federazii, Beschl. v. 16.5.2000 Nr. 8-P, System Garant.

626 Kamischanskiy/Korschunov/Ivanov/*Demidova*, S. 709; Sadikov/*Sadikov*, S. 490.

627 Kamischanskiy/Korschunov/Ivanov/*Demidova*, S. 709; Sadikov/*Sadikov*, S. 490.

628 Zum Begriff der Sache in der russischen Rechtsordnung s. näher oben unter § 8 III. 1. b) aa) (3) (a).

629 S. dazu oben unter § 8 III. 1. b) aa) (1).

630 S. oben Fn. 575.

631 S. dazu oben unter § 2 I. 1., § 2 I. 2.

Erbschaft selbst. Es fehlen insofern die dafür notwendigen Anhaltspunkte, etwa wer der Erblasser ist und wo sich der Nachlass befindet. Vielmehr muss der Erbe selbst tätig werden, um sein Vermögen durch den Nachlass zu mehren. Damit wird das Vermögen des Erben letztlich durch eigene Anstrengungen vergrößert und nicht durch die Information des Erbenermittlers.

(c) Nicht der Rückgabe unterliegendes Vermögen gem. Art. 1109 ZGB

Wenn man annimmt, dass die Information über den Bestand der Erbschaft den Erben zumindest mittelbar bereichert und damit unter den Begriff des Vermögens i.S.d. Art. 1102 Abs. 1 ZGB fällt, bestehen Zweifel daran, ob dies auf der Rechtsfolgenseite zu einem bereicherungsrechtlichen Herausgabeanspruch des Ermittlers führt. Denn die Norm des Art. 1109 ZGB regelt, wann eine Entschädigung trotz ungerechtfertigter Vermögensverschiebung zu unterbleiben hat. Dies ist gem. Art. 1109 Ziff. 4 ZGB unter anderem dann der Fall, wenn das Vermögen aufgrund einer nicht bestehenden Verbindlichkeit gewährt worden ist und der Begünstigte beweist, dass die Person, die die Rückgabe des Vermögens verlangt, von dem Fehlen der Verpflichtung wusste.

Teilt der Erbenermittler dem Erben die Information über den Bestand der Erbschaft mit, erfolgt dies sowohl aus objektiver Perspektive als auch aus subjektiver Sicht des Ermittlers nicht im Hinblick auf die Erfüllung einer bereits bestehenden Verbindlichkeit des Ermittlers. Eine solche Verpflichtung existiert nicht. Vielmehr soll diese Information im Vorbereitungsstadium eines Vertragsschlusses dazu dienen, eine vertragliche Verpflichtung zu begründen. Der Ermittler mehrt also in diesem Fall das Vermögen des Erben, obwohl er weiß, dass er dazu nicht verpflichtet ist.

Verweigert der Erbe die Zahlung des Wertersatzes i.S.d. Art. 1105 Abs. 1 ZGB und will der Ermittler seine Forderung gerichtlich durchsetzen, wird ihm dies nicht gelingen. Der Erbe wird bereits allein aufgrund objektiv gegebener Umstände beweisen können, dass die Information darüber, dass eine Erbschaft existiert, ihm ohne jegliche Verbindlichkeit vom Erbenermittler zugeflossen ist, wovon dieser wusste.

(d) Zwischenergebnis

Selbst wenn die Information darüber, dass eine Erbschaft gegeben ist, dem Vermögensbegriff i.S.d. Art. 1102 Abs. 1 ZGB unterfällt – was zweifelhaft erscheint – und damit ein bereicherungsrechtliches Verhältnis zwischen dem Erbenermittler und dem Erben nach dieser Norm entsteht, unterliegt dieses Vermögen nach Art. 1109 Ziff. 4 ZGB nicht der Rückgabe. Daran wird der bereicherungsrechtliche

Anspruch des Erbenermittlers i.S.d. Art. 1102 Abs. 1 ZGB gegen den Erben letztendlich in jedem Fall scheitern.

(5) Ergebnis

Die Prüfung der gesetzlichen Rechtsverhältnisse zwischen dem Erbenermittler in seiner Ermittlereigenschaft und dem in Russland lebenden Erben hat ergeben, dass zwischen den Parteien keine außervertraglichen Schuldverhältnisse bestehen, die die Zahlungsverpflichtungen des Erben gegenüber dem Erbenermittler nach sich ziehen. Der Ermittler kann sich deshalb nicht mit Erfolg an den Erben zwecks Vergütungsentrichtung oder anderer Zahlungen wenden. Schließt er also keinen entgeltlichen Vertrag mit dem Erben, bleiben seine Ermittlungsbemühungen auch nach dem russischen Sachrecht nicht vergütet und auch die Ausgaben, die mit der Ermittlung im Zusammenhang stehen, werden nicht ersetzt.[632]

bb) Gesetzliches Rechtsverhältnis des Erbenermittlers in der Position des Nachlasspflegers

Wenn der Erbenermittler in Deutschland zum Nachlasspfleger bestellt wird, könnten auch in diesem Fall außervertragliche Rechtsverhältnisse zwischen ihm und dem in Russland lebenden Erben nach dem russischen Sachrecht bestehen.

(1) Aufgrund der Personenpflegschaft bestehendes Rechtsverhältnis

Wird der Erbenermittler zum Nachlasspfleger in Deutschland bestellt, so hat er die Nachlasspflegereigenschaft nach dem deutschen Recht. Die Pflegschaft wird von einem deutschen Nachlassgericht angeordnet.[633] Damit ist der Erbenermittler Nachlasspfleger ausschließlich nach der deutschen Rechtsordnung, jedoch nicht nach der russischen. Allerdings hat die Prüfung im Rahmen der Wirksamkeit des entgeltlichen Vertrages des Erbenermittler-Nachlasspflegers mit dem in Russland lebenden Erben ergeben, dass die deutschen Vorschriften der §§ 1915 Abs. 1 Satz 1, 1773 ff. BGB über die Nachlasspflegschaft in ihrer Gesamtheit Eingriffsnormen i.S.d. Art. 9 Abs. 1 Rom I-VO sind, sodass im Rahmen vertraglicher

632 Das Ergebnis entspricht auch der Auskunft der Rechtsanwältin von „Injurkollegia“ (s. dazu Fn. 579), wonach in Russland tätige Erbenermittler ohne vertragliche Vereinbarung keine Vergütung für die Erbenermittlung erhalten und auf den insofern entstandenen Kosten „sitzen bleiben“ (sinngemäße Übersetzung) würden. Eine diesbezügliche gerichtliche Entscheidung in Russland ist indes bislang nicht ergangen und ein Rechtsstreit mit einem dementsprechenden Inhalt ist zur Zeit soweit ersichtlich nicht anhängig.

633 Zur Anordnung der Nachlasspflegschaft s. oben unter § 2 II. 4. b).

Beziehungen diese gem. Art. 9 Abs. 2 Rom I-VO auch dann Anwendung finden bzw. gem. Art. 1192 Abs. 2 ZGB Anwendung finden können, wenn im Übrigen russisches Sachrecht einschlägig ist.[634] Fraglich ist, ob dies auch für die außervertragliche Beziehung zwischen dem Erbenermittler-Nachlasspfleger und dem in Russland lebenden Erben gilt.

(a) Eingriffsnormen i.S.d. Art. 16 Rom II-VO

Die Eingriffsnormen im Sinne der auf die gesetzlichen Rechtsverhältnisse in Deutschland anwendbaren Rom II-VO sind in Art. 16 der Verordnung geregelt. Auf diese Vorschrift kommt es letztlich auch bei einem Prozess in Russland an, weil Art. 1192 Abs. 2 ZGB für die Berücksichtigung ausländischer Eingriffsnormen darauf abstellt, ob das ausländische Recht den maßgeblichen Rechtssatz als imperative Norm ansieht.[635] Gem. Art. 16 Rom II-VO berührt diese Verordnung nicht die Anwendung der nach dem Recht des Staates des angerufenen Gerichts geltenden Vorschriften, die ohne Rücksicht auf das für das außervertragliche Schuldverhältnis maßgebende Recht den Sachverhalt zwingend regeln. Eine Legaldefinition der Eingriffsnormen findet sich in der Rom II-VO nicht, wie dies in Art. 9 Abs. 1 Rom I-VO der Fall ist. Da aber die Norm des Art. 9 Abs. 1 Rom I-VO sich an der Arblade-Entscheidung des EuGH[636] orientiert[637] – die in der Kommissionsbegründung zum Rom II-Verordnungsentwurf ausdrücklich als Vorbild für Art. 16 Rom II-VO genannt wird –[638] liegt es nahe, als Definition von Eingriffsnormen i.S.d. Art. 16 Rom II-VO die Begriffsbestimmung des Art. 9 Abs. 1 Rom I-VO entsprechend anzuwenden.[639] Die für eine Analogie erforderliche planwidrige Regelungslücke folgt daraus, dass der Verordnungsgeber wegen der geringen Bedeutung von Eingriffsnormen im Kontext der Rom II-VO dort auf eine Definition verzichten konnte.[640] Der Analogieschluss rechtfertigt sich aus dem Gebot einheitlicher Anwendung der beiden Verordnungen (Erwägungsgrund Nr. 7).[641] Die

---

634 S. dazu ausführlich oben unter § 8 III. 1. b) bb) (2) (b).
635 S. dazu oben unter § 8 III. 1. b) bb) (2) (a) (bb).
636 EuGH, Urt. v. 23.11.1999 – C-369/96, C-376/96, juris.
637 *Magnus*, IPRax 2010, 27, 41.
638 KOM (2003) 427 endgültig, 2003/0168 (COD), S. 27.
639 MünchKommBGB/*Junker*, Art. 16 Rom II-VO Rn. 13; vgl. auch *Heiss/Loacker*, JBl. 2007, 613, 644.
640 MünchKommBGB/*Junker*, Art. 16 Rom II-VO Rn. 13.
641 MünchKommBGB/*Junker*, Art. 16 Rom II-VO Rn. 13.

Dogmatik der Norm des Art. 9 Abs. 1 Rom I-VO ist infolgedessen auch für Art. 16 Rom II-VO maßgebend.[642]

(b) Gesamtregelungen über die Nachlasspflegschaft als Eingriffsnormen gem. Art. 16 Rom II-VO

Wie festgestellt, sind die Vorschriften der §§ 1915 Abs. 1 Satz 1, 1773 ff. BGB, die die Nachlasspflegschaft insgesamt regeln, Eingriffsnormen i.S.d. Art. 9 Abs. 1 Rom I-VO.[643] Aufgrund der hinsichtlich des Begriffs der Eingriffsnormen analogen Anwendung der Regelung auf Art. 16 Rom II-VO stellen die Vorschriften der §§ 1915 Abs. 1 Satz 1, 1773 ff. BGB auch Eingriffsnormen i.S.d Art. 16 Rom II-VO dar. Diese Regelungen finden auch im Rahmen außervertraglicher Beziehungen zwischen dem Erbenermittler-Nachlasspfleger und dem in Russland lebenden Erben Anwendung, ungeachtet dessen, dass im Übrigen russisches Sachrecht einschlägig ist. Bei einem Gerichtsprozess in Russland gilt dies jedoch nur dann, wenn der russische Richter von seiner durch Art. 1192 Abs. 2 Satz 1 ZGB eröffneten Möglichkeit Gebrauch macht und die Eingriffsnormen des deutschen Rechts anwendet.

(c) Ergebnis

Aus alledem folgt, dass zwischen dem Erbenermittler als Nachlasspfleger und dem in Russland lebenden Erben ein gesetzliches Rechtsverhältnis aufgrund der aus der Nachlasspflegschaft resultierenden Personenpflegschaft[644] herrscht, obwohl im Übrigen das russische Sachrecht Anwendung findet. Der Erbenermittler-Nachlasspfleger ist der gesetzliche Vertreter des Erben.[645] Seine Vergütung und deren Höhe richten sich in diesem Fall nach §§ 1915 Abs. 1 Satz 1, Satz 2, 1836 Abs. 1 und Abs. 2 BGB.[646] Der Erbenermittler hat einen Vergütungsanspruch gegen den Erben, wenn das Nachlassgericht ihm eine Vergütung bewilligt. Wird der Rechtsstreit in Russland geführt und legt der Richter die deutschen Eingriffsnormen seiner Entscheidung nicht zu Grunde, ist die Rechtslage anders. Die durch das deutsche Recht begründete Nachlasspflegereigenschaft des Ermittlers ist in diesem Fall im Verhältnis zum Erben in Russland unbeachtlich. Mangels

642 *Ebke*, ZVglRWiss. 109 (2010), 397, 441; Erman/*Hohloch*, Art. 16 Rom II-VO Rn. 5; Hk-BGB/*Dörner*, Art. 16 Rom II-VO Rn. 1; MünchKommBGB/*Junker*, Art. 16 Rom II-VO Rn. 13; Prütting/Wegen/Weinreich/*Remien*, Art. 16 Rom II-VO Rn. 2.

643 S. dazu oben unter § 8 III. 1. b) bb) (2) (b).

644 S. dazu oben unter § 2 II. 4. a).

645 S. dazu oben unter § 2 II. 4. a).

646 S. dazu ausführlich oben unter § 4 II.

Personenpflegschaftsverhältnisses stehen dem Erbenermittler in diesem Fall keine daraus resultierenden Zahlungsansprüche gegen den Erben zu.

(2) Vorvertragliches Schuldverhältnis gem. Art. 434.1 Abs. 3 ZGB

Selbst wenn der Erbenermittler-Nachlasspfleger und der Erbe sich im vorvertraglichen Stadium der Vertragsverhandlungen i.S.d. Art. 434.1 Abs. 2 Satz 1 ZGB befinden und der Erbe nichtgewissenhaft handelt und damit eine Pflichtverletzung i.S.d. Art. 434.1 Abs. 2 Satz 2 ZGB begeht, führt dies nicht zur Zahlungsverpflichtung des Erben gegenüber dem Erbenermittler gem. Art. 434.1 Abs. 3 ZGB. Insofern entspricht die vorvertragliche Fallkonstellation derjenigen zwischen dem Erbenermittler in seiner Ermittlereigenschaft und dem in Russland lebenden Erben.[647] Denn der Erbe tritt in beiden Fällen als Verbraucher i.S.d. VerbrG auf, sodass die Norm des Art. 434.1 Abs. 3 ZGB gem. Art. 434.1 Abs. 6 ZGB keine Anwendung findet.

(3) Billigkeitsanspruch gem. Art. 10 Abs. 1 ZGB und gem. Art. 1 Abs. 3, Abs. 4 ZGB

Verwertet der Erbe die ihm vom Erbenermittler-Nachlasspfleger mitgeteilte Information über den Bestand der Erbschaft, löst dieses Verhalten keinen Billigkeitsanspruch des Ermittlers gegen den Erben aus: Die Voraussetzungen des Art. 10 Abs. 1 ZGB und des Art. 1 Abs. 3, Abs. 4 ZGB liegen nicht vor.[648]

(4) Rechtsverhältnis aus Handlungen im fremden Interesse ohne Auftrag gem. Art. 980 ff. ZGB

Die Vorschrift des Art. 980 Abs. 1 ZGB setzt voraus, dass die Handlung ohne Auftrag, anderweitige Weisung oder im Vorhinein versprochene Zustimmung eines anderen und damit ohne jegliche Berechtigung erfolgt. Dieses Merkmal ist hier in der Regel nicht erfüllt. Mit seiner gerichtlichen Bestellung aufgrund der Personenpflegschaft – die im vorliegenden Fall aufgrund der Vorschriften der §§ 1915 Abs. 1 Satz 1, 1773 ff. BGB als Eingriffsnormen i.S.d Art. 16 Rom II-VO trotz Geltung des russischen Sachrechts besteht –[649] wird der Erbenermittler-Nachlasspfleger zur Erbenermittlung gesetzlich legitimiert. Sie liegt in seinem Pflegerkompetenzbereich. Davon wird die dementsprechende Berechtigung kraft

647 S. dazu oben unter § 8 III. 2. b) aa) (1).
648 S. dazu oben unter § 8 III. 2. b) aa) (2).
649 S. dazu oben unter § 8 III. 3. b) bb) (1).

Gesetzes abgeleitet, sodass das Merkmal des Fehlens einer solchen i.S.d. Art. 980 Abs. 1 ZGB nicht gegeben ist.

Wird der Rechtsstreit zwischen dem Erbenermittler und dem Erben vor einem russischen Gericht geführt und macht sich der Richter die deutschen Eingriffsnormen entgegen der Möglichkeit nach Art. 1192 Abs. 2 Satz 1 ZGB nicht zu eigen, sind die Voraussetzungen des Art. 980 Abs. 1 ZGB ebenso wenig erfüllt. Denn es mangelt in jedem Fall an einer Tätigkeit des Ermittlers, die im von der Vorschrift vorausgesetzten fremden Interesse erfolgen würde. Wie im Rahmen der Prüfung der Art. 980 ff. ZGB betreffend das gesetzliche Rechtsverhältnis zwischen dem Erben und dem Erbenermittler in seiner Ermittlereigenschaft festgestellt, handelt der Erbenermittler zu allererst stets im eigenen Interesse, wenn er die Erbenermittlung betreibt.[650] Hier ist die Situation nicht anders.

Die Vorschriften der Art. 980 ff. ZGB finden damit in ihrer Gesamtheit keine Anwendung auf das außervertragliche Verhältnis zwischen dem Erbenermittler-Nachlasspfleger und dem in Russland lebenden Erben.

(5) Rechtsverhältnis aufgrund ungerechtfertigter Bereicherung gem. Art. 1102 ff. ZGB

Auch die Vorschriften der Art. 1102 ff. ZGB kommen hinsichtlich des Verhältnisses zwischen dem Erbenermittler-Nachlasspfleger und dem in Russland lebenden Erben nicht zur Anwendung. Dies folgt daraus, dass die Vorschriften der §§ 1915 Abs. 1 Satz 1, 1773 ff. BGB, wie festgestellt, Eingriffsnormen i.S.d Art. 16 Rom II-VO und damit trotz Anwendung der russischen Rechtsordnung einschlägig sind.[651] Da sie eine Grundlage für die gesetzliche Rechtsbeziehung zwischen dem Erbenermittler-Nachlasspfleger und dem Erben wegen bestehender Personenpflegschaft bilden, stellen sie einen Rechtsgrund für alle mit der Erbenermittlung im Zusammenhang stehenden Tätigkeiten des Ermittlers dar.[652] Die Ausgangsnorm des Art. 1102 Abs. 1 ZGB setzt aber voraus, dass eine Bereicherung ohne Rechtgrund erfolgt. Dieses Tatbestandsmerkmal ist nicht erfüllt.

Wendet der russische Richter im Falle des Rechtsstreits vor einem russischen Gericht die deutschen Eingriffsnormen nicht an, so entsteht zwischen dem Erbenermittler und dem Erben in Russland kein Personenpflegschaftsverhältnis. Der bereicherungsrechtliche Anspruch des Ermittlers ist also nicht deshalb zu

---

650 S. dazu oben unter § 8 III. 2. b) aa) (3) (b).

651 S. dazu oben unter § 8 III. 3. b) bb) (1) (b).

652 Dazu, dass die Aufgabe des Nachlasspflegers sich nicht in der Erbenermittlung als solcher erschöpft, wenn der Erbe von ihm gefunden wird, s. oben unter § 7 I. 2. b).

verneinen, weil die Bereicherung auf einem Rechtsgrund beruht. Allerdings unterliegen die Informationen über den Bestand der Erbschaft, die vorliegend als Vermögen i.S.d. Art. 1102 Abs. 1 ZGB in Betracht kommen, wie festgestellt, gem. Art. 1109 Ziff. 4 ZGB nicht der Rückgabe.[653] Der Anspruch des Ermittlers gegen den Erben aus Art. 1102 Abs. 1 ZGB scheitert letztlich jedenfalls daran.

(6) Ergebnis

Zwischen dem Erbenermittler-Nachlasspfleger und dem in Russland lebenden Erben wird nach russischem Recht ebenfalls nur dann ein gesetzliches Rechtsverhältnis begründet, wenn sie aufgrund der aus der Nachlasspflegschaft hervorgehenden Personenpflegschaft rechtlich miteinander verbunden sind. Die Pflicht des Erben, den Ermittler zu vergüten, entsteht, wenn das Nachlassgericht die Vergütung bewilligt. Im Rahmen eines Prozesses vor einem russischen Gericht hat der Erbenermittler insoweit allerdings nur dann Erfolg, wenn der Richter die deutschen Eingriffsnormen über die Nachlasspflegschaft anwendet. Anderweitige außervertragliche Rechtsbeziehungen, die Zahlungsansprüche des Erbenermittlers gegen den Erben begründen würden, bestehen nicht. Damit entspricht die rechtliche Situation nach dem russischen Recht derjenigen nach der deutschen Rechtsordnung, wenn der Erbenermittler in der Position des Nachlasspflegers dem Erben gegenüber tritt.

653 S. dazu oben unter § 8 III. 2. b) aa) (4) (c).

§ 9 Gesamtergebnis

Die Untersuchung verfolgte das Ziel, die Rechtsfragen aufzuarbeiten, die aus einer professionellen Erbenermittlung resultieren können. Ausgangspunkt war die Einschaltung eines deutschen Erbenermittlers nach einem in Deutschland eingetretenen Erbfall, bevor auf die Besonderheiten einzugehen war, die daraus hervorgehen können, dass die Spur den Erbenermittler über die bundesdeutschen Grenzen hinaus in die Russische Föderation führt.

Es hat sich gezeigt, dass die Einordnung der Rechtsverhältnisse davon abhängt, auf wessen Veranlassung der Ermittler seine Tätigkeit aufnimmt. So ist danach zu unterscheiden, ob er vom Nachlassgericht, vom Nachlasspfleger oder von den Miterben des unbekannten Erben eingeschaltet wird oder ob er die Suche auf Eigeninitiative betreibt. Wird der Erbenermittler durch das Nachlassgericht eingeschaltet, bestehen seine Honoraransprüche nur dann, wenn er zum Nachlasspfleger bestellt und seine Vergütung gerichtlich bewilligt wird. Diese richten sich dann gegen den Erben; die Vergütungshöhe ist vergleichsweise gering. Wenn die Tätigkeit auf eine Kontaktaufnahme seitens des Nachlasspflegers erfolgt, hat der Erbenermittler keinen schuldrechtlichen Zahlungsanspruch gegen den Nachlasspfleger. Ansprüche gegen die Miterben des unbekannten Erben, die den Erbenermittler um Hilfe bitten, können nur durch eine vertragliche Abrede über eine entgeltliche Geschäftsbesorgung mit diesen begründet werden. Das Gleiche gilt für Forderungen des Ermittlers gegen den gefundenen Erben. Allein für diese letzte Konstellation sind bislang höchstrichterliche Judikate ergangen, die allesamt nach deutschem Sachrecht entschieden worden sind.

Findet der Erbenermittler den gesuchten Erben nicht auf deutschem Staatsgebiet, sondern in der Russischen Föderation, so ändert dies im Ergebnis nichts an der materiellen Rechtslage. Will der Erbenermittler seine angeblichen Ansprüche gegen den Erben gerichtlich durchsetzen, so hat er die Wahl, ob er deutsche oder russische Gerichte anruft. Beide sind in aller Regel international zuständig. Der russische Richter entscheidet im Ausgangspunkt nach den internationalprivatrechtlichen Normen der Russischen Föderation, während vor einem deutschen Gericht das deutsche Kollisionsrecht maßgebend ist. Führt das Kollisionsrecht zur Anwendung russischen Sachrechts, so stehen dem Ermittler ebenfalls keinerlei Ansprüche gegen den Erben zu, es sei denn, er kann ihn zum Abschluss eines entgeltlichen Vertrages bewegen.

Wenn der professionelle Erbenermittler zugleich als ein von einem deutschen Gericht bestellter Nachlasspfleger tätig wird, so bietet ein derartiger Vertrag mit dem Erben als seinem Pflegling letztlich unabhängig davon keine taugliche Rechtsgrundlage für einen Zahlungsanspruch, ob die Ermittlungen in Deutschland oder in Russland stattgefunden haben. Ein solches Rechtsgeschäft ist nach der deutschen Rechtsordnung von Anfang an unwirksam, während die Wirksamkeit nach russischem Recht von der gerichtlichen Feststellung der Nichtigkeit abhängt. Verteidigt sich der zahlungsunwillige Erbe gegen die gerichtliche Durchsetzung eines vertraglichen Zahlungsanspruchs des Erbenermittlers, wird er voraussichtlich erfolgreich sein. Zwar muss sich der Erbe bewusst sein, dass die als Eingriffsnormen zu verstehenden deutschen Vorschriften über die Nachlasspflegschaft, auf denen seine Verteidigung beruht, in einem Rechtsstreit vor einem russischen Richter nicht zwingend zu Grunde gelegt werden müssen. Er wird das Gericht jedoch überzeugen können, dass insoweit die Berücksichtigung fremden Rechts für die Herstellung des internationalen Entscheidungseinklangs notwendig ist.

Damit befindet sich der professionelle Erbenermittler, der internationale Recherchen anstellt, letztlich nur dann auf der sicheren Seite, wenn er sich zum Nachlasspfleger bestellen lässt. Verklagt er den Erben in der Russischen Föderation auf Zahlung, kommt es indessen erneut auf die Anwendung der deutschen Normen über die Nachlasspflegschaft durch das russische Gericht an. Zwar ist die Vergütungshöhe bzw. die Aufwandsentschädigung nicht mit der Honorarhöhe zu vergleichen, die er nach einem Vertragsabschluss mit dem Erben erhalten kann, wenn ein prozentualer Anteil am Nachlasswert als Vergütung vereinbart wird. Allerdings ist diese geringere Forderung in aller Regel realisierbar. Führt man sich schließlich vor Augen, dass die Erbenermittlung in den meisten Fällen in einem Vertragsabschluss mit dem Erben endet, ist es jedoch wirtschaftlich nachvollziehbar, wenn die professionelle Erbenermittlung wie im Regelfall eigenständig und außerhalb der Nachlasspflege betrieben wird.

Russische Gesetzestexte[654]

I. Originalfassung

Гражданский кодекс Российской Федерации от 30 ноября 1994 г. N 51-ФЗ, от 26 января 1996 г. N 14-ФЗ, от 26 ноября 2001 г. N 146-ФЗ и от 18 декабря 2006 г. N 230-ФЗ

Часть первая

Глава 1. Гражданское законодательство

Статья 1. Основные начала гражданского законодательства

1. Гражданское законодательство основывается на признании равенства участников регулируемых им отношений, неприкосновенности собственности, свободы договора, недопустимости произвольного вмешательства кого-либо в частные дела, необходимости беспрепятственного осуществления гражданских прав, обеспечения восстановления нарушенных прав, их судебной защиты.

(…)

3. При установлении, осуществлении и защите гражданских прав и при исполнении гражданских обязанностей участники гражданских правоотношений должны действовать добросовестно.

4. Никто не вправе извлекать преимущество из своего незаконного или недобросовестного поведения.

(…)

Глава 2. Возникновение гражданских прав и обязанностей, осуществление и защита гражданских прав

Статья 10. Пределы осуществления гражданских прав

1. Не допускаются осуществление гражданских прав исключительно с намерением причинить вред другому лицу, действия в обход закона с противоправной целью, а также иное заведомо недобросовестное осуществление гражданских прав (злоупотребление правом).

(…)

---

654 Stand: 18. April 2016.

Глава 6. Общие положения

Статья 128. Объекты гражданских прав

К объектам гражданских прав относятся вещи, включая наличные деньги и документарные ценные бумаги, иное имущество, в том числе безналичные денежные средства, бездокументарные ценные бумаги, имущественные права; результаты работ и оказание услуг; охраняемые результаты интеллектуальной деятельности и приравненные к ним средства индивидуализации (интеллектуальная собственность); нематериальные блага.

Статья 129. Оборотоспособность объектов гражданских прав

1. Объекты гражданских прав могут свободно отчуждаться или переходить от одного лица к другому в порядке универсального правопреемства (наследование, реорганизация юридического лица) либо иным способом, если они не ограничены в обороте.

2. Законом или в установленном законом порядке могут быть введены ограничения оборотоспособности объектов гражданских прав, в частности могут быть предусмотрены виды объектов гражданских прав, которые могут принадлежать лишь определенным участникам оборота либо совершение сделок с которыми допускается по специальному разрешению.

3. Земля и другие природные ресурсы могут отчуждаться или переходить от одного лица к другому иными способами в той мере, в какой их оборот допускается законами о земле и других природных ресурсах.

4. Результаты интеллектуальной деятельности и приравненные к ним средства индивидуализации (статья 1225) не могут отчуждаться или иными способами переходить от одного лица к другому. Однако права на такие результаты и средства, а также материальные носители, в которых выражены соответствующие результаты или средства, могут отчуждаться или иными способами переходить от одного лица к другому в случаях и в порядке, которые установлены настоящим Кодексом.

Статья 130. Недвижимые и движимые вещи

1. К недвижимым вещам (недвижимое имущество, недвижимость) относятся земельные участки, участки недр и все, что прочно связано с землей, то есть объекты, перемещение которых без несоразмерного ущерба их

назначению невозможно, в том числе здания, сооружения, объекты незавершенного строительства.

К недвижимым вещам относятся также подлежащие государственной регистрации воздушные и морские суда, суда внутреннего плавания, космические объекты. Законом к недвижимым вещам может быть отнесено и иное имущество.

2. Вещи, не относящиеся к недвижимости, включая деньги и ценные бумаги, признаются движимым имуществом. Регистрация прав на движимые вещи не требуется, кроме случаев, указанных в законе.

Глава 9. Сделки

§ 2. Недействительность сделок

Статья 166. Оспоримые и ничтожные сделки

1. Сделка недействительна по основаниям, установленным законом, в силу признания ее таковой судом (оспоримая сделка) либо независимо от такого признания (ничтожная сделка).

2. Требование о признании оспоримой сделки недействительной может быть предъявлено стороной сделки или иным лицом, указанным в законе.

(…)

Статья 168. Недействительность сделки, нарушающей требования закона или иного правового акта

1. За исключением случаев, предусмотренных пунктом 2 настоящей статьи или иным законом, сделка, нарушающая требования закона или иного правового акта, является оспоримой, если из закона не следует, что должны применяться другие последствия нарушения, не связанные с недействительностью сделки.

2. Сделка, нарушающая требования закона или иного правового акта и при этом посягающая на публичные интересы либо права и охраняемые законом интересы третьих лиц, ничтожна, если из закона не следует, что такая сделка оспорима или должны применяться другие последствия нарушения, не связанные с недействительностью сделки.

Глава 21. Понятие обязательства

Статья 307. Понятие обязательства

1. В силу обязательства одно лицо (должник) обязано совершить в пользу другого лица (кредитора) определенное действие, как то: передать имущество, выполнить работу, оказать услугу, внести вклад в совместную деятельность, уплатить деньги и т.п., либо воздержаться от определенного действия, а кредитор имеет право требовать от должника исполнения его обязанности.

2. Обязательства возникают из договоров и других сделок, вследствие причинения вреда, вследствие неосновательного обогащения, а также из иных оснований, указанных в настоящем Кодексе.

(…)

Глава 27. Понятие и условия договора

Статья 420. Понятие договора

1. Договором признается соглашение двух или нескольких лиц об установлении, изменении или прекращении гражданских прав и обязанностей.

(…)

Статья 421. Свобода договора

1. Граждане и юридические лица свободны в заключении договора.

(…)

2. Стороны могут заключить договор, как предусмотренный, так и не предусмотренный законом или иными правовыми актами.

(…)

4. Условия договора определяются по усмотрению сторон, кроме случаев, когда содержание соответствующего условия предписано законом или иными правовыми актами (статья 422).

(…)

Статья 422. Договор и закон

1. Договор должен соответствовать обязательным для сторон правилам, установленным законом и иными правовыми актами (императивным нормам), действующим в момент его заключения.

(…)

Глава 28. Заключение договора

Статья 434.1. Переговоры о заключении договора

1. Если иное не предусмотрено законом или договором, граждане и юридические лица свободны в проведении переговоров о заключении договора, самостоятельно несут расходы, связанные с их проведением, и не отвечают за то, что соглашение не достигнуто.

2. При вступлении в переговоры о заключении договора, в ходе их проведения и по их завершении стороны обязаны действовать добросовестно, в частности не допускать вступление в переговоры о заключении договора или их продолжение при заведомом отсутствии намерения достичь соглашения с другой стороной. Недобросовестными действиями при проведении переговоров предполагаются:

1) предоставление стороне неполной или недостоверной информации, в том числе умолчание об обстоятельствах, которые в силу характера договора должны быть доведены до сведения другой стороны;

2) внезапное и неоправданное прекращение переговоров о заключении договора при таких обстоятельствах, при которых другая сторона переговоров не могла разумно этого ожидать.

3. Сторона, которая ведет или прерывает переговоры о заключении договора недобросовестно, обязана возместить другой стороне причиненные этим убытки.

(…)

6. Предусмотренные пунктами 3 и 4 настоящей статьи положения об обязанности стороны возместить убытки, причиненные другой стороне, не применяются к гражданам, признаваемым потребителями в соответствии с законодательством о защите прав потребителей.

(…)

Часть вторая

Глава 30. Купля-продажа

§ 1. Общие положения о купле-продаже

Статья 454. Договор купли-продажи

1. По договору купли-продажи одна сторона (продавец) обязуется передать вещь (товар) в собственность другой стороне (покупателю), а покупатель обязуется принять этот товар и уплатить за него определенную денежную сумму (цену).

2. К купле-продаже ценных бумаг и валютных ценностей положения, предусмотренные настоящим параграфом, применяются, если законом не установлены специальные правила их купли-продажи.

3. В случаях, предусмотренных настоящим Кодексом или иным законом, особенности купли и продажи товаров отдельных видов определяются законами и иными правовыми актами.

4. Положения, предусмотренные настоящим параграфом, применяются к продаже имущественных прав, если иное не вытекает из содержания или характера этих прав.

(…)

Статья 455. Условие договора о товаре

1. Товаром по договору купли-продажи могут быть любые вещи с соблюдением правил, предусмотренных статьей 129 настоящего Кодекса.

(…)

Глава 37. Подряд

§ 1. Общие положения о подряде

Статья 702. Договор подряда

1. По договору подряда одна сторона (подрядчик) обязуется выполнить по заданию другой стороны (заказчика) определенную работу и сдать ее результат заказчику, а заказчик обязуется принять результат работы и оплатить его.

(…)

Статья 703. Работы, выполняемые по договору подряда

1. Договор подряда заключается на изготовление или переработку (обработку) вещи либо на выполнение другой работы с передачей ее результата заказчику.

(…)

Глава 39. Возмездное оказание услуг

Статья 779. Договор возмездного оказания услуг

1. По договору возмездного оказания услуг исполнитель обязуется по заданию заказчика оказать услуги (совершить определенные действия или осуществить определенную деятельность), а заказчик обязуется оплатить эти услуги.

(…)

Глава 50. Действия в чужом интересе без поручения

Статья 980. Условия действий в чужом интересе

1. Действия без поручения, иного указания или заранее обещанного согласия заинтересованного лица в целях предотвращения вреда его личности или имуществу, исполнения его обязательства или в его иных непротивоправных интересах (действия в чужом интересе) должны совершаться исходя из очевидной выгоды или пользы и действительных или вероятных намерений заинтересованного лица и с необходимой по обстоятельствам дела заботливостью и осмотрительностью.

(…)

Статья 983. Последствия неодобрения заинтересованным лицом действий в его интересе

1. Действия в чужом интересе, совершенные после того, как тому, кто их совершает, стало известно, что они не одобряются заинтересованным лицом, не влекут для последнего обязанностей ни в отношении совершившего эти действия, ни в отношении третьих лиц.

(…)

Статья 984. Возмещение убытков лицу, действовавшему в чужом интересе

1. Необходимые расходы и иной реальный ущерб, понесенные лицом, действовавшим в чужом интересе в соответствии с правилами, предусмотренными настоящей главой, подлежат возмещению заинтересованным лицом, за исключением расходов, которые вызваны действиями, указанными в пункте 1 статьи 983 настоящего Кодекса.

(…)

Статья 985. Вознаграждение за действия в чужом интересе

Лицо, действия которого в чужом интересе привели к положительному для заинтересованного лица результату, имеет право на получение вознаграждения, если такое право предусмотрено законом, соглашением с заинтересованным лицом или обычаями делового оборота.

Глава 60. Обязательства вследствие неосновательного обогащения

Статья 1102. Обязанность возвратить неосновательное обогащение

1. Лицо, которое без установленных законом, иными правовыми актами или сделкой оснований приобрело или сберегло имущество (приобретатель) за счет другого лица (потерпевшего), обязано возвратить последнему неосновательно приобретенное или сбереженное имущество (неосновательное обогащение), за исключением случаев, предусмотренных статьей 1109 настоящего Кодекса.

(…)

Статья 1104. Возвращение неосновательного обогащения в натуре

1. Имущество, составляющее неосновательное обогащение приобретателя, должно быть возвращено потерпевшему в натуре.

(…)

Статья 1105. Возмещение стоимости неосновательного обогащения

1. В случае невозможности возвратить в натуре неосновательно полученное или сбереженное имущество приобретатель должен возместить потерпевшему действительную стоимость этого имущества на момент его приобретения, а также убытки, вызванные последующим изменением стоимости

имущества, если приобретатель не возместил его стоимость немедленно после того, как узнал о неосновательности обогащения.

(…)

Статья 1109. Неосновательное обогащение, не подлежащее возврату

Не подлежат возврату в качестве неосновательного обогащения:

1) имущество, переданное во исполнение обязательства до наступления срока исполнения, если обязательством не предусмотрено иное;

2) имущество, переданное во исполнение обязательства по истечении срока исковой давности;

3) заработная плата и приравненные к ней платежи, пенсии, пособия, стипендии, возмещение вреда, причиненного жизни или здоровью, алименты и иные денежные суммы, предоставленные гражданину в качестве средства к существованию, при отсутствии недобросовестности с его стороны и счетной ошибки;

4) денежные суммы и иное имущество, предоставленные во исполнение несуществующего обязательства, если приобретатель докажет, что лицо, требующее возврата имущества, знало об отсутствии обязательства либо предоставило имущество в целях благотворительности.

Часть третья

Глава 66. Общие положения

Статья 1186. Определение права, подлежащего применению к гражданско-правовым отношениям с участием иностранных лиц или гражданско-правовым отношениям, осложненным иным иностранным элементом

1. Право, подлежащее применению к гражданско-правовым отношениям с участием иностранных граждан или иностранных юридических лиц либо гражданско-правовым отношениям, осложненным иным иностранным элементом, в том числе в случаях, когда объект гражданских прав находится за границей, определяется на основании международных договоров Российской Федерации, настоящего Кодекса, других законов (пункт 2 статьи 3) и обычаев, признаваемых в Российской Федерации.

(…)

2. Если в соответствии с пунктом 1 настоящей статьи невозможно определить право, подлежащее применению, применяется право страны, с которой гражданско-правовое отношение, осложненное иностранным элементом, наиболее тесно связано.

(…)

Статья 1187. Квалификация юридических понятий при определении права, подлежащего применению

1. При определении права, подлежащего применению, толкование юридических понятий осуществляется в соответствии с российским правом, если иное не предусмотрено законом.

(…)

Статья 1190. Обратная отсылка

1. Любая отсылка к иностранному праву в соответствии с правилами настоящего раздела должна рассматриваться как отсылка к материальному, а не к коллизионному праву соответствующей страны, за исключением случаев, предусмотренных пунктом 2 настоящей статьи.

2. Обратная отсылка иностранного права может приниматься в случаях отсылки к российскому праву, определяющему правовое положение физического лица.

Статья 1192. Нормы непосредственного применения

(…)

2. При применении права какой-либо страны согласно правилам настоящего раздела суд может принять во внимание императивные нормы права другой страны, имеющей тесную связь с отношением, если согласно праву этой страны такие нормы являются нормами непосредственного применения. При этом суд должен учитывать назначение и характер таких норм, а также последствия их применения или неприменения.

Глава 68. Право, подлежащее применению к имущественным и личным неимущественным отношениям

Статья 1210. Выбор права сторонами договора

1. Стороны договора могут при заключении договора или в последующем выбрать по соглашению между собой право, которое подлежит применению к их правам и обязанностям по этому договору.

2. Соглашение сторон о выборе подлежащего применению права должно быть прямо выражено или должно определенно вытекать из условий договора либо совокупности обстоятельств дела.

(…)

6. Если иное не вытекает из закона или существа отношений, положения пунктов 1–3 и 5. настоящей статьи соответственно применяются к выбору по соглашению сторон права, подлежащего применению к отношениям, не основанным на договоре, когда такой выбор допускается законом.

Статья 1212. Право, подлежащее применению к договору с участием потребителя

1. Выбор права, подлежащего применению к договору, стороной которого является физическое лицо, использующее, приобретающее или заказывающее либо имеющее намерение использовать, приобрести или заказать движимые вещи (работы, услуги) для личных, семейных, домашних и иных нужд, не связанных с осуществлением предпринимательской деятельности, не может повлечь за собой лишение такого физического лица (потребителя) защиты его прав, предоставляемой императивными нормами права страны места жительства потребителя, если контрагент потребителя (профессиональная сторона) осуществляет свою деятельность в стране места жительства потребителя либо любыми способами направляет свою деятельность на территорию этой страны или территории нескольких стран, включая территорию страны места жительства потребителя, при условии, что договор связан с такой деятельностью профессиональной стороны.

2. При отсутствии соглашения сторон о подлежащем применению праве и при наличии обстоятельств, указанных в пункте 1 настоящей статьи, к договору с участием потребителя применяется право страны места жительства потребителя.

(…)

Статья 1215. Сфера действия права, подлежащего применению к договору

1. Правом, подлежащим применению к договору в соответствии с правилами статей 1210–1214, 1216 настоящего Кодекса, определяются, в частности:

(…)

6) последствия недействительности договора.

(…)

Статья 1222.1. Право, подлежащее применению к обязательствам, возникающим вследствие недобросовестного ведения переговоров о заключении договора

1. К обязательствам, возникающим вследствие недобросовестного ведения переговоров о заключении договора, применяется право, подлежащее применению к договору, а если договор не был заключен, применяется право, которое применялось бы к договору, если бы он был заключен.

(…)

Статья 1223. Право, подлежащее применению к обязательствам, возникающим вследствие неосновательного обогащения

1. К обязательствам, возникающим вследствие неосновательного обогащения, применяется право страны, где обогащение имело место.

(…)

Статья 1223.1. Выбор права сторонами обязательства, возникающего вследствие причинения вреда или вследствие неосновательного обогащения

1. Если иное не вытекает из закона, после совершения действия или наступления иного обстоятельства, повлекших причинение вреда или неосновательное обогащение, стороны могут выбрать по соглашению между собой право, подлежащее применению к обязательству, возникающему вследствие причинения вреда или вследствие неосновательного обогащения.

(…)

Гражданский процессуальный кодекс Российской Федерации от 14 ноября 2002 г. N 138-ФЗ

Глава 44. Подсудность дел с участием иностранных лиц судам в Российской Федерации

Статья 402. Применение правил подсудности

(…)

2. Суды в Российской Федерации рассматривают дела с участием иностранных лиц, если организация-ответчик находится на территории Российской Федерации или гражданин-ответчик имеет место жительства в Российской Федерации.

(…)

Федеральный закон от 27 июля 2006 г. N 149-ФЗ „Об информации, информационных технологиях и о защите информации"

Статья 2. Основные понятия, используемые в настоящем Федеральном законе

В настоящем Федеральном законе используются следующие основные понятия:

1) **информация** - сведения (сообщения, данные) независимо от формы их представления;

(…)

Статья 5. Информация как объект правовых отношений

1. Информация может являться объектом публичных, гражданских и иных правовых отношений. Информация может свободно использоваться любым лицом и передаваться одним лицом другому лицу, если федеральными законами не установлены ограничения доступа к информации либо иные требования к порядку ее предоставления или распространения.

(…)

Статья 6. Обладатель информации

(…)

3. Обладатель информации, если иное не предусмотрено федеральными законами, вправе:

(…)

3) передавать информацию другим лицам по договору или на ином установленном законом основании;

(…)

Закон РФ от 7 февраля 1992 г. N 2300-I „О защите прав потребителей“

[Преамбула]

(…)

Основные понятия, используемые в настоящем Законе:

Потребитель - гражданин, имеющий намерение заказать или приобрести либо заказывающий, приобретающий или использующий товары (работы, услуги) исключительно для личных, семейных, домашних и иных нужд, не связанных с осуществлением предпринимательской деятельности;

(…)

II. Deutsche Übersetzung[655]

Zivilgesetzbuch der Russischen Föderation vom 30. November 1994 Nr. 51-FZ, vom 26. Januar 1996 Nr. 14-FZ, vom 26. November 2001 Nr. 146-FZ und vom 18. Dezember 2006 Nr. 230-FZ

Erster Teil

Kapitel 1. Zivile Gesetzgebung

Art. 1. Grundlagen der zivilen Gesetzgebung

1. Die zivile Gesetzgebung basiert auf der Anerkennung der Gleichstellung der Teilnehmer der von ihr zu regulierenden Verhältnisse, der Unantastbarkeit des Eigentums, der Vertragsfreiheit, der Nichtgestattung willkürlicher Eingriffe von jedermann in private Angelegenheiten, der Notwendigkeit einer reibungslosen Umsetzung der Zivilrechte, der Gewährleistung der Wiederherstellung gestörter Rechte und auf ihrem gerichtlichen Schutz.

(…)

3. Während der Begründung, der Ausübung und der Wahrung der Zivilrechte sowie während der Erfüllung der zivilen Verpflichtungen haben die Parteien der Zivilrechtsverhältnisse gewissenhaft zu handeln.

4. Niemand hat das Recht, aus seinem gesetzeswidrigen oder nichtgewissenhaften Verhalten Vorteile zu ziehen.

(…)

Kapitel 2. Entstehung der Zivilrechte und -verpflichtungen, Ausübung und Schutz der Zivilrechte

Art. 10. Grenzen der Ausübung der Zivilrechte

1. Nicht gestattet ist die Ausübung von Zivilrechten, die ausschließlich mit dem Zweck vorgenommen wird, einer anderen Person Schaden zuzufügen, die Umgehung des Gesetzes entgegen seinem Zweck und jede andere nichtgewissenhafte Ausübung von Zivilrechten (Rechtsmissbrauch).

(…)

655 Die Verfasserin ist ermächtigte Übersetzerin für die russische Sprache (Schleswig-Holsteinisches Oberlandesgericht).

Kapitel 6. Allgemeine Bestimmungen

Art. 128. Objekte der Zivilrechte

Zu den Objekten der Zivilrechte gehören Sachen einschließlich Bargelds und dokumentierter Wertpapiere, anderes Vermögen einschließlich bargeldloser Geldmittel, nicht dokumentierte Wertpapiere, Vermögensrechte; Arbeitsergebnisse und Dienstleistungen, geschützte Ergebnisse intellektueller Handlungen und gleichartige Individualisierungsmittel (intellektuelles Eigentum); nichtmaterielle Güter.

Art. 129. Verkehrsfähigkeit der Zivilrechtsobjekte

1. Objekte der Zivilrechte können frei veräußert werden und von einer Person auf eine andere infolge der universalen Rechtsnachfolge übergehen.

2. Aufgrund des Gesetzes oder gemäß der vom Gesetz normierten Regelung können Beschränkungen der Verkehrsfähigkeit der Zivilrechtsobjekte eingeführt werden, insbesondere können Arten von Zivilrechtsobjekten vorgesehen werden, die nur für bestimmte Verkehrsteilnehmer gelten, oder es darf die Durchführung von Vereinbarungen nur aufgrund einer speziellen Erlaubnis erfolgen.

3. Grundboden und andere Naturressourcen können veräußert werden und von einer Person auf die andere auf sonstige Weise in dem Rahmen übergehen, in dem ihr Verkehr aufgrund der Gesetze über den Grundboden und andere Naturressourcen gestattet ist.

4. Ergebnisse intellektueller Handlungen und gleichartige Mittel der Individualisierung (Art. 1225) können nicht veräußert werden und von einer Person auf die andere auf sonstige Weise übergehen. Allerdings können die Rechte auf diese Ergebnisse und Mittel sowie ihre materiellen Träger, in denen dementsprechende Ergebnisse und Mittel geäußert sind, veräußert und auf andere Weise in den Fällen übergehen, die in dem vorliegenden Gesetzbuch normiert sind.

Art. 130. Unbewegliche und bewegliche Sachen

1. Zu den unbeweglichen Sachen (Immobiliarvermögen, Immobilien) gehören Grundstücke, Untergründe und alles, was mit dem Grundboden fest verbunden ist, das heißt Objekte, deren Bewegen nicht ohne Schaden eines großen Ausmaßes möglich ist, einschließlich Gebäude, Strukturen, Objekte nicht beendeter Erbauung.

Zu den unbeweglichen Sachen gehören außerdem der staatlichen Registrierung unterliegende Luft- und Seeschiffe, Schiffe für die innere Benutzung, kosmische Objekte. Zu den unbeweglichen Sachen kann aufgrund eines Gesetzes auch anderes Vermögen zugeordnet werden.

2. Sachen, die nicht zu Immobilien gehören, einschließlich Gelds und Wertpapiere, sind bewegliches Vermögen. Einer Registrierung der Rechte über bewegliche Sachen bedarf es nicht, es sei denn, es ist gesetzlich etwas anderes bestimmt.

Kapitel 9. Vereinbarungen

§ 2. Unwirksamkeit der Vereinbarungen

Art. 166. Bestreitbare und nichtige Vereinbarungen

1. Eine Vereinbarung ist aufgrund der gesetzlich normierten Bestimmungen unwirksam, wenn sie als unwirksam gerichtlich anerkannt wird (bestreitbare Vereinbarung) oder unabhängig von einer solchen Entscheidung unwirksam ist (nichtige Vereinbarung).

2. Die Anerkennung der Vereinbarung als unwirksam kann von jeder Partei oder von einer anderen gesetzlich vorgesehenen Person beansprucht werden.

(…)

Art. 168. Unwirksamkeit der gegen Anforderungen des Gesetzes oder anderer Rechtsakte verstoßenden Vereinbarungen

1. Außer in den Fällen, die in Abs. 2 des vorliegenden Artikels und in anderen Gesetzen vorgesehen sind, ist eine Vereinbarung, die gegen Anforderungen des Gesetzes oder anderer Rechtsakte verstößt, bestreitbar, wenn aus dem Gesetz nicht hervorgeht, dass andere Rechtsfolgen eintreten müssen, die nicht mit der Unwirksamkeit der Vereinbarung im Zusammenhang stehen.

2. Eine Vereinbarung, die gegen gesetzliche Anforderungen oder andere Rechtsakte verstößt und dabei in öffentliche Interessen oder Rechte und vom Gesetz geschützte Interessen dritter Personen eingreift, ist nichtig, wenn aus dem Gesetz nicht folgt, dass eine solche Vereinbarung bestreitbar ist oder andere Folgen eintreten müssen, die nicht mit der Unwirksamkeit der Vereinbarung im Zusammenhang stehen.

Kapitel 21. Begriff der Verpflichtung

Art. 307. Begriff der Verpflichtung

1. Aufgrund ihrer Verbindlichkeit ist die verpflichtete Partei (Schuldner) verpflichtet, zu Gunsten der anderen Partei (Gläubiger) die vereinbarte Handlung vorzunehmen, z.B.: Vermögen zu übergeben, Arbeit zu verrichten, Dienstleistung auszuführen, Beitrag zu einem gemeinsamen Vorhaben zu leisten, Geld zu zahlen usw., oder sich hinsichtlich einer bestimmten Handlung zurückzuhalten, und der Gläubiger ist berechtigt, die Erfüllung der Verbindlichkeit von dem Schuldner zu verlangen.

2. Verbindlichkeiten entstehen aufgrund eines Vertrages, infolge einer Schadenszufügung oder aus anderen Gründen, die im vorliegenden Gesetzbuch geregelt sind.

(...)

Kapitel 27. Begriff und Bedingungen des Vertrages

Art. 420. Begriff des Vertrages

1. Vertrag ist eine Vereinbarung von zwei oder mehreren Personen über die Entstehung, Änderung oder Beendigung von Zivilrechten oder Verpflichtungen.

(...)

Art. 421. Vertragsfreiheit

1. Bürger und juristische Personen sind in dem Vertragsschluss frei.

(...)

2. Parteien können einen Vertrag abschließen, der gesetzlich vorgesehen ist, oder auch einen solchen, den die Rechtsordnung nicht kennt.

(...)

4. Bestimmung der Vertragsbedingungen unterliegt dem Ermessen der Parteien, es sei denn, es ist aufgrund eines Gesetzes oder anderer Rechtsakte etwas anderes bestimmt (Art. 422).

(...)

Art. 422. Vertrag und Gesetz

1. Ein Vertrag muss im Einklang mit den für die Parteien zwingenden Regelungen stehen, die gesetzlich oder aufgrund anderer Rechtsakte (imperative Normen) festgelegt sind und in dem Moment des Vertragsschlusses gelten.

(…)

Kapitel 28. Abschluss des Vertrages

Art. 434.1. Verhandlungen über den Abschluss des Vertrages

1. Wenn nichts anderes gesetzlich bestimmt ist, sind Bürger und juristische Personen in der Durchführung der Verhandlungen über den Abschluss eines Vertrages frei, sie tragen die Kosten selbst, die mit ihrer Durchführung im Zusammenhang stehen, und haften nicht dafür, dass die Vereinbarung nicht getroffen wird.

2. Bei Eintritt in die Verhandlungen über den Abschluss eines Vertrages, während ihrer Durchführung und bis zum Vertragsschluss sind die Parteien verpflichtet, gewissenhaft zu handeln, insbesondere nicht in die Verhandlungen über den Abschluss eines Vertrages zu treten oder diese fortzusetzen, wenn keine Absicht besteht, eine Vereinbarung mit der anderen Partei zu erzielen. Nichtgewissenhafte Handlungen während der Durchführung der Verhandlungen sind:

1) die Vorlage der Vertragspartei nicht vollständiger oder nicht zuverlässiger Information einschließlich des Verschweigens über Umstände, die aufgrund des Vertragscharakters der anderen Partei zur Kenntnis gebracht werden mussten;

2) unerwarteter und nicht gerechtfertigter Abbruch der Verhandlungen über den Abschluss eines Vertrages unter solchen Umständen, bei denen die andere Partei dies nicht vernünftigerweise erwarten konnte.

3. Die Partei, die die Verhandlungen über den Abschluss eines Vertrages führt und nichtgewissenhaft abbricht, ist verpflichtet, der anderen Partei den ihr dadurch entstandenen Schaden zu ersetzen.

(…)

6. Bestimmungen, die in den Absätzen 3 und 4 des vorliegenden Artikels vorgesehen sind und die Pflicht einer Person zum Ersatz des der anderen Partei entstandenen Schadens normieren, sind nicht für die Bürger anwendbar, die Verbraucher im Sinne des Gesetzes „Über den Schutz der Verbraucherrechte“ sind.

(…)

Zweiter Teil

Kapitel 30. Kaufvertrag

§ 1. Allgemeine Bestimmungen über den Kaufvertrag

Art. 454. Kaufvertrag

1. Gemäß dem Kaufvertrag ist eine Partei (Verkäufer) verpflichtet, die Sache (Ware) in das Eigentum der anderen Partei (Käufer) zu übertragen, und der Käufer ist verpflichtet, diese Ware anzunehmen und für sie die vereinbarte Summe Geld (Preis) zu zahlen.

2. Zu dem Kauf von Wertpapieren und Fremdwährung sind die Bestimmungen anzuwenden, die im vorliegenden Paragraphen geregelt sind, wenn nicht gesetzlich speziellere Regelungen ihres Kaufs vorgesehen sind.

3. In den Fällen, die im vorliegenden Gesetzbuch oder in anderen Gesetzen vorgesehen sind, sind die Besonderheiten des Kaufs und Verkaufs von verschiedenen Warenarten aufgrund der Gesetze oder anderer Rechtsakte geregelt.

4. Bestimmungen, die im vorliegenden Paragraphen vorgesehen sind, sind auf den Verkauf von Vermögensrechten anzuwenden, wenn nichts anderes aus ihrem Inhalt oder Charakter zu entnehmen ist.

(…)

Art. 455. Vertragsbedingungen hinsichtlich der Ware

1. Waren gemäß dem Kaufvertrag können beliebige Sachen sein, die im Einklang mit der Regelung des Art. 129 des vorliegenden Gesetzbuches stehen.

(…)

Kapitel 37. Werkvertrag

§ 1. Allgemeine Bestimmungen über den Werkvertrag

Art. 702. Werkvertrag

1. Gemäß dem Werkvertrag verpflichtet sich eine Partei (Werkunternehmer), im Auftrag einer anderen Partei (Auftraggeber) bestimmte Arbeit zu verrichten und dem Auftraggeber deren Ergebnis abzugeben, und der Auftraggeber ist verpflichtet, das Ergebnis der Arbeit anzunehmen und für dieses zu bezahlen.

(…)

Art. 703. Arbeiten, die gemäß dem Werkvertrag ausgeführt werden

1. Ein Werkvertrag wird zum Zwecke der Herstellung oder Überarbeitung (Verarbeitung) einer Sache oder zum Zwecke der Verrichtung einer anderen Arbeit mit der Übergabe ihres Ergebnisses an den Auftraggeber geschlossen.

(…)

Kapitel 39. Entgeltliche Erbringung von Diensten

Art. 779. Vertrag über die entgeltliche Erbringung von Diensten

1. Gemäß dem Vertrag über die entgeltliche Erbringung von Diensten ist der Dienstleistende verpflichtet, Dienste gemäß dem Auftrag des Auftraggebers zu leisten (bestimmte Handlungen vorzunehmen oder bestimmte Tätigkeiten auszuführen), und der Auftraggeber ist verpflichtet, für diese Dienste zu bezahlen.

(…)

Kapitel 50. Handlungen im fremden Interesse ohne Auftrag

Art. 980. Bedingungen der Handlungen im fremden Interesse

1. Handlungen ohne Auftrag, anderweitige Weisung oder im Vorhinein versprochene Zustimmung interessierter Person in der Absicht, einen Schaden von ihrer Person oder ihrem Vermögen abzuwenden, eine dieser obliegende Verbindlichkeit zu erfüllen, oder in deren sonstigen rechtmäßigen Interessen (Handlungen im fremden Interesse) müssen unter Beachtung der Interessen und des tatsächlichen oder mutmaßlichen Willens der Person und der nach den konkreten Umständen erforderlichen Fürsorge und Umsicht durchgeführt werden.

(…)

Art. 983. Folgen der durch die interessierte Person nicht genehmigten Handlungen in ihrem Interesse

1. Handlungen im fremden Interesse, die durchgeführt werden, nachdem demjenigen, der sie verrichtet, bekannt geworden ist, dass sie von der interessierten Person nicht genehmigt werden, führen für die letztere Person zu keinen Verpflichtungen, weder in Bezug zu der die Handlungen getätigten Person noch in Bezug zu Dritten.

(…)

Art. 984. Ersatz der Aufwendungen der im fremden Interesse handelnden Person

1. Notwendige Ausgaben und andere materielle Verluste, die von der im fremden Interesse im Einklang mit den Regelungen dieses Kapitels handelnden Person getragen sind, obliegen der Ersatzleistung durch die interessierte Person, außer für die Ausgaben, die in Art. 983 Abs. 1 dieses Gesetzbuches normiert sind.

(…)

Art. 985. Vergütung für die Handlungen im fremden Interesse

Die Person, deren Handlungen zu einem positiven Resultat für die interessierte Person geführt haben, hat ein Recht auf den Erhalt einer Vergütung, wenn ein solches Recht gesetzlich vorgesehen ist, durch eine Vereinbarung mit der interessierten Person begründet ist oder aufgrund von gewöhnlichen Verkehrsbräuchen besteht.

Kapitel 60. Verpflichtungen infolge ungerechtfertigter Bereicherung

Art. 1102. Verpflichtung zur Rückgabe der ungerechtfertigten Bereicherung

1. Eine Person, die ohne gesetzlich, aufgrund anderer Rechtsakte oder Vereinbarung bestimmten Rechtsgrund auf Kosten einer anderen Person (des Benachteiligten) einen Vermögenszuwachs oder Vermögensschutz erlangt hat (der Bereicherte), ist verpflichtet, dem Benachteiligten das ungerechtfertigt erlangte oder geschützte Vermögen (ungerechtfertigte Bereicherung) zurückzugeben, außer in den Fällen, die in Art. 1109 des Gesetzbuches vorgesehen sind.

(…)

Art. 1104. Rückgabe der ungerechtfertigten Bereicherung in natura

1. Vermögen, das die ungerechtfertigte Bereicherung des Bereicherten ausmacht, muss dem Benachteiligten in natura zurückgegeben werden.

(…)

Art. 1105. Ersatz des Wertes der ungerechtfertigten Bereicherung

1. In dem Fall der Nichtmöglichkeit der Rückgabe der ungerechtfertigten Bereicherung oder des geschützten Vermögens in natura ist der Bereicherte verpflichtet, dem Benachteiligten den tatsächlichen Wert dieses Vermögens in dem Moment seiner Erlangung und die Verluste, die aufgrund der Änderung des Wertes des

Vermögens auftreten, zu ersetzen, wenn der Bereicherte den Wert nicht sofort ersetzt hat, nachdem er von der ungerechtfertigten Bereicherung Kenntnis erlangt hat.

(...)

Art. 1109. Ungerechtfertigte Bereicherung, die nicht der Rückgabe unterliegt

Der Rückgabe in Form von ungerechtfertigter Bereicherung unterliegt nicht:

1) Vermögen, das aufgrund der Erfüllung einer Verpflichtung bis zum Eintritt der Leistungsfrist übergeben worden ist, wenn sich aus der Verpflichtung nichts anderes ergibt;

2) Vermögen, das aufgrund der Erfüllung einer Verpflichtung übergeben worden ist, nachdem die Verjährung eingetreten ist;

3) Arbeitsentgelt und gleichartige Zahlungen, Pensionen, Hilfeleistungen, Stipendien, Ersatz von Gesundheits- und Lebensschäden, Alimente und andere Geldleistungen, die dem Bürger zum Lebensunterhalt gewährt worden sind, wenn seinerseits keine nichtgewissenhafte Handlung oder Rechenfehler bestehen;

4) Geldsummen und anderes Vermögen, das aufgrund einer nicht bestehenden Verbindlichkeit gewährt worden sind, wenn der Begünstigte beweist, dass die Person, die die Rückgabe des Vermögens verlangt, von dem Fehlen der Verpflichtung wusste oder das Vermögen zum Zwecke einer Spende gewährt hat.

Dritter Teil

Kapitel 66. Allgemeine Bestimmungen

Art. 1186. Bestimmung des Rechts, das auf Zivilrechtsverhältnisse mit Beteiligung ausländischer Personen oder auf Zivilrechtsverhältnisse, die mit einem anderen ausländischen Element beschwert sind, Anwendung findet

1. Das Recht, das auf Zivilrechtsverhältnisse mit Beteiligung ausländischer Personen oder ausländischer juristischer Personen oder auf Zivilrechtsverhältnisse, die mit einem anderen ausländischen Element beschwert sind, auch in den Fällen, in denen das Objekt der Zivilrechte sich im Ausland aufhält, anzuwenden ist, ist aufgrund völkerrechtlicher Verträge der Russischen Föderation, des vorliegenden Gesetzbuches, anderer Gesetze (Art. 3 Abs. 2) und der Bräuche, die in der Russischen Föderation anerkannt sind, zu bestimmen.

(...)

2. Wenn es gemäß dem Abs. 1 der vorliegenden Vorschrift nicht möglich ist, das anzuwendende Recht zu bestimmen, ist das Recht des Staates anzuwenden, mit dem das Zivilrechtsverhältnis, das mit einem ausländischen Element beschwert ist, am engsten verbunden ist.

(…)

Art. 1187. Qualifikation juristischer Begriffe bei der Bestimmung des anzuwendenden Rechts

1. Bei der Bestimmung des anzuwendenden Rechts erfolgt die Auslegung juristischer Begriffe im Einklang mit dem Recht Russlands, wenn nichts anderes gesetzlich vorgesehen ist.

(…)

Art. 1190. Rückverweisung

1. Jede Verweisung zum ausländischen Recht gemäß dem vorliegenden Kapitel ist als Verweisung zum materiellen und nicht zum Kollisionsrecht des maßgebenden Staates anzusehen, mit Ausnahme der Fälle, die in Abs. 2 der vorliegenden Vorschrift vorgesehen sind.

2. Die Rückverweisung des ausländischen Rechts kann in den Fällen der Verweisung zum russischen Recht, das die Rechtsstellung einer natürlichen Person bestimmt, akzeptiert werden.

Art. 1192. Normen der unmittelbaren Anwendung

(…)

2. Bei der Anwendung des Rechts eines Staates gemäß den Regelungen des vorliegenden Abschnitts kann das Gericht imperative Normen des Rechts eines anderen Staates, der eine enge Verbindung mit dem Rechtsverhältnis hat, in Betracht ziehen, wenn gemäß dem Recht dieses anderen Staates solche Vorschriften Normen der unmittelbaren Anwendung darstellen. Dabei muss das Gericht die Bedeutung und den Charakter solcher Normen sowie die Folgen ihrer Anwendung oder Nichtanwendung beachten.

Kapitel 68. Das auf Vermögens- und persönliche Nichtvermögensverhältnisse anzuwendende Recht

Art. 1210. Rechtswahl durch die Vertragsparteien

1. Die Vertragsparteien können bei Abschluss des Vertrages oder danach das Recht einvernehmlich wählen, das auf ihre vertraglichen Rechte und Pflichten anzuwenden ist.

2. Die Parteivereinbarung über die Rechtswahl muss ausdrücklich erfolgen oder aus den Vertragsbedingungen oder dem Zusammenhang hervorgehen.

(...)

6. Wenn aus dem Gesetz oder der Natur der Verhältnisse nichts anderes hervorgeht, sind die Bestimmungen der Abs. 1–3 und 5 der vorliegenden Vorschrift auf die Rechtswahl der Parteien entsprechend anwendbar, die für nichtvertragliche Verhältnisse gelten soll, wenn eine solche Rechtswahl gesetzlich gestattet ist.

Art. 1212. Das auf den Vertrag mit Beteiligung eines Verbrauchers anzuwendende Recht

1. Die für einen Vertrag bestimmte Rechtswahl, dessen eine Partei eine natürliche Person ist, die bewegliche Sachen (Arbeiten, Dienste) benutzt, erwirbt oder bestellt oder die Absicht hat, diese zu benutzen, zu erwerben oder zu bestellen, und zwar für persönliche, familiäre, häusliche oder andere Bedürfnisse, die mit der unternehmerischen Handlung nicht im Zusammenhang stehen, kann den Verlust der eine solche Person (Verbraucher) schützenden Rechte, die ihr aufgrund imperativer Normen des Staates ihres Wohnsitzes zustehen, nicht nach sich ziehen, wenn der Kontrahent des Verbrauchers (professionell handelnde Partei) seine Tätigkeit in dem Wohnsitzstaat des Verbrauchers ausübt oder auf andere Weise seine Tätigkeit auf das Territorium dieses Staates oder die Territorien mehrerer Staaten einschließlich des Wohnsitzstaates des Verbrauchers richtet, mit der Bedingung, dass der Vertrag mit der Tätigkeit der professionell handelnden Partei im Zusammenhang steht.

2. Wenn keine Rechtwahl vorliegt und die Voraussetzungen des Abs. 1 der vorliegenden Vorschrift erfüllt sind, ist auf den Vertrag mit Beteiligung eines Verbrauchers das Recht des Wohnsitzstaates des Verbrauchers anzuwenden.

Art. 1215. Geltungsbereich des auf den Vertrag anzuwendenden Rechts

1. Das Recht, das nach den Vorschriften der Art. 1210–1214, 1216 des vorliegenden Gesetzbuches anzuwenden ist, bestimmt unter anderem:

(…)

6) die Folgen der Unwirksamkeit des Vertrages.

(…)

Art. 1222.1. Das auf die Verpflichtungen infolge nichtgewissenhafter Vertragsverhandlungen anzuwendende Recht

1. Auf die Verpflichtungen, die infolge nichtgewissenhafter Vertragsverhandlungen entstehen, ist das Recht anzuwenden, das auf den Vertrag anwendbar ist, oder, wenn der Vertrag nicht geschlossen wurde, das anwendbar gewesen wäre, wenn der Vertrag geschlossen worden wäre.

(…)

Art. 1223. Das auf die Verpflichtungen infolge ungerechtfertigter Bereicherung anzuwendende Recht

1. Auf die Verpflichtungen, die infolge ungerechtfertigter Bereicherung entstehen, ist das Recht des Staates anzuwenden, in dem die Bereicherung stattgefunden hat.

(…)

Art. 1223.1. Rechtswahl der Parteien des Schuldverhältnisses, das infolge einer Schadenszufügung oder ungerechtfertigter Bereicherung entsteht

1. Wenn gesetzlich nichts anderes bestimmt ist, können die Parteien nach dem Abschluss der Handlung oder nach dem Eintritt anderer Umstände, die eine Schadenszufügung oder ungerechtfertigte Bereicherung nach sich ziehen, das Recht einvernehmlich wählen, das auf die Verpflichtung anwendbar ist, das infolge der Schadenszufügung oder der ungerechtfertigten Bereicherung entsteht.

(…)

Zivilprozessgesetzbuch der Russischen Föderation vom 14. November 2002 Nr. 138-FZ

Kapitel 44. Gerichtsstand für Rechtsstreitigkeiten mit Beteiligung ausländischer Personen in der Russischen Föderation

Art. 402. Anwendung der Gerichtszuständigkeitsregeln

(...)

2. Gerichte der Russischen Föderation entscheiden über Rechtsstreitigkeiten mit Beteiligung ausländischer Personen, wenn der Beklagte eine Organisation ist, die ihren Sitz in der Russischen Föderation hat, oder der Beklagte als Bürger seinen Wohnsitz in der Russischen Föderation hat.

(...)

Föderales Gesetz vom 27. Juli 2006 Nr. 149-FZ

„Über die Information, Informationstechnologien und den Schutz der Information"

Art. 2. Die in dem vorliegenden Gesetz gebrauchten Grundbestimmungen

In dem vorliegenden Föderalen Gesetz werden folgende Bestimmungen gebraucht:

1) **Information** - Angaben (Mitteilungen, Daten) unabhängig von der Form ihrer Darstellung;

(...)

Art. 5. Information als Objekt der Rechtsbeziehungen

1. Eine Information kann Objekt öffentlicher, ziviler und anderer Rechtsbeziehungen sein. Eine Information kann von jeder Person frei benutzt und von einer Person an die andere übergeben werden, wenn aufgrund föderaler Gesetze keine Beschränkungen für den Informationszugriff oder andere Erfordernisse hinsichtlich der Folge ihrer Vorstellung oder Veröffentlichung normiert sind.

(...)

Art. 6. Inhaber der Information

(...)

3. Der Inhaber einer Information ist, wenn nichts anderes aufgrund föderaler Gesetze vorgesehen ist, berechtigt:

(...)

3) die Information aufgrund eines Vertrages oder einer anderen durch Gesetz bestimmten Grundlage anderen Personen zu übergeben;

(...)

Gesetz der Russischen Föderation vom 7. Februar 1992 Nr. 2300-I „Über den Schutz der Verbraucherrechte"

[Präambel]

(...)

Grundbestimmungen, die in dem vorliegenden Gesetz benutzt werden:

Verbraucher - Bürger, der ein Vorhaben hat, Waren (Arbeiten oder Dienste) zu bestellen oder zu erwerben, oder diese bestellt oder erwirbt, und zwar ausschließlich für den persönlichen, familiären, häuslichen oder anderen Zweck, der nicht mit seiner Unternehmenstätigkeit im Zusammenhang steht.

(...)

Literaturverzeichnis

I. Deutschsprachige Literatur

Ann, Christoph: Die Erbengemeinschaft, Köln Berlin u.a. 2001.

Appel, Bernd: Glückliche Erben weltweit gesucht, Zwickauer Zeitung vom 13.9.2007, S. 14.

Arnold, Egon: Pflegschaften für Kriegsverschollene, NJW 1949, S. 248–250.

Baetzgen, Oliver: Insichgeschäfte im Gesellschaftsrecht, RNotZ 2005, S. 193–224.

Bamberger, Heinz Georg / Roth, Herbert: Kommentar zum Bürgerlichen Gesetzbuch, Band 1, §§ 1–610, 3. Auflage, München 2011.
Band 2, §§ 611–1296, 3. Auflage, München 2011.
Band 3, §§ 1297–2385, Rom I-VO, Rom II-VO, EGBGB, 3. Auflage, München 2012.

Basedow, Jürgen: Theorie der Rechtswahl oder Parteiautonomie als Grundlage des Internationalen Privatrechts, RabelsZ 75 (2011), S. 32–59.

Beater, Axel: Der Gesetzesbegriff von § 134 BGB, AcP 197 (1997), S. 505–528.

Beck'scher Online-Kommentar VwVfG, herausgegeben von Johann Bader und Michael Ronellenfitsch, Stand: 1.1.2016, 30. Edition.

Bestelmeyer, Horst: Die Neuregelung des Vergütungsrechts nach dem 2. BtÄndG – eine vergütungs- und verfassungsrechtliche Totgeburt –, Rpfleger 2005, S. 583–594.

Beuthien, Volker: Gilt im Stellvertretungsrecht ein Abstraktionsprinzip? 50 Jahre Bundesgerichtshof, Festgabe aus der Wissenschaft, Band I, München 2000, S. 81–109.

Bitter, Anna-Kristina: Auslegungszusammenhang zwischen der Brüssel I-Verordnung und der künftigen Rom I-Verordnung, IPRax 2008, S. 96–101.

Blomeyer, Wolfgang: Die teleologische Korrektur des § 181 BGB, AcP 172 (1972), S. 1–18.

Brox, Hans / Walker, Wolf-Dietrich: Besonderes Schuldrecht, 39. Auflage, München 2015.

–: Erbrecht, 26. Auflage, München 2014.

Canaris, Claus-Wilhelm: Die Feststellung von Lücken im Gesetz, 2. Auflage, Berlin 1983.

–: Die Vertrauenshaftung im Lichte der Rechtsprechung des Bundesgerichtshofs, 50 Jahre Bundesgerichtshof, Festgabe aus der Wissenschaft, Band I, München 2000, S. 129–197.

Diedrich, Frank: Rechtswahlfreiheit und Vertragsstatut – eine Zwischenbilanz angesichts der Rom I-Verordnung, RIW 2009, S. 378–385.

Dölle, Hans: Familienrecht, Band II, Karlsruhe 1965.

Dornis, Tim W.: Das Dilemma der Erbensucher, JZ 2013, S. 592–598.

Draschka, Matthias: Gläubigerbefriedigung durch den Nachlaßpfleger, Rpfleger 1992, S. 281–283.

Dutta, Anatol: Das Statut der Haftung aus Vertrag mit Schutzwirkung für Dritte, IPRax 2009, S. 293–299.

Ebke, Werner F.: Das Internationale Privatrecht der Haftung des gesetzlichen Abschlussprüfers nach der Rom I-VO und der Rom II-VO, ZVglRWiss 109 (2010), S. 397–444.

Ehmann, Horst: Anmerkung zum Urteil des BGH vom 23.9.1999 – III ZR 322/98, LM § 677 BGB Nr. 40.

Einsele, Dorothee: Auswirkungen der Rom I-Verordnung auf Finanzdienstleistungen, WM 2009, S. 289–300.

Elze, Hans: Lücken im Gesetz, Halle a.d. Saale 1913.

Erman, Walter: Bürgerliches Gesetzbuch, Band 1, 14. Auflage, Köln 2014. Band 2, 14. Auflage, Köln 2014.

Esser, Josef / Weyers, Hans-Leo: Schuldrecht, Band II, Besonderer Teil, Teilband 1, Verträge, 8. Auflage, Heidelberg 1998.

Falk, Ulrich: Von Titelhändlern und Erbensuchern – die GoA-Rechtsprechung am Scheideweg, JuS 2003, S. 833–839.

Fehling, Michael / Kastner, Berthold / Störmer, Rainer: Verwaltungsrecht, Handkommentar, 4. Auflage, Baden-Baden 2016.

Ferrari, Franco / Kieninger, Eva-Maria / Mankowski, Peter u.a.: Internationales Vertragsrecht, 2. Auflage, München 2011.

Fikentscher, Wolfgang / Heinemann, Andreas: Schuldrecht, 10. Auflage, Berlin 2006.

Firsching, Karl / Graf, Lothar: Nachlassrecht, 10. Auflage, München 2014.

Fischer, Gerfried: Die Neuregelung des Kollisionsrechts der ungerechtfertigten Bereicherung und der Geschäftsführung ohne Auftrag im IPR-Reformgesetz von 1999, IPRax 2002, S. 1–17.

Flume, Werner: Allgemeiner Teil des Bürgerlichen Rechts, 2. Band, Das Rechtsgeschäft, 4. Auflage, Berlin Heidelberg New York 1992.

Forkert, Jens: Anmerkung zum Urteil des LG Berlin vom 14.9.2011 – 23 O 613/10, ZEV 2012, S. 414–415.

Gebauer, Martin / Wiedmann, Thomas: Zivilrecht unter europäischem Einfluss, 2. Auflage, Stuttgart München u.a. 2010.

Gerasimchuk, Eleonora: Die Urteilsanerkennung im deutsch-russischen Rechtsverkehr, Tübingen 2007.

Giesen, Dieter: Anmerkung zum Urteil des BGH vom 27.9.1972 – IV ZR 225/69, JR 1973, S. 62.

–: Das Recht der fremdnützigen Geschäftsbesorgung, Jura 1996, S. 225–235.

Goldschmidt, Hans: Die Nachlasspflegschaft, Berlin 1905.

Gubitz, Daniel: Der Wettlauf zwischen Erben und Begünstigtem beim Vertrag zugunsten Dritter auf den Todesfall ist vermeidbar!, ZEV 2006, S. 333–338.

Gursky, Karl-Heinz: Erbrecht, 6. Auflage, Heidelberg München u.a. 2010.

Gusy, Christoph: Der Antrag im Verwaltungsverfahren, BayVBl. 1985, S. 484–491.

Gutbrot, Max / Plagemann, Florian: Zur Typisierung von Verträgen über Leistungen im russischen und deutschen Zivilrecht, WiRO 2008, S. 33–37.

Hau, Wolfgang: Geschäftsführung ohne Verbraucherauftrag, NJW 2001, S. 2863–2865.

v. Hein, Jan: Die Ausweichklausel im europäischen Internationalen Deliktsrecht, Festschrift für Jan Kropholler zum 70. Geburtstag, Tübingen 2008, S. 553–571.

–: Die Kodifikation des europäischen IPR der außervertraglichen Schuldverhältnisse vor dem Abschluss?, VersR 2007, S. 440–452.

Heiss, Helmut / Loacker, Leander: Die Vergemeinschaftung des Kollisionsrechts der außervertraglichen Schuldverhältnisse durch Rom II, JBl. 2007, S. 613–646.

Hellgardt, Alexander / Majer, Christian Friedrich: Die Auswirkungen nichtiger Grundverhältnisse auf die Vollmacht, WM 2004, S. 2380–2386.

Hellwig, Konrad: Anspruch und Klagrecht, 2. Neudruck, Leipzig 1910.

–: Wesen und subjektive Begrenzung der Rechtskraft, Leipzig 1901.

v. Hoffmann, Bernd / Thorn, Karsten: Internationales Privatrecht, 9. Auflage, München 2007.

Hohloch, Gerhard / Jaeger, Gerold: Neues IPR der außervertraglichen Schuldverhältnisse und des Sachenrechts – Zur Neuregelung der Art. 38–46 EGBGB, JuS 2000, S. 1133–1138.

Hohmann, Harald: § 242 BGB und unzulässige Rechtsausübung in der Rechtsprechung des BGH, JA 1982, S. 112–117.

Holl, Holger: Das Erbrecht des Staates, Rpfleger 2008, S. 285–289.

Hoppe, Werner / Spoer, Wolfgang / Niewerth, Johannes: Das Einsichtsrecht der Erbenermittler in Personenstandsbücher, Rpfleger 1999, S. 6–10.

Jauernig, Othmar: Bürgerliches Gesetzbuch, 16. Auflage, München 2015.

Jayme, Erik: Rechtssicherheit und Vorhersehbarkeit als Grundwerte des Internationalen Privatrechts – Betrachtungen zum Lebenswerk von Karl Firsching, Gerechtigkeit im Internationalen Privatrecht im Wandel der Zeit, Beiträge zur akademischen Gedächtnisfeier für Karl Firsching am 14.12.1989, Regensburg 1992, S. 31–44.

Jayme, Erik / Kohler, Christian: Europäisches Kollisionsrecht 2007: Windstille im Erntefeld der Integration, IPRax 2007, S. 493–506.

Jochum, Günter / Pohl, Kay-Thomas: Nachlasspflegschaft. Ein Handbuch für die Praxis mit zahlreichen Mustern und Beispielen, 5. Auflage, Köln 2014.

Junker, Abbo: Die freie Rechtswahl und ihre Grenzen – zur veränderten Rolle der Parteiautonomie im Schuldvertragsrecht, IPRax 1993, S. 1–10.

Karmasin, Ernst: Überblick über die Neuregelung der Betreuervergütung durch das Betreuungsrechtsänderungsgesetz, FamRZ 1999, S. 348–350.

Kegel, Gerhard / Schurig, Klaus: Internationales Privatrecht, 9. Auflage, München 2004.

Keidel, Theodor: FamFG, 18. Auflage, München 2014.

Keim, Christopher: Erbauseinandersetzung und Erbanteilsübertragung, RNotZ 2003, S. 375–387.

Kipp, Theodor / Coing, Helmut: Erbrecht, 14. Bearbeitung, Tübingen 1990.

Koeßler: Das Wesen der Nachlaßpflegschaft, JherJb 64 (1914), S. 412–436.

Kopylov, Sergej: Zur Verbürgung der Gegenseitigkeit zwischen der Russischen Föderation und Deutschland, IPRax 2011, S. 195–198.

Kossek, Semina: Honoraransprüche des gewerblichen Erbensuchers in Deutschland und Österreich, Frankfurt a.M. 2011.

Kreuzer, Karl: Die Vollendung der Kodifikation des deutschen Internationalen Privatrechts durch das Gesetz zum Internationalen Privatrecht der außervertraglichen Schuldverhältnisse und Sachen vom 21.5.1999, RabelsZ 65 (2001), S. 383–462.

Kroll-Ludwigs, Kathrin: Die Rolle der Parteiautonomie im europäischen Kollisionsrecht, Tübingen 2013.

Kropholler, Jan: Das kollisionsrechtliche System des Schutzes der schwächeren Vertragspartei, RabelsZ 42 (1978), S. 634–661.

–: Internationales Privatrecht, 6. Auflage, Tübingen 2006.

Kropholler, Jan / v. Hein, Jan: Europäisches Zivilprozessrecht, 9. Auflage, Frankfurt a.M. 2011.

Lange, Heinrich / Kuchinke, Kurt: Erbrecht, 5. Auflage, München 2001.

Larenz, Karl: Lehrbuch des Schuldrechts, Erster Band, Allgemeiner Teil, 14. Auflage, München 1987.
Zweiter Band, Besonderer Teil, 1. Halbband, 13. Auflage, München 1986.

–: Methodenlehre der Rechtswissenschaft, 6. Auflage, Berlin Heidelberg New York 1991.

Larenz, Karl / Canaris, Claus-Wilhelm: Methodenlehre der Rechtswissenschaft, 3. Auflage, Berlin Heidelberg New York 1995.

Lehmann, Matthias / Duczek, André: Grundfälle zur Rom II-VO, JuS 2012, S. 788–795.

Leible, Stefan: Außenhandel und Rechtssicherheit, ZVglRWiss 97 (1998), S. 286–319.

–: Internationales Vertragsrecht, die Arbeiten an einer Rom I-Verordnung und der Europäische Vertragsgerichtsstand, IPRax 2006, S. 365–371.

–: Rechtswahl im IPR der außervertraglichen Schuldverhältnisse nach der Rom II-Verordnung, RIW 2008, S. 257–264.

Leible, Stefan / Lehmann, Matthias: Die neue EG-Verordnung über das auf außervertragliche Schuldverhältnisse anzuwendende Recht („Rom II"), RIW 2007, S. 721–735.

–: Die Verordnung über das auf vertragliche Schuldverhältnisse anzuwendende Recht („Rom I"), RIW 2008, S. 528–543.

Loacker, Leander D.: Der Verbrauchervertrag im internationalen Privatrecht, Frankfurt a.M. 2006.

Lorenz, Egon: Die Rechtswahlfreiheit im internationalen Schuldvertragsrecht, RIW 1987, S. 569–584.

–: Zum neuen internationalen Vertragsrecht aus versicherungsvertraglicher Sicht, Festschrift für Gerhard Kegel zum 75. Geburtstag, 26. Juni 1987, Stuttgart Berlin u.a. 1987, S. 303–341.

Lorenz, Werner: Kollisionsrecht des Verbraucherschutzes: Anwendbares Recht und internationale Zuständigkeit, IPRax 1994, S. 429–431.

Magnus, Ulrich: Anmerkungen zum sachlichen Anwendungsbereich der Rom I-Verordnung, Festschrift für Gunther Kühne zum 70. Geburtstag, Frankfurt a.M. 2009, S. 779–793.

–: Die Rom I-Verordnung, IPRax 2010, S. 27–44.

Mankowski, Peter: Der Vorschlag für die Rom I-Verordnung, IPRax 2006, S. 101–113.

–: Die Rom I-Verordnung – Änderungen im europäischen IPR für Schuldverträge, IHR 2008, S. 133–152.

Martiny, Dieter: Internationale Zuständigkeit für „vertragliche Streitigkeiten“, Festschrift für Reinhold Geimer zum 65. Geburtstag, München 2002, S. 641–667.

–: Zur Einordnung und Anknüpfung der Ansprüche und der Haftung Dritter im Internationalen Schuldrecht, Festschrift für Ulrich Magnus zum 70. Geburtstag, München 2014, S. 483–500.

Mayer, Jörg: Fiskuserbrecht und Erbenermittlung: Probleme des „erbenlosen Nachlasses“, ZEV 2010, S. 445–453.

Medicus, Dieter: Allgemeiner Teil des BGB, 10. Auflage, Heidelberg München u.a. 2010.

Medicus, Dieter / Petersen, Jens: Bürgerliches Recht, 25. Auflage, München 2015.

Michalski, Lutz: BGB – Erbrecht, 4. Auflage, Heidelberg München u.a. 2010.

Mindach, Christel: Russische Föderation: Erste Teilnovelle des Zivilgesetzbuches, WiRO 2013, S. 207–211.

–: Russische Föderation: Weitere Teilnovelle des Zivilgesetzbuches ändert IPR, WiRO 2014, S. 53–59.

Motive zu dem Entwurfe eines Bürgerlichen Gesetzbuches für das Deutsche Reich, Band I, Allgemeiner Theil, Berlin Leipzig 1888.
Band IV, Familienrecht, Berlin Leipzig 1888.
Band V, Erbrecht, Berlin Leipzig 1888.

Münchener Kommentar zum Bürgerlichen Gesetzbuch, herausgegeben von Franz Jürgen Säcker, Roland Rixecker, Hartmut Oetker und Bettina Limperg,
Band 1, Allgemeiner Teil, §§ 1–240, ProstG, AGG, 7. Auflage, München 2015.
Band 2, Schuldrecht, Allgemeiner Teil, §§ 241–432, 7. Auflage, München 2016.
Band 4, Schuldrecht, Besonderer Teil II, §§ 611–704, EFZG, TzBfG, KSchG, 6. Auflage, München 2012.
Band 5, Schuldrecht, Besonderer Teil III, §§ 705–853, Partnerschaftsgesellschaftsgesetz, Produkthaftungsgesetz, 6. Auflage, München 2013.
Band 8, Familienrecht II, §§ 1589–1921, SGB VIII, 6. Auflage, München 2012.
Band 9, Erbrecht, §§ 1922–2385, §§ 27–35 BeurkG, 6. Auflage, München 2013.
Band 10, Internationales Privatrecht I, Europäisches Kollisionsrecht, Einführungsgesetz zum Bürgerlichen Gesetzbuche (Art. 1–24), 6. Auflage, München 2015.

Münchener Kommentar zur Zivilprozessordnung, herausgegeben von Wolfgang Krüger und Thomas Rauscher, Band 1, §§ 1–354, 4. Auflage, München 2013.

Muscheler, Karlheinz: Erbrecht, Band II, Tübingen 2010.

Nehne, Timo: Die Internationale Geschäftsführung ohne Auftrag nach der Rom II-Verordnung – Anknüpfungsgegenstand und Anknüpfungspunkte, IPRax 2012, S. 136–140.

–: Methodik und allgemeine Lehren des europäischen Internationalen Privatrechts, Tübingen 2012.

Niewerth, Johannes / Neun, Andreas / Schnieders, Tobias: Zulässigkeit der Einschaltung professioneller Erbenermittler, Rpfleger 2009, S. 121–124.

Nußberger, Angelika: Einführung in das russische Recht, München 2010.

Oetker, Hartmut / Maultzsch, Felix: Vertragliche Schuldverhältnisse, 4. Auflage, Berlin Heidelberg 2013.

Palandt, Otto: Bürgerliches Gesetzbuch, 75. Auflage, München 2016.

Pawlowski, Hans-Martin: Die gewillkürte Stellvertretung, JZ 1996, S. 125–132.

Petersen, Jens: Die Abstraktheit der Vollmacht, Jura 2004, S. 829–832.

Pfeiffer, Thomas: Die Entwicklung des Internationales Vertrags-, Schuld- und Sachenrechts 1997–1999, NJW 1999, S. 3674–3687.

–: Neues Internationales Vertragsrecht – Zur Rom I-Verordnung, EuZW 2008, S. 622–629.

Prütting, Hanns / Wegen, Gerhard / Weinreich, Gerd: BGB, 10. Auflage, Köln 2015.

Rauscher, Thomas: EuZPR/EuIPR. Europäisches Zivilprozess- und Kollisionsrecht, Brüssel I-VO, LugÜb 2007, München 2011.
Rom I-VO, Rom II-VO, München 2011.

–: Internationales Privatrecht, 4. Auflage, Heidelberg München u.a. 2012.

Redeker, Helmut: Information als eigenständiges Rechtsgut, CR 2011, S. 634–639.

Reitz, Henning: Rechtliche Probleme gewerblicher Erbenermittlung, Frankfurt a.M. 2003.

Reuter, Dieter: § 181 BGB. Das Verbot des Selbstkontrahierens gilt nicht für Insichgeschäfte des Vertreters, die dem Vertretenen lediglich einen rechtlichen Vorteil bringen, JuS 1973, S. 184–185.

Rudolf, Bertram: Anmerkung zum Beschluss des OLG Celle vom 30.5.2011 – 6 W 120/11, ZEV 2011, S. 647–648.

Rühl, Gisela: Der Schutz des „Schwächeren“ im europäischen Kollisionsrecht, Festschrift für Bernd von Hoffmann zum 70. Geburtstag, Bielefeld 2011, S. 364–377.

Rüßmann, Helmut: Rezension zu Wolfgang Fikentscher, Schuldrecht, 7. Auflage, 1985, AcP 186 (1986), S. 291–301.

Rüthers, Bernd / Stadler, Astrid: Allgemeiner Teil des BGB, 18. Auflage, München 2014.

Säcker, Jürgen / Klinkhammer, Heinz K.: Verbot des Selbstkontrahierens auch bei ausschließlich rechtlichem Vorteil des Vertretenen? – BGH, NJW 1972, 2262, JuS 1975, S. 626–630.

Schack, Haimo: Anmerkung zum Urteil des BGH vom 2.7.1991 – XI ZR 206/90, JZ 1992, S. 54–56.

–: BGB – Allgemeiner Teil, 14. Auflage, Heidelberg München u.a. 2013.

–: Derogation des Vermögensgerichtsstandes zwischen deutscher lex fori und ausländischem Prorogationsstatut, IPRax 1990, S. 19–20.

–: Internationales Zivilverfahrensrecht, 6. Auflage, München 2014.

–: Vermögensbelegenheit als Zuständigkeitsgrund, ZZP 97 (1984), S. 46–68.

Scherer, Stephan: Münchener Anwaltshandbuch Erbrecht, 4. Auflage, München 2014.

Schneider, Jan: Die Geschichte der Russlanddeutschen, Bundeszentrale für politische Bildung, im Internet unter: http://www.bpb.de/gesellschaft/migration/dossier-migration/56417/russlanddeutsche.

Schreiber, Christoph: Die Vollstreckung russischer Gerichtsurteile in Deutschland, Glagol pravosudija 2013, S. 11–14.

Schrep, Bruno: Die Spur des Geldes, Der Spiegel Nr. 46 vom 13.11.2006, S. 52–54.

Schubert, Werner: Die Einschränkung des Anwendungsbereichs des § 181 BGB bei Insichgeschäften, WM 1978, S. 290–297.

Schulz, Falk: Handbuch Nachlasspflegschaft, Bonn 2012.

Schulze, Götz: Anmerkung zum Urteil des BGH vom 23.9.1999 – III ZR 322/98, JZ 2000, S. 523–525.

Schulze, Reiner / Dörner, Heinrich / Ebert, Ina u.a.: Bürgerliches Gesetzbuch, Handkommentar, 8. Auflage, Baden-Baden 2014.

Schurig, Klaus: Zwingendes Recht, „Eingriffsnormen“ und neues IPR, RabelsZ 54 (1990), S. 217–250.

Seyfarth, Stefan Georg: Wandel der internationalen Zuständigkeit im Erbrecht, Diss. Konstanz 2011, im Internet unter: http://nbn-resolving.de/urn:nbn:de:bsz:352-192990.

Shelestova, Anastasia: Reform des Russischen Zivilgesetzbuchs – erste Teilnovelle, Beiträge und Informationen zum Recht im postsowjetischen Raum vom 14. Oktober 2014, Max-Planck-Institut für ausländisches und internationales Recht, im Internet unter: http://www.mpipriv.de/files/pdf4/Anastasia_Shelestova_Erste_Novelle.pdf.

Siber, Heinrich: Das Verwaltungsrecht an fremdem Vermögen im Deutschen BGB, JherJb 67 (1917), S. 81–210.

Siehr, Kurt: Die Parteiautonomie im Internationalen Privatrecht, Festschrift für Max Keller zum 65. Geburtstag, Zürich 1989, S. 485–510.

Singer, Reinhard: Wann ist widersprüchliches Verhalten verboten? – Zu den Rechtsfolgen der form- und grundlosen Eigenkündigung eines Arbeitnehmers, NZA 1998, S. 1309–1315.

Soergel, Hans Theodor: Bürgerliches Gesetzbuch, Band 2, §§ 241–432, 12. Auflage, Stuttgart Berlin Köln 1990.
Band 10, §§ 652–704, 13. Auflage, Stuttgart 2012.
Band 20, §§ 1741–1921, 13. Auflage, Stuttgart 2000.
Band 21, §§ 1922–2063, 13. Auflage, Stuttgart 2002.

Späth, Annette: Die gewerbliche Erbensuche im grenzüberschreitenden Rechtsverkehr, Sipplingen 2008.

Spickhoff, Andreas: Die Restkodifikation des Internationalen Privatrechts: Außervertragliches Schuld- und Sachenrecht, NJW 1999, S. 2209–2215.

Spindler, Gerald / Klöhn, Lars: Fehlerhafte Informationen und Software – Die Auswirkungen der Schuld- und Schadensrechtsreform, VersR 2003, S. 273–282.

Stadler, Astrid: Vertraglicher und deliktischer Gerichtsstand im europäischen Zivilprozessrecht, Festschrift für Hans-Joachim Musielak zum 70. Geburtstag, München 2004, S. 569–594.

v. Staudinger, Julius: Eckpfeiler des Zivilrechts, 5. Auflage, Berlin 2014.

–: Kommentar zum Bürgerlichen Gesetzbuch mit Einführungsgesetz und Nebengesetzen, §§ 134–138, Neubearbeitung 2011, Berlin 2011.
§§ 164–240, Neubearbeitung 2014, Berlin 2014.
§§ 241–243, Neubearbeitung 2015, Berlin 2015.
§§ 311, 311a, 312, 312a-i, Neubearbeitung 2012, Berlin 2012.
§§ 433–480, Neubearbeitung 2013, Berlin 2014.
§§ 657–704, Neubearbeitung 2006, Berlin 2006.
§§ 1773–1895, Neubearbeitung 2014, Berlin 2014.
§§ 1922–1966, Neubearbeitung 2008, Berlin 2008.
Einleitung zur Rom I-VO, Art. 1–10 Rom I-VO, Neubearbeitung 2011, Berlin 2011.

Stein, Axel: Sicherungs- und Prozeßpflegschaft (§§ 1960, 1961 BGB), Rpfleger 1987, S. 345.

Steinbach, Johannes: Anerkennung und Vollstreckung ausländischer Urteile und Schiedssprüche in der Russischen Föderation, Berlin 2003.

Stürner, Rolf: Anmerkung zum Urteil des BGH vom 27.9.1972 – IV ZR 225/69, JZ 1973, S. 286–287.

Swane, Torben: Aufsatzliteratur zur EU-Erbrechtsverordnung: Ein Überblick, ErbR 2015, S. 191–195.

Teichmann, Arndt: Venire contra factum proprium – Ein Teilaspekt rechtsmißbräuchlichen Handelns, JA 1985, S. 497–502.

Teschner, Armin: Die Vergütung des Testamentsvollstreckers und des Nachlasspflegers in der Rechtsprechung des Schleswig-Holsteinischen Oberlandesgerichts, SchlHA 2014, S. 37–49.

Thole, Christoph: Die Geschäftsführung ohne Auftrag auf dem Rückzug – Das Ende des „auch fremden“ Geschäfts?, NJW 2010, S. 1243–1248.

Thomas, Heinz / Putzo, Hans: Zivilprozessordnung, 36. Auflage, München 2015.

Trunk, Alexander: Über Medvedevs Reform des russischen Zivilgesetzbuchs, Festschrift für Friedrich-Christian Schroeder zum 75. Geburtstag, Frankfurt a.M. 2011, S. 195–216.

Vollkommer, Gregor: Der übergangene Miterbe, FamRZ 1999, S. 350–353.

Wagner, Gerhard: Die neue Rom II-Verordnung, IPRax 2008, S. 1–17.

Wagner, Rolf: Das Vermittlungsverfahren zur Rom II-Verordnung, Festschrift für Jan Kropholler zum 70. Geburtstag, Tübingen 2008, S. 715–731.

de Wall, Heinrich: Die Anwendbarkeit privatrechtlicher Vorschriften im Verwaltungsrecht. Dargestellt anhand der privatrechtlichen Regeln über Rechtsgeschäfte und anhand des allgemeinen Schuldrechts, Tübingen 1999.

Wandt, Manfred: Gesetzliche Schuldverhältnisse, 7. Auflage, München 2015.

Wengler, Wilhelm: Die Anknüpfung des zwingenden Schuldrechts im internationalen Privatrecht, ZVglRWiss 54 (1941), S. 168–212.

Wiese, Günther: Beendigung und Erfüllung von Dauerschuldverhältnissen, Festschrift für H.C. Nipperdey zum 70. Geburtstag, Band I, München Berlin 1965, S. 837–851.

Willmann, Birgitta: Erbe sucht Erben – unterwegs mit dem Erbensucher, Aktiv vererben, S. 56–57, im Internet unter: http://www.heredium.de/images/Erbe%20sucht%20Erben.pdf.

Wolf, Ernst: Rücktritt, Vertretenmüssen und Verschulden, AcP 153 (1954), S. 97–144.

Wolf, Manfred / Neuner, Jörg: Allgemeiner Teil des Bürgerlichen Rechts, 10. Auflage, München 2012.

Zeiss, Walter / Schreiber, Klaus: Zivilprozessrecht, 12. Auflage, Tübingen 2014.

Ziegltrum, Albert: Sicherungs- und Prozesspflegschaft (§§ 1960, 1961 BGB), Berlin 1986.

Zimmermann, Walter: Der Nachlasspfleger im Zivilprozess, ZEV 2011, S. 631–636.

–: Die Auswahl von Testamentsvollstreckern, Nachlasspflegern und Nachlassverwaltern durch das Nachlassgericht, ZEV 2007, S. 313–316.

–: Die Nachlasspflegschaft, 3. Auflage, Bielefeld 2013.

–: Die Vergütung des Nachlasspflegers bei vermögendem Nachlass, ZEV 2001, S. 15–16.

–: Die Vergütung des Nachlasspflegers seit 1.7.2005, ZEV 2005, S. 473–475.

–: Vermögensverwaltung durch Nachlasspfleger und Betreuer, ZEV 2014, S. 76–81.

Zöller, Richard: Zivilprozessordnung, 31. Auflage, Köln 2016.

II. Russischsprachige Literatur

Abova, T.E. / Boguslavskiy, M.M. / Svetlanov, A.G. (Hrsg.): Wissenschaftspraktischer Kommentar zum Zivilgesetzbuch der Russischen Föderation, 6. Auflage, Moskau 2011, System Garant.

Абова, Т.Е. / Богуславский, М.М. / Светланов, А.Г. (редакторы): Научно-практический комментарий к Гражданскому кодексу Российской Федерации, 6-е издание, Москва 2011, Система Гарант.

Abova, T.E. / Kabalkin, A.Ju. (Hrsg.): Wissenschaftspraktischer Kommentar zum Zivilgesetzbuch der Russischen Föderation, 7. Auflage, Moskau 2012.

Абова, Т.Е. / Кабалкин, А.Ю. (редакторы): Научно-практический комментарий к Гражданскому кодексу Российской Федерации, 7-е издание, Москва 2012.

Baluschkin, I.A. / Michajlova, N.S. / Pantjutschin, A.V. / Smirnova, E.V.: Handbuch zum Schutz der Verbraucherrechte, Moskau 2004.

Балушкин, И.А. / Михайлова, Н.С. / Пантючин, А.В. / Смирнова, Е.В.: Справочник по защите прав потребителей, Москва 2004.

Barinov, N.A. / Barischev, S.A. / Bevzjuk, E.A. u.a.: Kommentar zum Zivilgesetzbuch der Russischen Föderation, System Garant 2015.

Баринов, Н.А. / Барышев, С.А. / Бевзюк, Е.А. и др.: Комментарий к Гражданскому кодексу Российской Федерации, Система Гарант 2015.

Barinov, N.A. / Bevzjuk, E.A. / Beljaev, M.A. u.a.: Kommentar zum Zivilgesetzbuch der Russischen Föderation, System KonsultantPlus 2014.

Баринов, Н.А. / Бевзюк, Е.А. / Беляев, М.А. и др.: Комментарий к Гражданскому кодексу Российской Федерации, Система КонсультантПлюс 2014.

Belov, V.A.: Zivilrecht, Allgemeiner Teil, Moskau 2011.

Белов, В.А.: Гражданское право, Общая часть, Москва 2011.

Bogatirjova, E.A. / Schevtschenko, M.A.: Kommentar zum Gesetz der Russischen Föderation „Über den Schutz der Verbraucherrechte", System Garant 2011.

Богатырева, Е.А. / Шевченко, М.А.: Комментарий к закону Российской Федерации "О защите прав потребителей", Система Гарант 2011.

Borisov, A.B. / Botscharov, A.I.: Kommentar zum Zivilgesetzbuch der Russischen Föderation, 13. Auflage, Moskau 2013.

Борисов, А.Б. / Бочаров, А.И.: Комментарий к Гражданскому кодексу Российской Федерации, 13-е издание, Москва 2013.

Braginskiy, M.I. / Vitrjanskiy, V.V.: Vertragsrecht, Drittes Buch, Verträge über die Verrichtung von Arbeiten und die Erbringung von Diensten, 2. Auflage, Moskau 2011.

Брагинский, М.И. / Витрянский, В.В.: Договорное право, Книга третья, Договоры о выполнении работ и оказании услуг, 2-е издание, Москва 2011.

Chochlov, E.: Kommentierungen zum neuen Informationsgesetz, Korporativniy Jurist Nr. 1 2007, S. 1–8, System Garant.

Хохлов, Е.: Комментарии к новому закону об информации, Корпоративний юрист N 1 2007, с. 1–8, Система Гарант.

Gordon, A.: Vertretung im Zivilrecht, Sankt Petersburg 1879.

Гордон, А.: Представительство в гражданском праве, Санкт-Петербург 1879.

Gujev, A.N.: Zivilrecht, Band 2, Moskau 2003.

Гуев, А.Н.: Гражданское право, Том 2, Москва 2003.

–: Kommentar zum ersten Teil des Zivilgesetzbuchs RF, System Garant 2009.

–: Постатейный комментарий к части первой Гражданского кодекса РФ, Система Гарант 2009.

–: Kommentar zum ZPGB RF, System Garant 2010.

–: Комментарий к ГПК РФ, Система Гарант 2010.

Jurasjuk, N.V. / Rembolovitsch, Zh.V.: Verträge und Vereinbarungen, Kaliningrad 2008.

Юрасюк, Н.В. / Ремболович, Ж.В.: Договоры и сделки, Калининград 2008.

Kalmikov, Ju.H.: Wissenschaftlicher Kommentar zum Zivilgesetzbuch der Russischen Föderation, Teile I und II, Moskau 1996.

Калмыков, Ю.Х.: Научный комментарий к Гражданскому кодексу Российской Федерации, Части I и II, Москва 1996.

Karavajkin, A.A.: Werkvertrag im Kapitalbau, Moskau 1960.

Каравайкин, А.А.: Договор поручения в капитальном строительстве, Москва 1960.

Kamischanskiy, V.P. / Korschunov, N.M. / Ivanov, V.I.: Zivilrecht, zweiter Teil, Moskau 2009.

Камышанский, В.П. / Коршунов, Н.М. / Иванов, В.И.: Гражданское право, часть вторая, Москва 2009.

Koroljov, A.N. / Pleschakova, O.V.: Kommentar zum Föderalen Gesetz vom 27. Juli 2006 Nr. 149-FZ „Über die Information, Informationstechnologien und den Schutz der Information", Moskau 2007.

Королев, А.Н. / Плешакова, О.В.: Комментарий к Федеральному закону от 27 июля 2006 г. N 149-ФЗ „Об информации, информационных технологиях и о защите информации", Москва 2007.

Kraschennikov, P.V. (Hrsg.): Kommentar zum Zivilgesetzbuch der Russischen Föderation, Band 1, Moskau 2011.

Крашенников, П.В. (редактор): Постатейный комментарий к Гражданскому кодексу Российской Федерации, Том 1, Москва 2011.

Mozolin, V.P. (Hrsg.): Zivilrecht, zweiter Teil, Moskau 2007.

Мозолин, В.П. (редактор): Гражданское право, часть вторая, Москва 2007.

Mochov, A.A.: Kommentar zum Zivilprozessgesetzbuch der Russischen Föderation, Moskau 2011.

Мохов, А.А.: Комментарий к Гражданскому процессуальному кодексу Российской Федерации, Москва 2011.

Olejnik, O.M.: Rechtliche Probleme der Bildung des Warenbegriffs, Aufsatzsammlung zum Jubiläum von Boris Ivanovitsch Puginskiy, Moskau 2011, S. 137–153.

Олейник, О.М.: Правовые проблемы формирования понятия товара, Сборник статей к юбилею Бориса Ивановича Пугинского, Москва 2011, с. 137–153.

Parziy, Ja.E.: Kommentar zum Gesetz der Russischen Föderation „Über den Schutz der Verbraucherrechte", Moskau 2007.

Парций, Я.Е.: Комментарий к Закону Российской Федерации „О защите прав потребителей", Москва 2007.

Romanez, Ju.V.: Vertragssystem im Zivilrecht Russlands, Moskau 2001.

Романец, Ю.В.: Система договоров в гражданском праве России, Москва 2001.

Rosenberg, M.G.: Internationaler Vertrag und ausländisches Recht in der Praxis eines Internationalen kommerziellen Wirtschaftsgerichts, 2. Auflage, Moskau 2000.

Розенберг, М.Г.: Международный договор и иностранное право в практике Международного коммерческого арбитражного суда, 2-е издание, Москва 2000.

Sadikov, O.N.: Zivilrecht der Russischen Föderation, Band II, Moskau 2007.

Садиков, О.Н.: Гражданское право Российской Федерации, Том II, Москва 2007.

Savtschenko, A.I. / Fedorov, A.N.: Kommentar zum Föderalen Gesetz vom 27. Juli 2006 Nr. 149-FZ „Über die Information, Informationstechnologien und den Schutz der Information", Moskau 2013.

Савченко, А.И. / Федоров, А.Н.: Комментарий к Федеральному закону от 27 июля 2006 г. N 149-ФЗ „Об информации, информационных технологиях и о защите информации", Москва 2013.

Schreiber, Christoph: Die Vollstreckung russischer Gerichtsurteile in Deutschland, Glagol pravosudija 2013, S. 7–10.

Шрайбер, Кристоф: Приведение в исполнение российских судебных решений в Федеративной Республике Германия, Глаголъ правосудия 2013, с. 7–10.

Sergeev, A.P. (Hrsg.): Kommentar zum Zivilgesetzbuch der Russischen Föderation, Zweiter Teil, §§ 454–1109, Moskau 2010.
Dritter Teil, §§ 1110–1224, 2. Auflage, Moskau 2012.

Сергеев, А.П. (редактор): Комментарий к Гражданскому кодексу Российской Федерации, Часть вторая, §§ 454–1109, Москва 2010.
Часть третья, §§ 1110–1224, 2-е издание, Москва 2012.

Stepanov, S.A. (Hrsg.): Kommentar zum Zivilgesetzbuch der Russischen Föderation, 3. Auflage, Moskau 2012.

Степанов, С.А. (редактор): Комментарий к Гражданскому кодексу Российской Федерации, 3-е издание, Москва 2012.

Suchanov, E.A. (Hrsg.): Russisches Zivilrecht, Band II, Moskau 2010.

Суханов, Е.А. (редактор): Российское гражданское право, Том II, Москва 2010.

Volkov, A.V.: Das Prinzip der Nichtgestattung des Missbrauchs von Privatrechten im Gesetz und in der Rechtsprechung (Analyse von mehr als 250 gerichtlicher Entscheidungen über den Rechtsmissbrauch), Moskau 2011.

Волков, А.В.: Принцип недопустимости злоупотребления гражданскими правами в законодательстве и судебной практике (анализ более 250 судебных дел о злоупотреблении правом), Москва 2011.

Zhilina, G.A. (Hrsg.): Kommentar zum Zivilprozessgesetzbuch RF, 5. Auflage, Moskau 2011.

Жилина, Г.А. (редактор): Комментарий к Гражданскому процессуальному кодексу РФ, 5-е издание, Москва 2011.

III. Englischsprachige Literatur

Ragno, Francesca: The Law Applicable to Consumer Contracts under the Rome I Regulation, Rome I Regulation: The Law Applicable to Contractual Obligations in Europe, München 2009, S. 129–170.

Die zitierten Internetseiten befinden sich auf dem Stand vom 18. April 2016.

www.ingramcontent.com/pod-product-compliance
Ingram Content Group UK Ltd.
Pitfield, Milton Keynes, MK11 3LW, UK
UKHW021908290926
8980IPUK00015B/1132

9 783631 676271